VDST

Sporttauchen

SPORT-
TAUCHEN

7. überarbeitete Auflage
vom „Sporttaucher Handbuch"

Ausbildungsunterlage für Lernende und
Lehrende im Tauchsport.

Verband Deutscher Sporttaucher   **VDST**

Barakuda Club International

Verband Internationaler Tauchschulen   **VIT**

Fachverband staatlich geprüfter Tauchlehrer   **FST**

Axel Stibbe

unter Mitwirkung von Ausbildern
des Verbandes Deutscher Sporttaucher (VDST),
des Tauchsportverbandes Österreichs (TSVÖ) und
des Schweizer Unterwasser-Sport-Verbandes (SUSV).

CIP-Titelaufnahme der Deutschen Bibliothek

Stibbe, Axel:
Sport-Tauchen: Ausbildungsunterlage für Lernende u. Lehrende im Tauchsport / Axel Stibbe.
In Zusammenarbeit mit Ausbildern des Verbandes Deutscher Sporttaucher (VDST) – 7., überarbeitete Aufl. – Stuttgart: Naglschmid, 1994

 Bis 2. Aufl. verlegt vom Verb. Dt. Sporttaucher, Hamburg
 Bis 2. Aufl. u.d.T.: Stibbe, Axel: Sporttaucher-Handbuch
 ISBN 3-927913-67-7

Titelgraphik und Umschlaggestaltung: Stephanie Naglschmid/MTi-Press, Stuttgart

1. Auflage 1983
2. überarbeitete Auflage 1985
1. Nachdruck 1986
3. erweiterte Auflage 1988
4. Auflage 1989
5. erweiterte Auflage 1990
6. überarbeitete Auflage 1992
7. Auflage 1994

Gesamtherstellung: Druckerei Schreck GmbH u. Co. KG, 67487 Maikammer

Vertrieb: Buchservice Naglschmid, Rotebühlstr. 87a, 70178 Stuttgart, Tel. 07 11/62 68 78,
 Fax 07 11/61 23 23

Vorwort

Vor wenigen Jahren und Jahrzehnten noch Domaine einzelner Unterwasser-pioniere, hat sich das Sporttauchen zwischenzeitlich zu einer Breitensportart entwickelt, die Jahr für Jahr mehr Anhänger findet. Millionen sind es in-zwischen, die die Faszination unter Wasser in allen Meeren der Welt und in den Binnengewässern genießen. Die Entwicklung der Tauchgeräte, die Verbesserungen der Ausbildung und die fortschreitenden medizinischen Erkenntnisse haben dazu geführt, daß dieses Wachstum begleitet wurde von einem hohen Maß an Sicherheit. Dies war aber nur möglich, weil alle Rahmenbedingungen stets auf den neuesten Stand von Wissenschaft und Technik fortgeschrieben wurden.

Mit der hier vorliegenden 7. überarbeiteten Auflage präsentiert der Verband Deutscher Sporttaucher sein Ausbildungshandbuch, das die Rahmenbedin-gungen für die Ausübung des Tauchsports in den wesentlichen Grenzen auf-zeigt und somit handlungsorientierte Hilfe für Lehrende und Lernende zu-gleich ist.

Der hier vorgezeichnete Rahmen und die hier aufgezeichneten Grundlagen der Tauchsportausbildung orientieren sich am weltweit anerkannten Breve-tierungssystem der CMAS, dem größten internationalen Tauchsportverband und garantieren somit internationale Anerkennung und Gleichsetzung von Ausbildungsstufen mit anderen anerkannten Organisationen. Die Faszina-tion des Sporttauchens, individuelles Erleben einer großartigen Unterwasser-welt, sportliche Aktivität und technische Beherrschung der Tauchsportaus-rüstung oft in Verbindung mit einem Landhobby wie z.B. dem Fotografieren oder Filmen auszuüben, bedingt aber auch eine tiefergreifende Ausbildung und Weiterbildung. Denn die dazu erforderliche Sicherheit in der Ausübung des Tauchsports bedarf der grundlegenden technischen, konditionellen und psychischen Ausbildung jedes Einzelnen. Hinzu kommen wie bei allen Natursportarten Regeln im Verhalten gegenüber der Natur, um naturverträg-liches Tauchen nach dem Motto „Tauche wie dein Schatten, hinterlasse keine Spuren" zum Nutzen von Sporttauchen und Natur zu garantieren. Ein Teil der Kapitel ist deshalb diesen Anliegen gewidmet, die aus der 40-jährigen Ausbildungstradition des VDST als dem ältesten und größten Tauchsport-verband der Bundesrepublik stammen.

Wichtigste Voraussetzung aber für die notwendige Sicherheit im Tauchsport ist das persönliche Engagement, das fortwährende Training und das Sammeln praktischer Erfahrung sowie die weiterführende Ausbildung in den Spezialbereichen des Sporttauchens. Das diesem Standardwerk zugrunde liegende Brevetierungssystem des VDST und seiner befreundeten Verbände gibt allen die Möglichkeit, den Erfordernissen des Tauchsports gerecht zu werden und ihre individuellen Interessen in der Gemeinschaft der Sporttaucher zu pflegen.

Udo Radzei, Präsident des VDST e.V.

Anstelle eines Vorwortes . . . .

Viele Fachleute, Tauchlehrer und Sporttaucher trugen durch Anregungen zu dieser 7. überarbeiteten Auflage bei.

Die Tauchlehrer des Verbandes Deutscher Sporttaucher e.V. unterstützten mich durch ihre Arbeit in den einzelnen Sachgebieten und geben mir dadurch das Recht, das vorliegende Werk als die Zusammenfassung der heute gültigen Lehrmeinung des VDST zu bezeichnen.

Es freut mich, daß die Ausbilder anderer Verbände Verbesserungen und Erweiterungen einbrachten und eine einheitliche Ausbildung befürworten, anstreben und ermöglichen.

Alles was ich über meine Arbeit sagen kann, ist, daß ich versucht habe, mit der mir zugänglichen Literatur und im Rahmen des verfügbaren Platzes das Beste daraus zu machen.

Nehmen Sie die kurzen Erläuterungen auch nicht als der Weisheit letzten Schluß, betrachten Sie sie vielmehr als neuen Ansatz für weitere Überlegungen und zum Studium anderer Literatur oder Fachaufsätze.

Grundlagen für die Fragen der Theorie-Prüfungen, die Schwimmbad-Ausbildung und die Freigewässerausbildung für die Deutschen Tauchsportabzeichen Bronze, Silber und Gold sind in diesem Handbuch beschriebenen Sachverhalte.

Axel Stibbe

Mein besonderer Dank gilt den Tauchausbildern, Tauchlehrern und Tauchinstrukteuren

Dr. med. Hans Joachim Roggenbach,

Dr. Max Hahn,

Günter Holzmann,

Dr. Axel Kern,

Lutz Stein und

Dr. Willi Xylander,

die mir bei der Überarbeitung geholfen haben.

An dieser Stelle darf ich weiterhin meine Danksagung aussprechen an die Firma LAERDAL, München, für die mir freundlicherweise überlassenen Abbildungen zur Herz-Lungen-Wiederbelebung.

Dank aussprechen möchte ich auch der Zeitschrift DIVEMASTER für die mir überlassene Ausarbeitung von Dr. H.J. Roggenbach über die Herz-Lungen-Wiederbelebung.

Inhalt

Geschichte des Tauchens

1.1 Frühere Entwicklungen

Es ist nicht schwer, das Tauchen und bestimmte Ausrüstungsgegenstände bis in frühere Zeiten zurückzuverfolgen.

Schon Herodot berichtet von einem Taucher namens Scyllis, der für den Perserkönig Xerxes im 5. Jahrhundert vor Chr. nach versunkenen Schätzen suchte.

Sogar prähistorische Menschen müssen schon mal ins Wasser gefallen sein; manche fanden dieses bestimmt erfrischend und faszinierend und tauchten dann freiwillig weiter.

Die Ursprünge unserer Ausrüstung liegen im Dunkeln. War der erste Schnorchel ein Schilfrohr, das von einem entsprungenen Sklaven im Nil verwendet wurde, oder waren Wikinger, Indianer oder noch andere die Erfinder?

Auch bei den Masken kennt man den Ursprung nicht. Schon antike Reliefs zeigen eine Art von Maske; die japanischen Perlenfischer waren sicher nicht die Maskenerfinder, wenn sie auch zur Verbreitung sehr beigetragen haben. Nicht viel besser sind unsere Kenntnisse über den Ursprung der Flossen. Wahrscheinlich waren auch bei dieser Erfindung die oft zitierten Eingeborenen aus dem Südpazifik nicht die ersten.

An den Vorarbeiten für unsere Preßluftversorgung unter Wasser waren viele Erfinder beteiligt, aber erst Jacques-Yves Cousteau und Emile Gagnan kombinierten Preßluftflaschen mit einem Regulator, der den Taucher automatisch auch unter Wasser mit Luft unter dem richtigen Druck versorgte: Der sogenannte Lungenautomat war erfunden!

Wie so viele Sportarten, so ist also auch das Tauchen nicht aus sportlichem Zeitvertreib, sondern aus ganz praktischen, alltäglichen oder kriegerischen Bedürfnissen entstanden.

Die Perlen- oder Schwammtaucher sorgten so für ihren Lebensunterhalt, die Griechen eroberten mit Hilfe von Tauchern die Hafenstadt Syrakus, und im 20. Jahrhundert waren es zunächst die Wissenschaftler, die mit Hilfe von Tauchern die Erforschung des Meeresbodens in Angriff nahmen.

Bevor die ersten Freizeittaucher in die Tiefe gingen, waren es zunächst noch Berufstaucher beim Militär und im Rettungswesen, denen dieses damals noch recht gefährliche Abenteuer vorbehalten blieb.

Inzwischen ist das anders.

1.2 Heutige Fortschritte

Über 100 000 deutsche Urlauber, so wird geschätzt, zieht es alljährlich unter Wasser. Die Reisebüros bieten immer exotischere Ziele an, vom Tauchkurs in Thailand bis zum Wracktauchen in Mikronesien.

Aber auch das Tauchen in der Bundesrepublik wird immer beliebter. Inzwischen haben sich bereits Zehntausende in Tauchclubs organisiert, und der Trend zum Sporttauchen hält weiter an.

Die Möglichkeiten, sich zu spezialisieren, sind umfangreich. Nach einer guten Ausbildung bietet der Verband Deutscher Sporttaucher Lehrgänge und Workshops etwa zur Unterwasser-Fotografie und zum Unterwasser-Filmen an, Wissenschaftszweige wie Meeresbiologie und -botanik kommen nicht zu kurz, und auch Expeditionen zu interessanten archäologischen Fundstellen werden organisiert.

Eine große Bedeutung hat inzwischen auch der Gewässerschutz für die bundesdeutschen Taucher gewonnen, denn in verunreinigten oder gar biologisch umgekippten Flüssen und Seen macht auch den Mutigsten das Tauchen keinen Spaß mehr.

Daneben reicht das Spektrum bis zu Disziplinen mit Wettkampfcharakter wie Flossenschwimmen, Strecken- und Orientierungstauchen und Unterwasser-Rugby.

Heutzutage macht die Tauchtechnologie rasante Fortschritte, gerade im gewerblichen Bereich. Die Suche nach Meeresschätzen, besonders nach Öl, macht das erforderlich.

Aber auch der Sporttaucher profitiert davon.

Zum einen funktionieren die Ausrüstungsgegenstände immer besser, zum anderen wächst das Verständnis für die physikalischen Gegebenheiten der Unterwasserwelt.

Jeder angehende und fortgeschrittene Taucher hat die Gelegenheit und Verpflichtung, das Wissen seiner Vorgänger aufzunehmen und zu vervollkommnen, so daß er jederzeit seine Tauchgänge erfolgreich und ohne gesundheitliche Schäden durchführen kann.

Die Physik beschäftigt sich mit solchen Naturvorgängen, die experimentell erforscht, gemessen, in mathematischen Formeln erfaßt und durch allgemein gültige Naturgesetze beschrieben werden können.

Diese zum Teil sehr komplizierten Zusammenhänge können jedoch durch Vergleichsbilder verständlich gemacht und durch einfache mathematische Formeln beschrieben werden. Will man einen allgemein gültigen Zusammenhang (Naturgesetz) beschreiben, benutzt man in den Formeln für die eingesetzten physikalischen Größen abkürzende Buchstaben (Formelzeichen). Nach den Regeln der Algebra lassen sich auf diese Weise entstandene Gleichungen so umstellen, daß die gesuchte Größe auf der einen Seite vom Gleichheitszeichen steht und auf der anderen Seite nur noch bekannte Größen vorkommen.

Diese Fertigkeiten (wieder) einzuüben – selbstverständlich nur soweit für die angestrebte Leistungsstufe erforderlich – ist eines der Ziele des theoretischen Unterrichts.

Um Verwirrung der Schüler zu vermeiden, wenn sie von verschiedenen Tauchlehrern ausgebildet werden, sind die nachstehenden Begriffserklärungen, Maßeinheiten und allgemeinen Festlegungen für die Ausbildung verbindlich.

2.1 Was hat das Tauchen mit Physik zu tun?

Beim Tauchen begibt sich der Mensch in eine Umgebung, in der er sich nur kurze Zeit oder mit entsprechenden technischen Hilfsmitteln aufhalten kann. Gewisse Mindestkenntnisse der dort herrschenden Bedingungen erlauben es, Tauchgänge sinnvoll vorzubereiten und unnötige Risiken auszuschließen.

Zu diesen notwendigen Kenntnissen gehören auch einige physikalische Gesetze sowie deren Anwendung auf Fragen, die sich für alle Taucher stellen. Zum Beispiel:

Wie tariert man sich beim Tauchen aus?

Wie lange reicht der Luftvorrat eines Leichttauchgerätes (SCUBA)?

Warum erscheinen Gegenstände unter Wasser größer als sie wirklich sind?

Weshalb ist es unter Wasser nicht möglich, Richtung und Entfernung einer Geräuschquelle (Motorboot) richtig einzuschätzen?

2.2 Begriffserklärungen

2.2.1 Größen, ihre Formelzeichen und Maßeinheiten

Von wenigen begründeten Ausnahmen abgesehen, werden ausschließlich SI – Maßeinheiten (SI = Système International d'Unités) verwendet. Größen werden in allgemein gültigen Formeln durch ihre Formelzeichen dargestellt.

Zum Beispiel schreibt man

$$\text{anstatt} \quad \text{Druck} = \frac{\text{Kraft}}{\text{Fläche}} \quad \text{kurz} \quad p = \frac{F}{A}$$

Weitere Größen sind in Tabelle 2-1 zusammengefaßt.

Zahlenmäßig bekannte Größen werden immer mit dem Zahlenwert und der Maßeinheit in eine Formel eingesetzt – beide sind fest durch ein gedachtes Malzeichen miteinander verbunden.

Beispiel: $F = 30$ N und $A = 1$ cm^2

$$\text{eingesetzt in} \quad p = \frac{F}{A} \quad \text{ergibt} \quad p = \frac{30 \text{ N}}{1 \text{ cm}^2}$$

Bei Größen ist zwischen deren Formelzeichen einerseits und deren Maßeinheit andererseits begrifflich streng zu unterscheiden.

Das Formelzeichen ϑ (sprich Theta, griechischer Buchstabe) für die Celsiustemperatur (sonst t) wurde gewählt, um Verwechslungen in Kurzfassungen von Berechnungen mit dem Formelzeichen t für die Zeit zu vermeiden.

Auch Groß- bzw. Kleinschreibung muß, um weitere Verwechslungen [etwa zwischen Zeit (t), Kelvin-Temperatur (T) oder zwischen Maßeinheit Kelvin (K) und Vorsatz Kilo (kg)] zu vermeiden, genau beachtet werden. Unterschieden werden ferner die Schreibweisen 2h 22min 22s für Zeitdauer und 19.15 Uhr für Zeitpunkt.

Tabelle 2-1

Physikalische Einheiten		
Größen	Formel-zeichen	Maßeinheit
Gesetzliche Größen		
Länge, Entfernung, Tiefe)	l	m (Meter)
Fläche	A	m^2 (Quadratmeter)
Volumen (Rauminhalt)	V	l (Liter)
		cm^3 (Kubikzentimeter)
		dm^3 (Kubikdezimeter)
		m^3 (Kubikmeter)
Masse	m	kg (Kilogramm)
		g (Gramm)
Zeit	t	s (Sekunde)
		min (Minute)
		h (Stunde)
Geschwindigkeit	v	m/s (Meter pro Sekunde)
		m/min (Meter pro Minute)
Dichte	ϱ	g/cm^3 (Gramm pro Kubik-zentimeter)
		g/dm^3 (Gramm pro Kubik-dezimeter)
		$\dfrac{kg}{m^3}$ (Kilogramm pro Kubikmeter)
Kraft	F	N (Newton)
		$(1\ N = 1\ m\ kg/s^2)$
Druck	p	bar (Bar)
		$(1\ bar \stackrel{\wedge}{=} 10\ N/cm^2)$
absolute Temperatur	T	K (Kelvin)
Celsius-Temperatur	ϑ	°C (Grad Celsius)
Frei vereinbarte Größen		
Atemminutenvolumen	AMV	l/min (Liter pro Minute)
Luftmenge	Q	bar l (Bar Liter)
ϑ sprich Theta, ϱ sprich Rho, griechische Buchstaben		

2.2.2 Atemminutenvolumen

Das von einem Menschen (Taucher) in der Minute benötigte Luftvolumen (nicht die Luftmenge Q!) wird als Atemminutenvolumen (AMV) bezeichnet und in Liter pro Minute (l/min) angegeben. Während die Luftmenge (bar l), die ein Taucher in der Minute benötigt, zusätzlich von der Tiefe abhängig ist, ist das AMV nicht von der Tauchtiefe abhängig, sondern nur von:

> dem Trainingszustand (Atemtechnik),
> der körperlichen Belastung (Arbeit),
> der psychischen Belastung (Angst).

Berechnungen zum AMV und der Luftmenge finden wir unter 2.5.2, Beispiele 2-10 bis 2-12.

2.2.3 Luftmengen

Strenggenommen müssen Luftmengen natürlich in Kilogramm angegeben werden. Der Taucher kennt aber zahlenmäßig nur Volumen und Fülldruck seiner Preßluftflasche. Bei 1 bar und 20 °C hat trockene Luft eine Dichte von $\varrho = 1{,}20$ g/l.

Mit der Festlegung 1 bar l $\widehat{=}$ 1,20 g Luft ermöglichen wir dem Taucher, eine Luftmenge einfach als Produkt aus Druck und Volumen anzugeben (siehe Abschnitt 2.5.2.1: Das Gesetz von Boyle und Mariotte).

2.2.4 Annahmen zur Vereinfachung von Berechnungen

Es ist sinnlos und für Lernende verwirrend, wenn Zahlenangaben für Berechnungen genauer sind, als die Fehlergrenzen von Meßgeräten (zum Beispiel Manometern) oder Schwankungsbreiten physiologischer Größen (zum Beispiel das AMV) es zulassen. Zur Vereinfachung der Berechnungen werden deshalb folgende Annahmen gemacht:

a) Die Gewichtskraft, die eine Masse von $m = 1$ kg ausübt, beträgt $F = 10$ N (der exakte Wert wäre 9,81 N)

b) Die Dichte des Wassers wird (für Süß- und Salzwasser gleich) mit $\varrho = 1{,}00$ kg/l angenommen. Wenn in Aufgaben jedoch der Dichteunterschied zwischen Salz- und Süßwasser benötigt wird, muß er angegeben sein (Üblich: $\varrho_{Salz} - \varrho_{Süß} = 0{,}03$ kg/l).

c) Pro Liter (1 dm^3) verdrängten Wassers wird mit 10 N Gewichtsverlust des eingetauchten Körpers gerechnet (vergl. Archimedisches Prinzip).

d) Die Druckzunahme im Wasser ist 1 bar pro 10 m Wassertiefe.

e) Der Luftdruck an der Wasseroberfläche beträgt 1 bar, sofern sich das Tauchgewässer in Meereshöhe oder in einer Höhe bis 250 m darüber befindet.

f) Bei Luftverbrauchs- und Tauchzeitberechnungen wird der Luftverbrauch während des Ab- und Aufstiegs nicht gesondert berechnet, sondern es wird so gerechnet, als ob die gesamte Tauchzeit in der angegebenen Tiefe verbracht wird. Der Luftverbrauch auf den Dekompressionsstufen muß selbstverständlich gesondert berechnet werden.

g) Die Reserveluft darf für die Tauchgangberechnung nicht benutzt werden, sondern muß für Notfälle zur Verfügung gehalten werden.

h) Bei der Durchführung von Berechnungen müssen die Einheiten im gesamten Rechengang (vom Ansatz bis zur Lösung) mitgeführt und nicht erst beim Ergebnis an den Zahlenwert angehängt werden. Auf diese Weise lassen sich manche Fehler in der Berechnung schon an Unstimmigkeiten in den Einheiten erkennen und vermeiden.

i) Beim Schreiben von Gleichungen ist darauf zu achten, daß die Ausdrücke beiderseits des Gleichheitszeichens wirklich gleich sind. Es können also nicht mehrere Rechenoperationen mit mehreren Gleichheitszeichen in eine Zeile geschrieben werden.

Beispiel:

Falsch: $20 \frac{l}{min} \cdot 3\ bar = 60 \frac{bar\ l}{min} \cdot 10\ min = 600\ bar\ l$

Richtig: $20 \frac{l}{min} \cdot 3\ bar = 60 \frac{bar\ l}{min}$

$$60 \frac{bar\ l}{min} \cdot 10\ min = 600\ bar\ l$$

j) Das Gleichheitszeichen darf nicht zwischen zwei Größen stehen, deren Einheiten nicht gleich sind.

Beispiel:

Falsch: 1,5 bar $=$ 5 m

Richtig: 1,5 bar $\mathrel{\hat{=}}$ 5 m Wassertiefe

Das Zeichen $\hat{=}$ bedeutet, daß eine Größe einer anderen Größe entspricht. Im Beispiel entspricht der Umgebungsdruck 1,5 bar einer Wassertiefe von 5 m.

k) Bei der Berechnung von Tauchzeiten wird das Ergebnis auf volle Minuten gerundet angegeben.

Beispiel:

17,9 min wird aufgerundet auf 18 min.

Die Angabe auf Zehntelminuten oder gar auf Sekunden und Bruchteile von Sekunden genau ist irreführend, da weder das Atemminutenvolumen des Tauchers noch der Fülldruck der Flaschen noch die Tauchtiefe mit der entsprechenden Genauigkeit bekannt sind.

2.3 Auftrieb – Abtrieb – Tarieren

2.3.1 Das Archimedische Prinzip

> Ein Körper verliert beim Eintauchen in eine Flüssigkeit soviel an Gewichtskraft, wie die von ihm verdrängte Flüssigkeitsmenge wiegt (Archimedisches Prinzip).

Gewichtskraft des Tauchers	800 N	Gewichtskraft des Tauchers	850 N	Gewichtskraft des Tauchers	900 N
des Wassers	850 N	**des Wassers**	850 N	**des Wassers**	850 N

Ist die Gewichtskraft eines eingetauchten Körpers kleiner als die des verdrängten Wassers, bleibt eine nach **oben** gerichtete Kraft übrig. Diese nennen wir – entsprechend dem üblichen Sprachgebrauch der Taucher

Auftrieb

Ist die Gewichtskraft eines eingetauchten Körpers gleich der des verdrängten Wassers, so schwebt der Körper im Wasser. Dieses nennen wir – entsprechend dem üblichen Sprachgebrauch der Taucher –

austariert
oder
im hydrostatischen
Gleichgewicht

Ist die Gewichtskraft eines eingetauchten Körpers größer als die des verdrängten Wassers, bleibt eine nach **unten** gerichtete Kraft übrig. Diese nennen wir – entsprechend dem üblichen Sprachgebrauch der Taucher –

Abtrieb

Abb. 1

2.3.2 Berechnung von Auftrieb, Abtrieb und Tarieren

Wenn beim Abtauchen, beim Auftauchen oder beim Verbleiben in einer gewählten oder vorgeschriebenen Tiefe (z.B. bei der Dekompression) starker Flossenschlag erforderlich wird, verbraucht man unnütz Luft. Dies ist ein Sicherheitsrisiko. Im Wasser kann der Taucher seine Gewichtskraft (Auftrieb oder Abtrieb) allgemein nicht willkürlich ändern (vom Sammeln von Steinen oder Bleiabwurf einmal abgesehen). Lediglich die Gewichtskraft der Luft (12 N pro 1000 bar l) geht langsam verloren.

Trägt er einen Anzug aus Neopren, so nimmt das verdrängte Wasservolumen ohne sein Zutun ab, wenn er tiefer taucht (siehe 2.5.2). Angenommen, er hat anfangs schon Abtrieb, so wird dieser beim Abtauchen noch größer.

Jeder Taucher sollte deshalb auf sorgfältige Tarierung großen Wert legen. Trägt er eine Taucherweste, so kann er durch dosiertes Aufblasen diesen Abtriebszuwachs auffangen. Gegen Ende des Tauchganges fehlt nun das Gewicht der veratmeten Luft, und beim Aufsteigen verdrängt der Neopren-Anzug wieder mehr Wasser. Durch rechtzeitiges Ablassen von Luft (die sich ja beim Aufsteigen wieder ausdehnt) aus der Taucherweste muß der Taucher verhindern, daß zuviel Auftrieb entsteht. Da er seinen Auftrieb nur bis zur völligen Entleerung der Taucherweste verringern kann, muß er von vornherein so viel Blei mitnehmen, daß er mit nahezu leerer Druckluftflasche und leerer Taucherweste in 3 m Tiefe austariert ist, also weder Auftrieb noch Abtrieb hat. Man nennt diesen Zustand hydrostatisches Gleichgewicht. Das erfordert überschlägige Berechnungen der Auftriebsunterschiede (siehe Beispiele 2-1 und 2-2).

Auch der **Schnorcheltaucher (Apnoe-Taucher)** verliert sogar ohne Neopren-Anzug Auftrieb, weil seine Lunge mit ihrem Luftvorrat mit zunehmender Tiefe zusammengedrückt wird. Auch hier ist eine Vorausberechnung des Auftriebsverlustes lebenswichtig. Soweit dazu die Kenntnis des Boyle-Mariotteschen Gesetzes nötig ist, finden sich Beispiele für diese Berechnungen im Abschnitt 2.5.2.2.

Beispiel 2-1:

Eine 10-l-Alu-Druckluftflasche hat eine Masse von 13 kg (Gewichtskraft = 130 N), die Luftfüllung von 2 000 bar l hat eine Masse von 2,4 kg (Gewichtskraft = 24 N).

a) Wie groß ist der Abtrieb im Wasser?

Gewichtskraft der Flasche	130 N
Gewichtskraft des Luftinhalts . . . . +	24 N
	+ 154 N

Volumen der Flasche:

Die Dichte von Aluminium (Al) wird mit 2,7 kg/l eingesetzt.

Gesamtvolumen (V) = Hohlraum (V_1) + Werkstoffvolumen (V_2)

Hohlraum (Inhalt der Flasche) . . . . $V_1 =$ 10 l

$$\text{Werkstoffvolumen} = \frac{\text{Masse}}{\text{Dichte}}$$

$$= \frac{13 \ \text{kg}}{2,7 \ \frac{\text{kg}}{\text{l}}}$$

$$= 4,8 \ \text{l} \ . \ . \ . \ . \ . \ . \ . \ . \ . \ . \ . \ . \ \underline{V_2 = \ \ 4,8 \ \text{l}}$$

$$V = 14,8 \ \text{l}$$

Das Volumen der Flasche verdrängt nun beim Eintauchen 14,8 l, die einer Gewichtskraft von 148 N entsprechen. Um diese Gewichtskraft wird die Gewichtskraft der Flasche verringert.

$$\begin{array}{r} 154 \ \text{N} \\ - \ 148 \ \text{N} \\ \hline + \ \ \ 6 \ \text{N} \end{array}$$

Verbleibende Gewichtskraft der Flasche
oder Abtrieb $\varrho = 6$ N.

b) Nach welcher Luftentnahme ist diese Flasche austariert (d.h. im hydrostatischen Gleichgewicht)?

Sie ist austariert, wenn sie 6 N Luftgewichtskraft weniger hat:

$$24 \ \text{N} \ \widehat{=} \ 2000 \ \text{bar l}$$

$$1 \ \text{N} \ \widehat{=} \ \frac{2000 \ \text{bar l}}{24}$$

$$6 \ \text{N} \ \widehat{=} \ 6 \cdot \frac{2000 \ \text{bar l}}{24}$$

$$6 \ \text{N} \ \widehat{=} \ 500 \ \text{bar l}$$

Nach Abatmen von 500 bar l ist die Druckluftflasche austariert.

c) Welchen Auftrieb hat die leere Flasche?

Gewichtskraft der leeren Flasche . . . . 130 N

Gewichtskraft des verdrängten Wassers . . . . $-$ 148 N

verbleibende Gewichtskraft der Flasche . . . . $-$ 18 N

oder Auftrieb = 18 N.

Positive Kräfte wirken nach unten,
negative Kräfte wirken nach oben.

Beispiel 2-2:

Ein voll ausgerüsteter Taucher, von 100 kg Masse ($F = 1000$ N) ist in Süßwasser ($\varrho = 1$ kg/l) richtig tariert.

Wieviel Blei muß er zusätzlich mitnehmen, wenn er im Meer ($\varrho = 1,03$ kg/l) taucht?

Da die Gewichtskraft des verdrängten Salzwassers 3 % größer ist als die Gewichtskraft des verdrängten Süßwassers und damit die des Tauchers ist, benötigt er 3 % von 1000 N, d.h. 30 N mehr Abtrieb. Er muß 3 kg Blei, d.h. 3 % seiner Masse zusätzlich mitnehmen.

2.4 Druck

Druck ist definiert als Kraft durch Fläche. Die Kraft wird in Newton (N) (1 N = 1 kg m/s^2), die Fläche in Quadratzentimeter (cm^2) und der Druck in Bar (bar) (1 bar = 10 N/cm^2) gemessen (siehe 2.2.1).

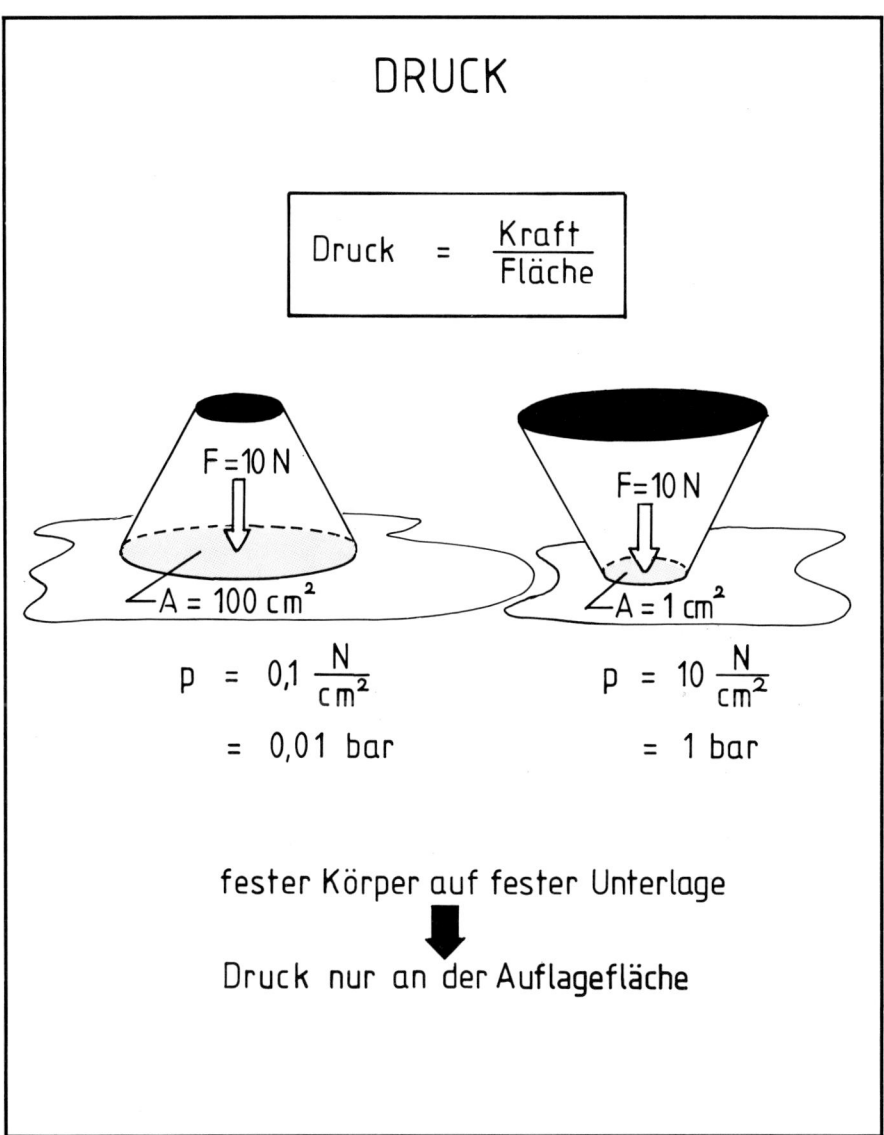

Abb. 2

GASDRUCK

entsteht durch

Stöße von Gasteilchen
an die Wand des Behälters

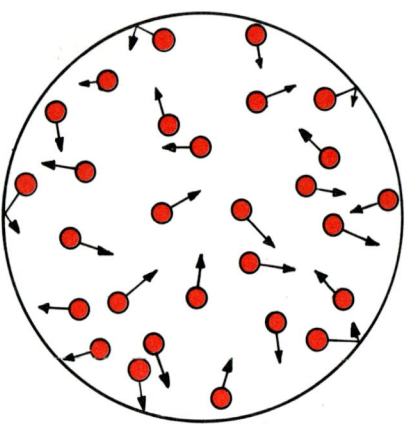

Gasdruck ist allseitig

Abb. 3

2.4.1 Luftdruck

Im Mittel stehen über jedem Quadratzentimeter Erdoberfläche in Meereshöhe ca. 1 kg Luft mit einer Gewichtskraft von 10 N. Deshalb herrscht dort ein Luftdruck von 10 N/cm² ≙ 1 bar.

Vom Bergsteigen und Fliegen wissen wir, daß dieser Luftdruck mit zunehmender Höhe weniger wird. (Wen es genauer interessiert, der sollte in einem Physikbuch unter „Barometrische Höhenformel" nachschlagen.) Für uns Taucher reicht ein einfacher Zusammenhang, der physikalisch zwar nicht exakt ist, jedoch im Rahmen der Genauigkeit unserer Meßinstrumente richtige Ergebnisse liefert.

Für die Berechnung der Dekompressionsstufen beim Tauchen in Bergseen sind die wichtigsten Höhen- und Luftdruckwerte in Tabelle 2-2 zusammengefaßt.

Tabelle 2-2

Höhe/m	mittlerer Luftdruck/bar
0	1,00
500	0,95
1000	0,90
1500	0,85
2000	0,80

Merke: Die Druckabnahme beträgt etwa 0,01 bar pro 100 m Höhenzunahme.

2.4.2 Wasserdruck

Wasser ist ca. 800 mal dichter als Luft. 1 Liter (≙ 1 dm³) Wasser hat eine Gewichtskraft von 10 N. Ein senkrechtstehendes Rohr von 1 cm² Querschnitt wird von 1 l Wasser 10 m hoch gefüllt, an seinem Fuß entsteht allein durch die Gewichtskraft des Wassers ein („hydrostatischer") Druck von 10 N/cm² ≙ 1 bar. Dazu kommt noch der Luftdruck von 1 bar, so daß in 10 m Wassertiefe 2 bar Umgebungsdruck herrschen. Da die Dichte des Wassers (fast) nicht vom Druck abhängt, steigt der Druck für jede weiteren 10 m Tauchtiefe um 1 bar an.

TAUCHDRUCK

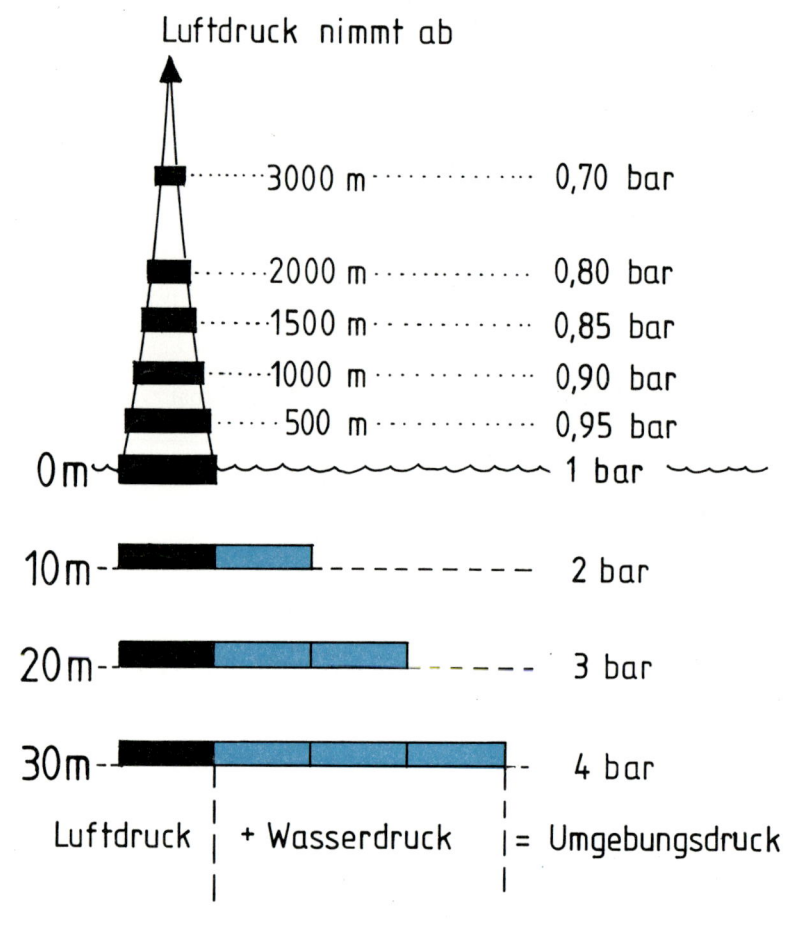

Luftdruck nimmt ab

3000 m .... 0,70 bar

2000 m .... 0,80 bar
1500 m .... 0,85 bar
1000 m .... 0,90 bar
500 m .... 0,95 bar

0 m ~~~~~~~~~~~~~~~ 1 bar ~~~

10 m - 2 bar

20 m - 3 bar

30 m - 4 bar

Luftdruck | + Wasserdruck | = Umgebungsdruck

Abb. 4

36

Tabelle 2-3

Wasserdruck + Luftdruck = Umgebungsdruck

0 m	0 bar	+	1 bar	=	1 bar
10 m	1 bar	+	1 bar	=	2 bar
20 m	2 bar	+	1 bar	=	3 bar
40 m	4 bar	+	1 bar	=	5 bar

Die in Tabelle 2-3 angegebenen Verhältnisse lassen sich nach der Formel

$$\text{Umgebungsdruck} = \left(\frac{\text{Tauchtiefe}}{10} + 1\right) \text{ bar}$$

berechnen.

2.4.3 Berechnung des Druckes

Beispiel 2-3:

Welcher Umgebungsdruck herrscht in

a) 40 m Wassertiefe?

b) 25 m Wassertiefe?

c)   3 m Wassertiefe?

Zu a) $p = \left(\frac{40}{10} + 1\right)$ bar

$p = 5$ bar.

Zu b) $p = \left(\frac{25}{10} + 1\right)$ bar

$p = 3{,}5$ bar.

Zu c) $p = \left(\frac{3}{10} + 1\right)$ bar

$p = 1{,}3$ bar.

2.5 Gase und ihre Gesetze

2.5.1 Zusammensetzung der Atemluft

Sporttaucher benutzen autonome Leichttauchgeräte (SCUBA), die mit komprimierter atmosphärischer Luft im allgemeinen bis 200 bar gefüllt werden.

2.5.1.1 Chemische Zusammensetzung

Luft ist ein Gasgemisch und besteht (trocken) aus:

Tabelle 2-4

Gas	Chemisches Zeichen	Anteil in Vol.-% (Volumenprozent)
Stickstoff	N_2	78,09
Sauerstoff	O_2	20,95
Edelgase etc.	H_2, He, Ne, Ar, Kr, Xe und O_3	0,93
Kohlendioxid	CO_2	0,03

Zu erwähnen ist noch der Wasserdampfanteil (H_2O) in der Luft. Dieser Anteil ist sehr unterschiedlich und beträgt z. B. bei 18 °C und 60 % rel. Feuchte (auf einem Hygrometer abgelesen) 1,2 Vol.-%. Unter Berücksichtigung des Wasserdampfanteils verringern sich die Anteile aller anderen Gase, so daß als Summe wieder 100 % herauskommt.

Berufstaucher atmen in besonderen Fällen künstliche Gasgemische aus Helium (He) + Sauerstoff (O_2) [Heliox] oder aus Helium (He) + Stickstoff (N_2) + Sauerstoff (O_2) [Trimix].

Gase, die im Körper keine chemische Umwandlung (Reaktion) mitmachen, heißen Inertgase (d.h. träge Gase), z.B. N_2, He, Ar.

Für den Sporttaucher genügt es, als Bestandteile der Luft

78 % N_2
21 % O_2
1 % Rest (mit CO_2-Anteil)

zu kennen.

2.5.1.2 Das Gesetz von Dalton

In einem Gasgemisch (z.B. Luft) trägt jeder einzelne Bestandteil zur Entstehung des Drucks, der in diesem Gemisch herrscht, bei. Unter dem Teildruck oder Partialdruck eines einzelnen Bestandteils versteht man denjenigen Druck, den dieser zum Gesamtdruck beiträgt, d.h. der herrschen würde, wenn man alle anderen Bestandteile aus dem Gemisch entfernen würde. Die Bedeutung des Begriffs Teildruck liegt darin, daß die physiologische Wirkung der einzelnen Bestandteile eines Gases, insbesondere deren Giftigkeit, von ihrem Teildruck abhängt (siehe 3.5).

Man errechnet den Teildruck eines Gases in einem Gasgemisch, indem man den Gesamtdruck mit dem prozentualen Volumenanteil dieses Teilgases malnimmt.

> Der Gesamtdruck eines Gases ist die Summe der Teildrücke seiner Bestandteile (Gesetz von Dalton).

$$p = p_1 + p_2 + p_3 \cdots p_n$$

Für die vereinfachte chemische Zusammensetzung der Luft gilt dann:

Gesamtdruck	1 bar	2 bar	3 bar	4 bar
N_2-Teildruck	0,78 bar	1,56 bar	2,34 bar	3,12 bar
O_2-Teildruck	0,21 bar	0,42 bar	0,63 bar	0,84 bar
Rest-Teildruck	0,01 bar	0,02 bar	0,03 bar	0,04 bar

2.5.2 Druck und Volumen

2.5.2.1 Das Gesetz von Boyle und Mariotte

Halten wir eine gut dichtende Fahrradluftpumpe am Auslaß zu, steigt die Gegenkraft des Kolbens beim Hineindrücken immer stärker an (siehe Abb. 5).

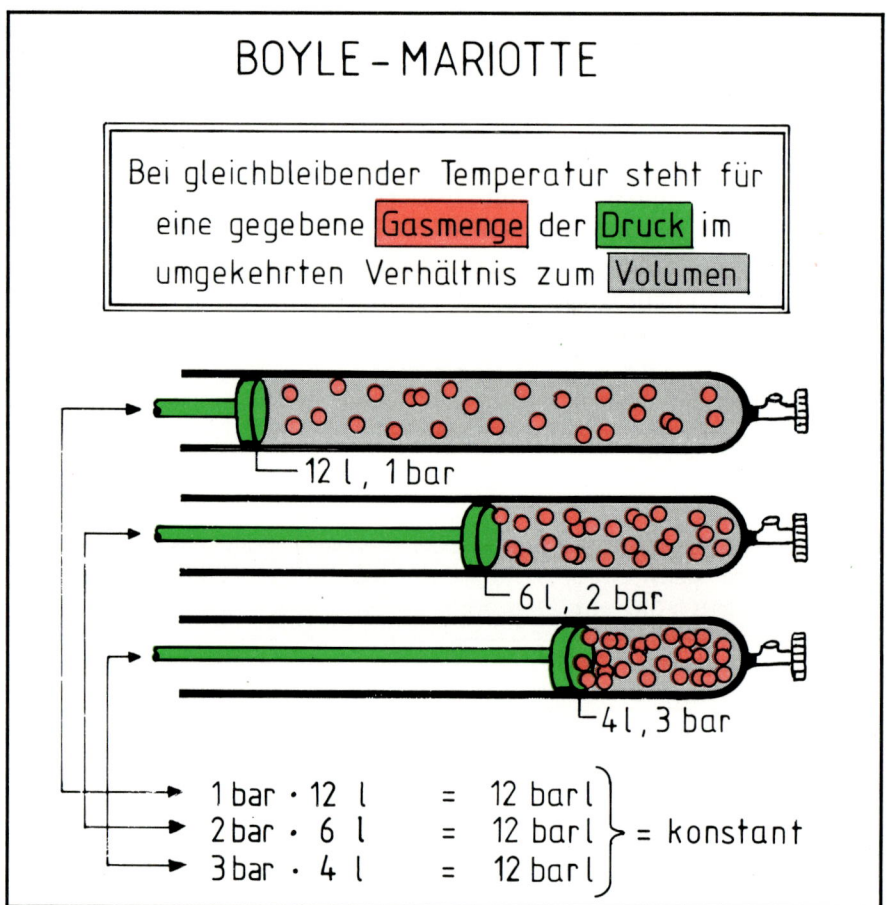

BOYLE – MARIOTTE

Bei gleichbleibender Temperatur steht für
eine gegebene Gasmenge der Druck im
umgekehrten Verhältnis zum Volumen

12 l, 1 bar

6 l, 2 bar

4 l, 3 bar

1 bar · 12 l	=	12 bar l	
2 bar · 6 l	=	12 bar l	= konstant
3 bar · 4 l	=	12 bar l	

Abb. 5

Versuche zeigen, daß bei konstanter Temperatur das Produkt aus Druck und Volumen, also $p \cdot V$, immer denselben Wert ergibt (konstant ist), solange kein Gas entweichen kann.

$$p \cdot V = \text{konstant}$$

40

Vergleicht man zwei Zustände mit

p_1 = Anfangsdruck des Gases, ⎫
V_1 = Anfangsvolumen des Gases, ⎬ vorher
p_2 = Enddruck des Gases, ⎫
V_2 = Endvolumen des Gases, ⎬ nachher

so gilt die folgende Beziehung:

$$p_1 \cdot V_1 = p_2 \cdot V_2$$

Das Boyle-Mariottesche Gesetz ist das wichtigste physikalische Gesetz für den Taucher.

Jeder Taucher muß wissen, welchen Einfluß der wechselnde Druck beim Ab- und Auftauchen im Wasser auf die Wasserverdrängung seiner Lunge, seiner Taucherweste und seines Tauchanzugs und damit auf seinen Auftrieb hat. Er muß außerdem den Luftbedarf für einen Tauchgang berechnen können.

Für den Taucher gibt es eine Reihe von abgeschlossenen Hohlräumen, die eine Rolle spielen. Wir unterscheiden zwei Gruppen von Hohlräumen: flexible (volumenveränderliche) und starre Räume.

Flexible Hohlräume:

    A 1) die Lunge des Tauchers,

    A 2) der Magen, wenn man Luft geschluckt hat,

    A 3) der Darm, wenn man Blähungen hat,

    A 4) die Gasbläschen im Neoprenmaterial,

    A 5) die Taucherweste,

    A 6) der Trockentauchanzug.

Starre Hohlräume:

    B 1) die Paukenhöhle (Mittelohr) bei verschlossener Ohrtrompete,

    B 2) die Nasennebenhöhlen, wenn die Zugänge verstopft sind,

    B 3) die Warzenfortsatzzellen, wenn die Zugänge verstopft sind,

    B 4) die Zähne mit Hohlräumen,

    B 5) der Raum in der Tauchermaske bei verstopfter Nase.

    B 6) die Druckluftflaschen des autonomen Leichttauchgerätes,

    B 7) die Druckluftflasche der Taucherweste.

In starren Hohlräumen entsteht Unter- oder Überdruck, flexible Hohlräume verändern ihr Volumen.

Änderungen des Umgebungsdrucks können von schmerzhaft (A2, A3, B2, B3, B4, B5) bis lebensgefährlich (A1, B1) reichen.

2.5.2.2 Berechnung von Druck, Volumen und Tauchzeit

Beispiel 2-4:

Wenn eine Taucherweste mit 16 l (V_1) Luft von der Oberfläche ($p_1 = 1$ bar) 10 m tief unter Wasser gedrückt wird, beträgt der Druck auf die Weste 2 bar (p_2). Dadurch wird die Luft in der Weste auf die Hälfte ihres ursprünglichen Volumens (V_2) zusammengedrückt.

$$p_1 \cdot V_1 = p_2 \cdot V_2$$
$$1 \text{ bar} \cdot 16 \text{ l} = 2 \text{ bar} \cdot V_2$$
$$V_2 = \frac{1 \text{ bar} \cdot 16 \text{ l}}{2 \text{ bar}}$$
$$V_2 = 8 \text{ l}$$

Wenn die Taucherweste losgelassen wird und an die Oberfläche aufsteigt, wird das Volumen wieder den ursprünglichen Betrag erreichen, weil in 10 m Wassertiefe $p_1 = 2$ bar und $V_1 = 8$ l, sowie an der Wasseroberfläche $p_2 = 1$ bar sind.

$$p_1 \cdot V_1 = p_2 \cdot V_2$$
$$2 \text{ bar} \cdot 8 \text{ l} = 1 \text{ bar} \cdot V_2$$
$$V_2 = \frac{2 \text{ bar} \cdot 8 \text{ l}}{1 \text{ bar}}$$
$$V_2 = 16 \text{ l}$$

Beispiel 2-5:

Genauso verhält es sich mit der Luft in der Lunge des Schnorcheltauchers. Beim Abstieg wird die Luft zusammengedrückt, beim Aufstieg dehnt sie sich wieder aus. Während beim Schnorcheltaucher diese Volumenänderungen in gewissen Grenzen (etwa 0 bis 30 m) problemlos sind, können beim SCUBA-Taucher, der ohne Ausatmung aufsteigt, unter Umständen schwere Verletzungen (Überdruckbarotrauma der Lunge) auftreten.

Nehmen wir einmal an, während eines Tauchgangs atmet der Taucher in 40 m Wassertiefe ($p_1 = 5$ bar) aus seinem SCUBA. Seine Lunge, angenommen 4 l (V_1), ist dann mit 4 l · 5 bar = 20 bar l Luft gefüllt. Atmet er beim Aufstieg bis 30 m Tiefe ($p_2 = 4$ bar) nicht aus, so nehmen die 20 bar l natürlich ein größeres Volumen (V_2) ein.

$$p_1 \cdot V_1 = p_2 \cdot V_2$$
$$5 \text{ bar} \cdot 4 \text{ l} = 4 \text{ bar} \cdot V_2$$
$$V_2 = \frac{5 \text{ bar} \cdot 4 \text{ l}}{4 \text{ bar}}$$
$$V_2 = 5 \text{ l}$$

Die Volumenzunahme beträgt demnach (von 4 l auf 5 l) 1 l, dies sind 25 % des ursprünglichen Volumens.

Im nächsten Fall atmet der Taucher in 10 m Wassertiefe ($p_1 = 2$ bar) so ein, daß seine Lunge wiederum 4 l Volumen (V_1) hat und mit 2 bar $\cdot$ 4 l $=$ 8 bar l Luft gefüllt ist. Ein Aufstieg um 10 m bringt ihn jedoch nun bis an die Wasseroberfläche ($p_2 = 1$ bar). Jetzt vergrößert sich das Volumen (V_2) in der Lunge auf

$$p_1 \cdot V_1 = p_2 \cdot V_2$$
$$2 \text{ bar} \cdot 4 \text{ l} = 1 \text{ bar} \cdot V_2$$
$$V_2 = \frac{2 \text{ bar} \cdot 4 \text{ l}}{1 \text{ bar}}$$
$$V_2 = 8 \text{ l}$$

Die Volumenzunahme beträgt also 4 l, das sind 100 % des ursprünglichen Volumens.

Im zweiten Fall wird besonders deutlich, daß die normale Lungenkapazität (ca. 5-6 l) weit überschritten und aller Wahrscheinlichkeit nach ein Lungenriß mit einer Embolie die Folge sein wird, eine ernste Erkrankung, hervorgerufen durch Luftblasen, die durch zerrissene Blutgefäße in den Blutstrom gelangen.

Aus diesem Grunde muß beim Aufstieg immer die sich ausdehnende Luft abgeblasen werden. Es darf **NIE** die Luft angehalten werden.

Beispiel 2-6:

Ein Taucher hat in 40 m Wassertiefe ($p_1 = 5$ bar) bis auf 2 l Luft (V_1) in der Lunge ausgeatmet. Er muß ohne weitere Luftzufuhr an die Oberfläche ($p_2 = 1$ bar) aufsteigen. Wenn er unerfahren ist, hat er die natürliche Neigung, die Luft anzuhalten.

Welches Volumen (V_2) würde die Luft in seiner Lunge an der Wasseroberfläche ($p_2 = 1$ bar) einnehmen?

$$p_1 \cdot V_1 = p_2 \cdot V_2$$
$$5 \text{ bar} \cdot 2 \text{ l} = 1 \text{ bar} \cdot V_2$$
$$V_2 = \frac{5 \text{ bar} \cdot 2 \text{ l}}{1 \text{ bar}}$$
$$V_2 = 10 \text{ l}$$

Diese Volumenzunahme auf 10 l würde mit Sicherheit einen schweren Unfall (Lungenriß) bewirken.

Beispiel 2-7:

Eine Taucherweste von 16 l Gesamtvolumen ist in 30 m Wassertiefe ($p_1 = 4$ bar) zur Hälfte (V_1) mit Luft gefüllt. In welcher Tiefe (p_2) nimmt die Luft das gesamte Westenvolumen (V_2) ein?

$$p_1 \cdot V_1 = p_2 \cdot V_2$$
$$4 \text{ bar} \cdot 8 \text{ l} = p_2 \cdot 16 \text{ l}$$
$$p_2 = \frac{4 \text{ bar} \cdot 8 \text{ l}}{16 \text{ l}}$$
$$p_2 = 2 \text{ bar}$$
$$2 \text{ bar} \triangleq 10 \text{ m Wassertiefe}$$

Die Verdoppelung des Luftvolumens in der Taucherweste bewirkt gleichzeitig eine Verdoppelung des Auftriebs der Taucherweste. Es besteht die Gefahr, daß die zulässige Aufstiegsgeschwindigkeit nicht eingehalten werden kann. Die mögliche Folge ist eine Druckfallerkrankung (Caissonerkrankung). Ein Taucher muß also seine Taucherweste soweit beherrschen, daß er sie auf jeden Fall und in jeder Lage entlüften kann.

Beispiel 2-8:

Eine andere Taucherweste mit 15 l Gesamtvolumen ist in 15 m Wassertiefe ($p_1 = 2,5$ bar) ganz mit Luft gefüllt ($V_1 = 15$ l). In welcher Tiefe (p_2) ist das Gesamtvolumen auf die Hälfte ($V_2 = 7,5$ l) zusammengedrückt?

$$p_1 \cdot V_1 = p_2 \cdot V_2$$
$$2,5 \text{ bar} \cdot 15 \text{ l} = p_2 \cdot 7,5 \text{ l}$$
$$p_2 = \frac{2,5 \text{ bar} \cdot 15 \text{ l}}{7,5 \text{ l}}$$
$$p_2 = 5 \text{ bar}$$
$$5 \text{ bar} \triangleq 40 \text{ m Wassertiefe.}$$

Die Halbierung des Luftvolumens in der Taucherweste bewirkt gleichzeitig die Halbierung des Auftriebs der Weste. Es besteht die Gefahr, daß der Taucher immer schneller absinkt und dadurch in Panik gerät. Ein Taucher muß deshalb mit seiner Taucherweste soweit geübt sein, daß er sie auf jeden Fall und in jeder Lage aufblasen kann.

Ein gesunder Taucher hat ein Gesamtlungenvolumen (Totalkapazität) von etwa 6 l. In total ausgeatmetem Zustand bleibt bei diesem Taucher ein Restvolumen in Lunge, Luftröhre und Hals-, Nasen-, Rachenraum. Dieses Restvolumen (Residualvolumen) beträgt etwa 1,3 l.

Beispiel 2-9:
Ein Schnorcheltaucher mit einem Lungenvolumen von 6 l und einem Residualvolumen von 1,3 l (V_2) will von der Oberfläche ($p_1 = 1$ bar) auf 30 m ($p_2 = 4$ bar) Tiefe tauchen. Besteht die Gefahr eines Lungenunterdruckbarotraumas?

$$p_1 \cdot V_1 = p_2 \cdot V_2$$
$$1 \text{ bar} \cdot 6 \text{ l} = 4 \text{ bar} \cdot V_2$$
$$V_2 = \frac{1 \text{ bar} \cdot 6 \text{ l}}{4 \text{ bar}}$$
$$V_2 = 1,5 \text{ l}$$

In 30 m Wassertiefe ist der Inhalt der Lunge auf 1,5 l zusammengedrückt. Es besteht noch keine Gefahr, da das Residualvolumen nicht unterschritten wird, wenn vor dem Abtauchen voll eingeatmet wurde.

Beispiel 2-10:
Ein Taucher atmet in 10 m Wassertiefe aus einem 10-l-SCUBA. Zu Beginn liest er auf dem Unterwassermanometer 200 bar und nach 20 min noch 100 bar ab.

Wie groß ist sein Atemminutenvolumen (*AMV*) bei diesem Tauchgang?

Luftmenge zu Beginn:	200 bar $\cdot$ 10 l = 2000 bar l
Abzüglich Luftmenge nach 20 min:	$-$ 100 bar $\cdot$ 10 l = 1000 bar l
Verbrauchte Luftmenge:	1000 bar l

In 20 min bei 2 bar verbrauchte Luftmenge: 1000 bar l

Pro Minute bei 2 bar verbrauchte Luftmenge: $\dfrac{1000 \text{ bar l}}{20 \text{ min}}$

Pro Minute verbrauchtes Luftvolumen: $\dfrac{1000 \text{ bar l}}{20 \text{ min} \cdot 2 \text{ bar}} = 25 \text{ l/min}$

Atemminutenvolumen: = 25 l/min

Beispiel 2-11:

Welche Luftmenge pro Minute (Q/t) braucht ein Taucher bei einem Tauchgang auf 40 m Wassertiefe ($p = 5$ bar)?

Voraussetzung: $AMV = 25$ l/min

$$\frac{Q}{t} = p \cdot AMV$$

$$\frac{Q}{t} = 5 \text{ bar} \cdot 25 \frac{\text{l}}{\text{min}}$$

$$\frac{Q}{t} = 125 \frac{\text{bar l}}{\text{min}}$$

Die berechnete Luftmenge pro Minute beträgt $Q = 125$ bar l.

Beispiel 2-12:

Ein Taucher geht bei einer Berechnung von dem im Beispiel 2-10 errechneten Atemminutenvolumen (AMV) aus. Er hat ein 10-l-SCUBA, das auf einen Druck von 180 bar gefüllt ist. Die Reserve spricht bei 40 bar Flaschendruck an.

Die Reserveluft steht für die Tauchgangsberechnung nicht zur Verfügung.

Dies ist eine grundsätzliche Festlegung, sie gilt für alle derartigen Berechnungen!

Der Taucher kann also folgende Luftmenge (Q) verbrauchen:

$$Q = p \cdot V$$

$$Q = (180 \text{ bar} - 40 \text{ bar}) \cdot 10 \text{ l}$$

$$Q = 140 \text{ bar} \cdot 10 \text{ l}$$

$$Q = 1400 \text{ bar l}$$

Er will nun in 20 m Wassertiefe ($p = 3$ bar) diese Luftmenge veratmen. Wie lange kann er damit tauchen?

Benötigte Luftmenge pro Minute bei 3 bar:

$$\frac{Q}{t} = p \cdot AMV$$

$$\frac{Q}{t} = 3 \text{ bar} \cdot 25 \frac{l}{\text{min}}$$

$$\frac{Q}{t} = 75 \frac{\text{bar l}}{\text{min}}$$

Die Tauchzeit (t) errechnet sich aus der zur Verfügung stehenden Luftmenge (Q_v) geteilt durch die benötigte Luftmenge pro Minute (Q_b/t_b)

$$\text{Tauchzeit} = \frac{\text{Luftvorrat}}{\text{Verbrauchsrate}}$$

$$t_t = \frac{Q_v}{Q_b/t_t}$$

Mit $Q_v = 1400$ bar l und

$$Q_b/t_b = \frac{75 \text{ bar l}}{\text{min}}$$

erhalten wir

$$t_t = \frac{1400 \text{ bar l}}{75 \text{ bar l/min}}$$

$$t_t = 18 \text{ min}$$

Beispiel 2-13:
Flaschenfüllung durch Überströmen.

Gegeben:
100-l-Industrieflasche, 200 bar
 10-l-Druckluftflasche,   10 bar
 10-l-Druckluftflasche, 100 bar

Wie muß abgefüllt werden, damit in beide Druckluftflaschen die gleiche und höchstmögliche Luftmenge kommt?

Regel:

Wenn mehrere Druckluftflaschen durch Überströmen aus mehreren Industrieflaschen zu füllen sind, sind stets die Druckluftflasche mit dem höchsten Druck aus den Industrieflaschen mit dem niedrigsten Druck zuerst zu füllen. Selbstverständlich darf der Druck in der Industrieflasche nicht niedriger als in der Druckluftflasche sein.

Im vorgegebenen Falle beträgt die gesamte Luftmenge beim 1. Überströmen (Industrieflasche auf Druckluftflasche mit höherem Druck):

$$100 \text{ l} \cdot 200 \text{ bar} = 20000 \text{ bar l}$$
$$+ \quad 10 \text{ l} \cdot 100 \text{ bar} = \underline{\quad 1000 \text{ bar l}}$$
$$21000 \text{ bar l}$$

Diese Luftmenge wird gleichmäßig auf das Volumen beider Flaschen verteilt. Das Volumen beider Flaschen beträgt:

$$V = 100 \text{ l} + 10 \text{ l}$$
$$V = 110 \text{ l}$$

Der Druck beider Flaschen beträgt:

$$p_1 = \frac{21000 \text{ bar l}}{100 \text{ l} + 10 \text{ l}}$$
$$p_1 - 191 \text{ bar}$$

Die gesamte Luftmenge beim 2. Überströmen (Industrieflasche auf die andere Druckluftflasche) beträgt:

$$100 \text{ l} \cdot 191 \text{ bar} = 19100 \text{ bar l}$$
$$+ \quad 10 \text{ l} \cdot \quad 10 \text{ bar} = \underline{\quad 100 \text{ bar l}}$$
$$19200 \text{ bar l}$$

Der Druck in diesen beiden Flaschen beträgt dann:

$$p_2 = \frac{19200 \text{ bar l}}{100 \text{ l} + 10 \text{ l}}$$
$$p_2 = 175 \text{ bar}$$

Beim 3. Überströmvorgang (1. Druckluftflasche auf 2. Druckluftflasche) wird letztlich die Forderung nach gleicher Luftmenge in beiden Flaschen erfüllt:

$$10 \text{ l} \cdot 191 \text{ bar} = 1910 \text{ bar l}$$
$$+ \quad 10 \text{ l} \cdot 175 \text{ bar} = \underline{1750 \text{ bar l}}$$
$$3660 \text{ bar l}$$

Der Druck in beiden Druckluftflaschen beträgt dann:

$$p_3 = \frac{3660 \text{ bar l}}{10 \text{ l} + 10 \text{ l}}$$

$$p_3 = 183 \text{ bar}$$

Als ausreichende Kurzfassung der Überströmaufgabe ist es zulässig, den erklärenden Text zwischen den Rechenschritten wegzulassen (dies gilt auch für die anderen Beispiele), vorausgesetzt alle eingesetzten Zahlen sind mit den Symbolen ihrer Maßeinheiten versehen (z.B. $p_2 = \frac{19200 \text{ bar l}}{100 \text{ l} + 10 \text{ l}}$).

2.5.3 Druck und Temperatur

2.5.3.1 Das Gesetz von Gay-Lussac

> Bei konstantem Volumen wächst der Druck einer gegebenen Gasmenge im gleichen Verhältnis wie die absolute Temperatur T.

Doppelte Kelvin-Temperatur bedeutet also doppelten Druck! Bildet man den Quotienten aus Druck und Temperatur (man teilt p durch T), so ist dieser Wert für ein abgeschlossenes, starres Volumen konstant.

$$\frac{p}{T} = \text{konstant}$$

Bezeichnen wir Druck und Temperatur vor einer angenommenen Erwärmung mit p_1 und T_1 und nach der Erwärmung mit p_2 und T_2, dann gilt:

$$\frac{p_1}{T_1} = \frac{p_2}{T_2}$$

Die Umrechnung der Celsius-Temperatur ϑ (sprich Theta) auf die absolute Temperatur T und umgekehrt geschieht nach den folgenden Gleichungen:

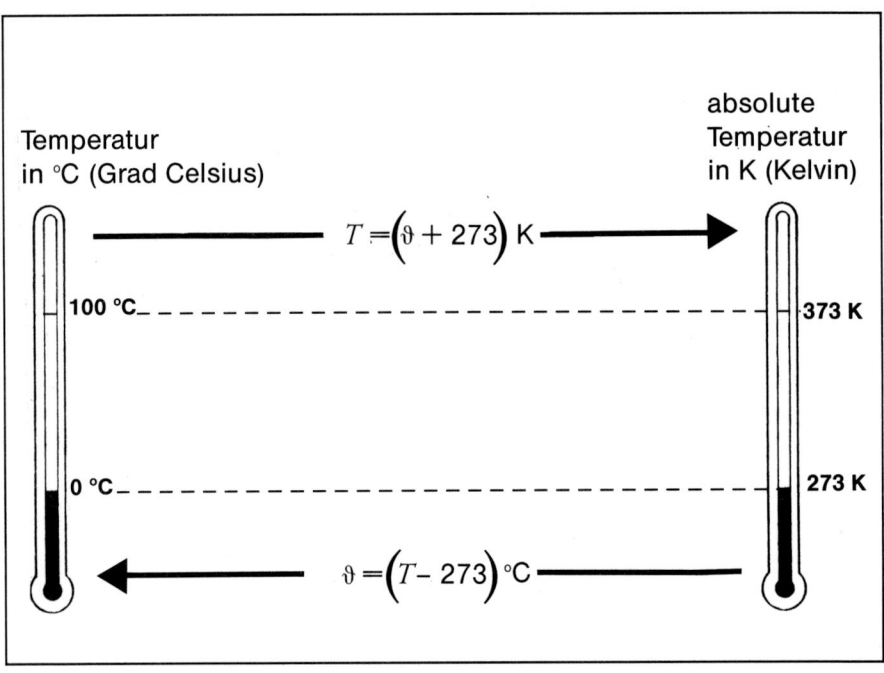

Abbildung 6

2.5.3.2 Berechnung von Druck und Temperatur

Beispiel 2-14:

Welcher absoluten Temperatur T entspricht die Temperatur (ϑ) von 37 °C?

$$T = ϑ + 273 \text{ K}$$
$$T = (37 + 273) \text{ K}$$
$$T = 310 \text{ K}$$

Einer Temperatur von 37 °C entspricht also die absolute Temperatur von 310 K.

Beispiel 2-15:

Das Manometer zeigt nach dem Füllen der Druckluftflasche einen Druck von $p_1 = 210$ bar an. Die Flaschentemperatur beträgt zu diesem Zeitpunkt $\vartheta_1 = 45\ °C$.

Welchen Druck (p_2) hat die Flasche, wenn sie sich auf Umgebungstemperatur $\vartheta_2 = 12\ °C$ abgekühlt hat?

1. Berechnung der absoluten Temperatur (siehe Beispiel 2-14) für 45 °C und 12 °C:

$$T_1 = 318\ \text{K}; \qquad T_2 = 285\ \text{K}$$

2. Berechnung des neuen Flaschendruckes:

$$\frac{p_1}{T_1} = \frac{p_2}{T_2}$$

$$\frac{210\ \text{bar}}{318\ \text{K}} = \frac{p_2}{285\ \text{K}}$$

$$p_2 = \frac{210\ \text{bar} \cdot 285\ \text{K}}{318\ \text{K}}$$

$$p_2 = 188\ \text{bar}$$

Das Manometer wird einen Druck von 188 bar anzeigen.

Die in einer Druckluftflasche zur Verfügung stehende Luftmenge ist aber nur scheinbar von der Temperatur abhängig. Die für den Taucher nötige Menge Sauerstoff ist ja gleich geblieben. Auf ihrem Weg von der Flasche in unsere Lunge wird die Luft auf immer die gleiche Temperatur ($\approx 37\ °C$) erwärmt, sie verdrängt daher auch immer das gleiche Volumen. Wir wollen darum bei unseren Luftvorratsberechnungen den Druck ansetzen, der bei Umgebungstemperatur angezeigt wird.

2.5.4 Grenzen der Gasgesetze

Bei allen unseren bisherigen Betrachtungen und Berechnungen sind wir davon ausgegangen, daß die Gasgesetze, so wie wir sie aufgeschrieben haben, für alle Werte von Druck, Temperatur und Volumen gelten.
Leider tut uns die Physik diesen Gefallen nicht! Für Werte, die von den gewohnten Bedingungen stark abweichen, führen die Gasgesetze in der vorliegenden Form zu immer weiter von der Wirklichkeit abweichenden Ergebnissen.

Die Gasgesetze gelten exakt nur für ideale Gase. Darunter versteht man Gase, von denen man theoretisch annimmt, daß sie aus Molekülen bestehen, die keinen Raum einnehmen. Solche idealen Gase können sich bis zum absoluten Nullpunkt nicht verflüssigen. Die realen Gase dagegen, bei denen Moleküle einen gewissen Raum einnehmen, wie z.B. die Luft, haben einen Verflüssigungspunkt, in dessen Nähe (bei hohem Druck und niedriger Temperatur) ihre Eigenschaften erheblich von denen des idealen Gases abweichen: Es machen sich Kohäsion (Zusammenhangskraft) zwischen den Gasmolekülen und Eigenvolumen der Moleküle im Verhältnis zum Gasvolumen bemerkbar.

2.5.4.1 Joule-Thomson-Effekt

Joule-Thomson-Effekt

Wieso können atemgesteuerte Dosiereinrichtungen überhaupt bei Temperaturen über 0 °C einfrieren?

Auch wenn die Gesetze von Boyle und Mariotte sowie von Gay-Lussac dies ignorieren, üben Gasmoleküle schwache Anziehungskräfte aufeinander aus. Das führt bei sehr niedrigen Temperaturen sogar zum Aneinanderkleben der Moleküle, zur Kondensation als Flüssigkeit, die nach den obengenannten Gesetzen nicht eintreten dürfte.

Unter hohem Druck, wenn sich die Moleküle erheblich näher kommen müssen, „hilft" diese Anziehungskraft dem Kompressor. Die überschüssige Energie tritt als zusätzliche Wärme auf. Wird das Gas später, nachdem es die Umgebungstemperatur angenommen hat, wieder entspannt, werden die Moleküle beim Auseinanderstreben durch die Anziehungskraft gebremst, das Gas kühlt sich ab. Entspannt man Luft von 200 bar auf 1 bar, kühlt sie sich um ca. 40 °C ab!

Obwohl die Wärmezufuhr über die metallischen Bauteile des Druckminderers („1. Stufe") einer atemgesteuerten Dosiereinrichtung diese Temperaturen erheblich mindert, sind Temperaturen unter 0 °C (Bildung von Eiskristallen) für die entnommene Luft kaum vermeidbar. Moderne Konstruktionen schließen durch Öl- oder Fettfüllungen den Zutritt von Wasser zu den kalten Bauteilen des Druckminderers aus, ohne die Druckübertragung zu behindern. Hohe Luftentnahmen, z.B. Füllen von Hebebojen oder übertriebene „Luftduschen" bei Wechselatmung erhöhen die Einfriergefahr. Die beste Vorbeugung ist ein komplettes zusätzliches SCUBA.

2.5.5 Gase in Flüssigkeiten (Das Gesetz von Henry)

Wenn ein Gas mit einer Flüssigkeit zusammenkommt, so stoßen die Moleküle des Gases gegen die Oberfläche der Flüssigkeit und dringen zum Teil in diese ein. Man sagt dann, sie sind in der Flüssigkeit gelöst. Die gelösten Teilchen werden mit der Bewegung der Flüssigkeitsmoleküle fortgeführt, und es werden immer mehr Gasmoleküle in der Flüssigkeit gelöst. Allmählich setzt nun auch der umgekehrte Prozess ein: Gasmoleküle verlassen die Flüssigkeit wieder – hinein in den Gasraum. Schließlich stellt sich ein Gleichgewichtszustand ein, in dem innerhalb einer Zeiteinheit ebenso viele Gasmoleküle gelöst werden wie aus der Flüssigkeit entweichen. Von diesem Gleichgewichtszustand sagt man: Die Flüssigkeit ist mit dem betreffenden Gas gesättigt.

Die bei 1 bar Partialdruck lösliche Gasmenge ist für verschiedene Gasarten, wie auch für verschiedene Flüssigkeiten sehr unterschiedlich. Zum Beispiel löst sich von Stickstoff in flüssigem Fett eine fünfmal so große Menge wie in Wasser.

Neben dieser Eigenschaft gibt es zwei physikalische Größen, die einen wichtigen Einfluß auf die Menge des gelösten Gases haben: Druck und Temperatur.

Das Gesetz von Henry

> Bei konstanter Temperatur steht die Menge des in der Flüssigkeit gelösten Gases im Sättigungszustand in direktem Verhältnis zum Druck des über der Flüssigkeit stehenden Gases

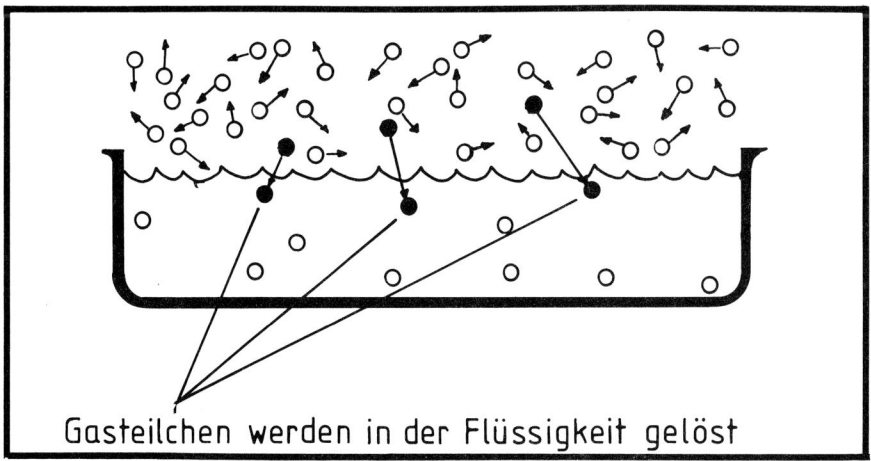

Gasteilchen werden in der Flüssigkeit gelöst

Abb. 8

Wenn also eine bestimmte Menge Gas bei einem Druck von 1 bar in einer Flüssigkeit gelöst wird, dann wird bei einem Druck von 2 bar die doppelte Menge und bei einem Druck von 3 bar die dreifache Menge gelöst.

Für Gasgemische gilt, daß die Löslichkeit jedes Teilgases so groß ist, wie wenn es allein mit seinem Teildruck vorhanden wäre.
Die Löslichkeit der Gase wird durch die Temperatur beeinflußt: Je niedriger die Temperatur, desto größer die Löslichkeit. Die Erhöhung der Temperatur unserer Flüsse vermindert z.B. den Sauerstoffgehalt.

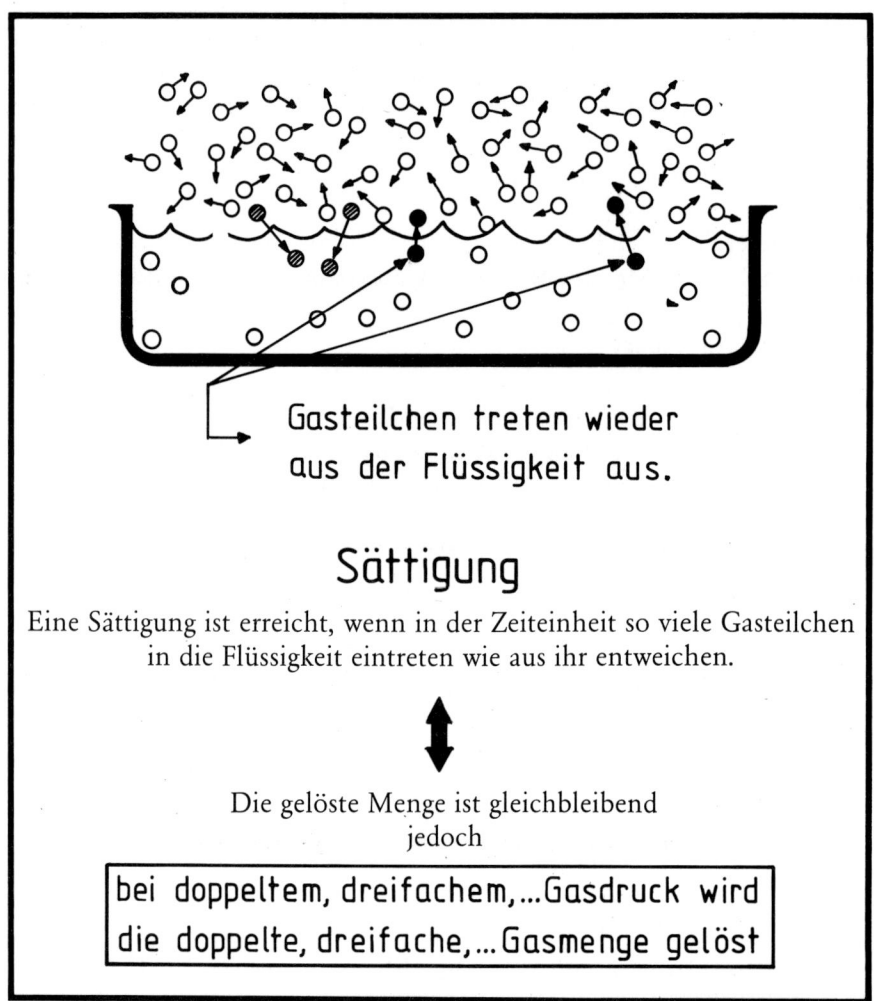

Gasteilchen treten wieder aus der Flüssigkeit aus.

Sättigung

Eine Sättigung ist erreicht, wenn in der Zeiteinheit so viele Gasteilchen in die Flüssigkeit eintreten wie aus ihr entweichen.

Die gelöste Menge ist gleichbleibend
jedoch

bei doppeltem, dreifachem,...Gasdruck wird die doppelte, dreifache,...Gasmenge gelöst

Abb. 9

Wenn der Druck eines Gases über einer mit diesem Gas gesättigten Flüssigkeit sinkt, so ist in der Flüssigkeit mehr Gas gelöst als nach dem Henryschen Gesetz zulässig: Die Flüssigkeit ist übersättigt. Es treten mehr Gasmoleküle aus der Flüssigkeitsoberfläche aus als in sie eindringen, bis nach einer gewissen Zeit wieder ein Gleichgewichtszustand erreicht ist. Wenn jedoch die Übersättigung ein gewisses Maß überschreitet, tritt das Gas nicht nur aus der Flüssigkeitsoberfläche aus, sondern es bilden sich auch Gasblasen im Innern der Flüssigkeit. Diesen Vorgang kann man beim Öffnen einer Mineralwasser- oder Sektflasche deutlich beobachten.

Die Gase im Atemgemisch eines Tauchers werden in seinem Körper je nach dem Teildruck der einzelnen Gase gelöst. Der Vorgang bis zur Sättigung dauert jedoch einige Zeit. Darum hängt die gelöste Menge außerdem von der Zeit ab, während der der Taucher dieses Gas unter erhöhtem Druck atmet.

Jedes Gas wird in Lösung bleiben, solange der Druck gleich bleibt. Steigt der Taucher jedoch auf, so werden mehr und mehr Moleküle aus dem Gewebe entweichen. Bei kontrollierter Aufstiegsgeschwindigkeit, d.h. bei kontrollierter Druckminderung anhand von Austauchtabellen zum Beispiel, wird das Gas noch in Lösung aus den Geweben zur Lunge transportiert und abgeatmet.

Wenn der Taucher jedoch zu schnell auftaucht und die Druckverminderung schneller erfolgt, als der Körper toleriert, dann können Bläschen entstehen und in der Blutbahn Gefäße verstopfen.

LEBENSGEFAHR!

Die daraus entstehenden Schäden sind im Kapitel Tauchmedizin, Abschnitt 3.3.2 Caisson-Krankheit, beschrieben.

2.6   Sehen und Hören unter Wasser

2.6.1   Licht

Das Sehen beruht auf der Fähigkeit des Auges, Licht zu empfangen. Der Lichtreiz auf der Netzhaut wird vom Gehirn zum Seheindruck verarbeitet. Damit ein Gegenstand sichtbar wird, muß von ihm Licht ausgehen und in unser Auge gelangen. Um Bildeindrücke und Farben erkennen zu können, sind Linsen und Sehzellen erforderlich.

Unter Wasser liegen für das Sehen des Tauchers etwas andere Verhältnisse als in der Luft vor.

Lichtstrahlen, die auf die Wasseroberfläche auftreffen und in das Wasser eindringen, unterliegen folgenden Einflüssen:

1: Refraktion (Brechung)

2: Streuung

3: Absorption

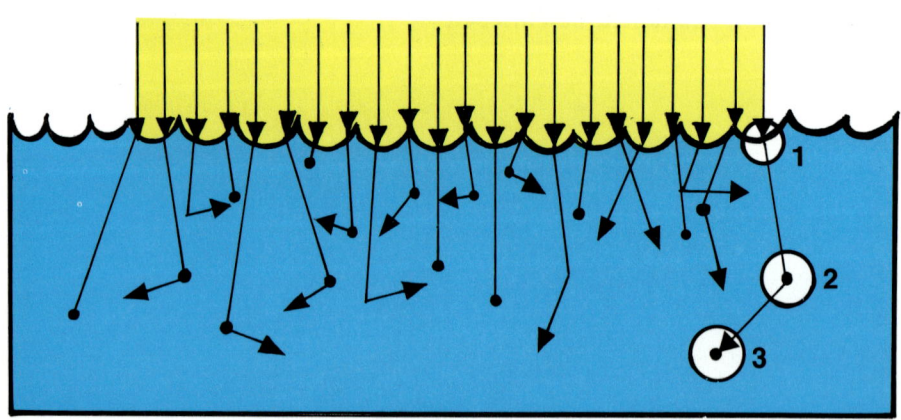

Abbildung 2-3

1. Refraktion (Brechung):
    Trifft ein Lichtstrahl schräg auf die Oberfläche des Wassers, so wird ein Teil ins Wasser hinein gebrochen, der andere Teil in die Luft reflektiert.

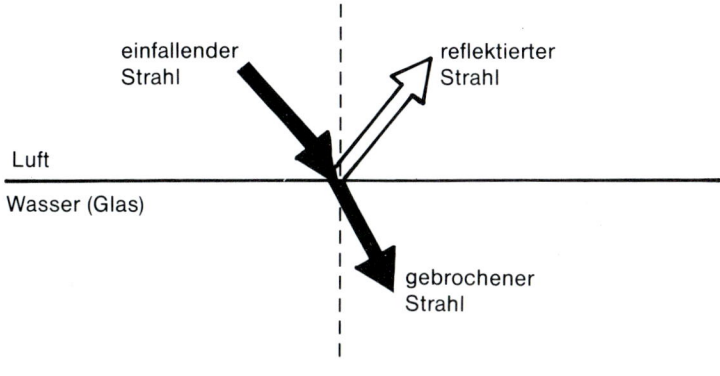

Abbildung 10

2. Streuung:
    Die Streuung wird hauptsächlich durch feinste Teilchen im Wasser bewirkt. Dadurch hat der Taucher den Eindruck, vor den im Blickfeld liegenden Gegenständen liege ein Schleier, der die Kontraste herabsetzt und die Sichtweite begrenzt.

3. Absorption (Schwächung):
    Die Durchlässigkeit des Wassers für Licht nimmt mit zunehmender Wasserschicht deutlich ab. Die Helligkeit wird geringer, weil die Intensität des Lichtes vom Wasser vermindert wird.
    Das Wasser absorbiert verschiedene Lichtfarben (verschiedene Wellenlängen) unterschiedlich stark.
    Rotes (langwelliges) Licht wird stärker absorbiert als blaues (kurzwelliges) Licht.
    So nimmt die Intensität eines Lichtstrahles auf 6 % seiner ursprünglichen Intensität ab in einer Tiefe von

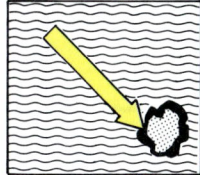

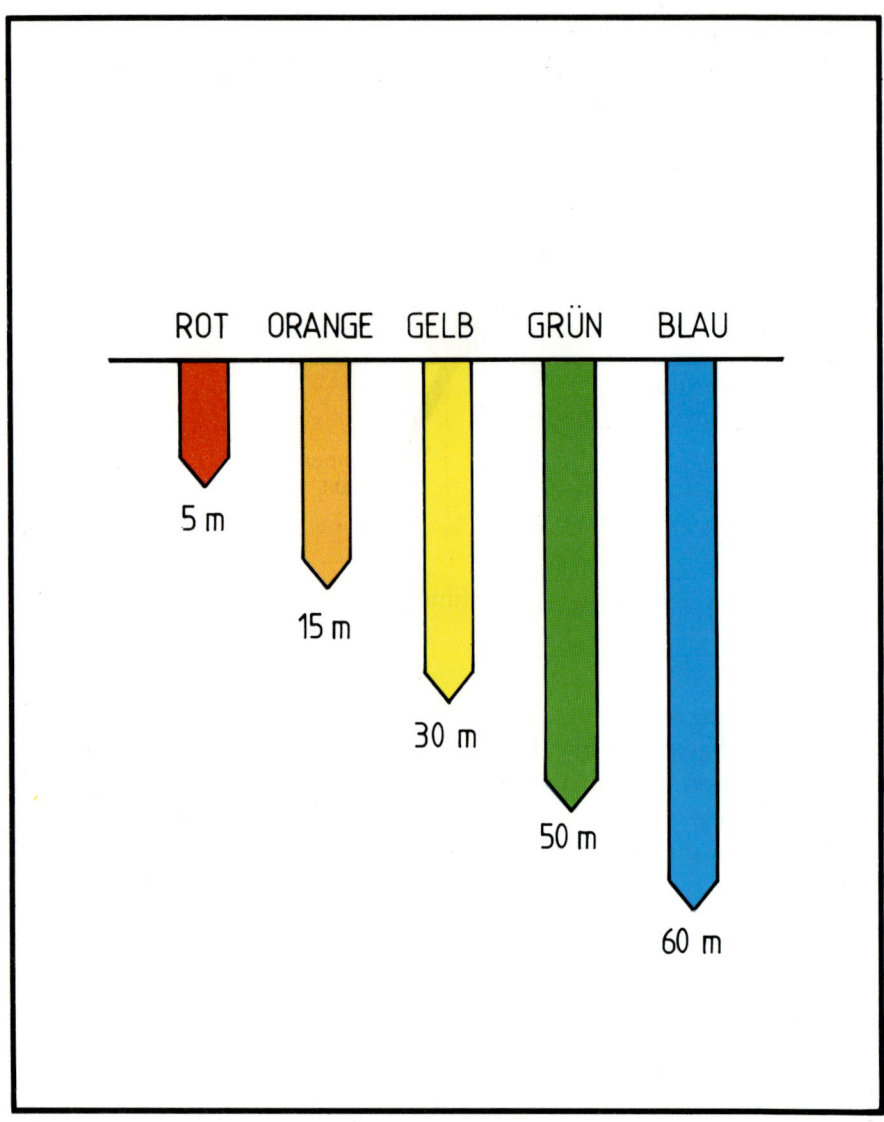

ROT   ORANGE   GELB   GRÜN   BLAU

5 m

15 m

30 m

50 m

60 m

Abb. 11

Wichtig für UW-Aufnahmen mit Kunstlicht ist, daß die Beleuchtung (Hellig-keit) in jeder Richtung abnimmt; für rot sollte der Lichtweg (Lampe-Objekt-Kamera) deshalb besonders beachtet werden.

Die Lichtbrechung hängt damit zusammen, daß die Lichtgeschwindigkeit in der Luft ungefähr 1,33 mal so groß wie im Wasser ist.

Bedingt durch die Brechung erscheinen Entfernungen unter Wasser auf 3/4 ihrer tatsächlichen Größe verkürzt, und Objekte erscheinen unter Wasser auf 4/3 ihrer wahren Abmessungen vergrößert.

Geben wir die scheinbaren Größen vor, so errechnen sich die wahren Größen wie folgt:

a) Ein Fisch, der in 1,00 m Entfernung zu schwimmen scheint, ist in Wirklichkeit 1,33 m entfernt. Gesuchte wahre Entfernung x:

$$x = 4/3 \cdot 1,00 \text{ m}$$
$$x = 1,33 \text{ m}$$

b) Ein Fisch der 1,00 m lang zu sein scheint, ist in Wirklichkeit 0,75 m lang. Gesuchte wahre Länge x:

$$x = 3/4 \cdot 1,00 \text{ m}$$
$$x = 0,75 \text{ m}$$

Geben wir die wahren Größen vor, so errechnen sich die scheinbaren Größen wie folgt:

c) Ein Fisch, der in 1,00 Entfernung schwimmt, scheint nur 0,75 m entfernt zu sein. Gesuchte scheinbare Entfernung y:

$$y = 3/4 \cdot 1,00 \text{ m}$$
$$y = 0,75 \text{ m}$$

d) Ein Fisch der 1,00 m lang ist, scheint 1,33 m lang zu sein. Gesuchte scheinbare Länge y:

$$y = 4/3 \cdot 1,00 \text{ m}$$
$$y = 1,33 \text{ m}$$

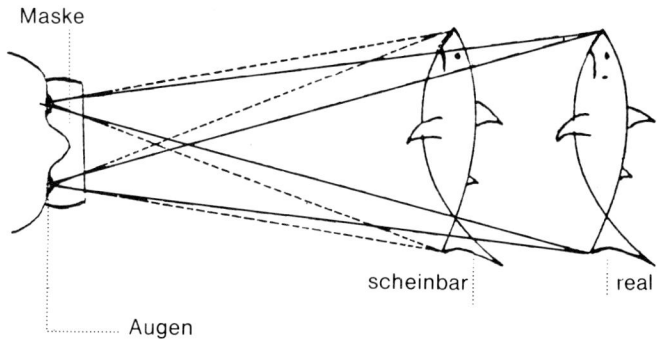

Abbildung 12

2.6.2 Schall

Schallwellen gehen von der Schallquelle, einem schwingenden Körper, aus. Der Schall pflanzt sich am schnellsten in einem wenig zusammendrückbaren Medium fort, denn gut mechanisch gekoppelte Moleküle übertragen die Stöße rascher. Aufgrund der Unterschiede der Kompressibilität wird deshalb der Schall auch im Wasser schneller übertragen als in der Luft.

Schallgeschwindigkeiten:
  Luft (20 °C, 1 bar): ca. 340 m/s
  Salzwasser (3,5 % Salzgehalt,
  Dichte 1,027 kg/l, 20 °C, 1 bar): ca. 1485 m/s

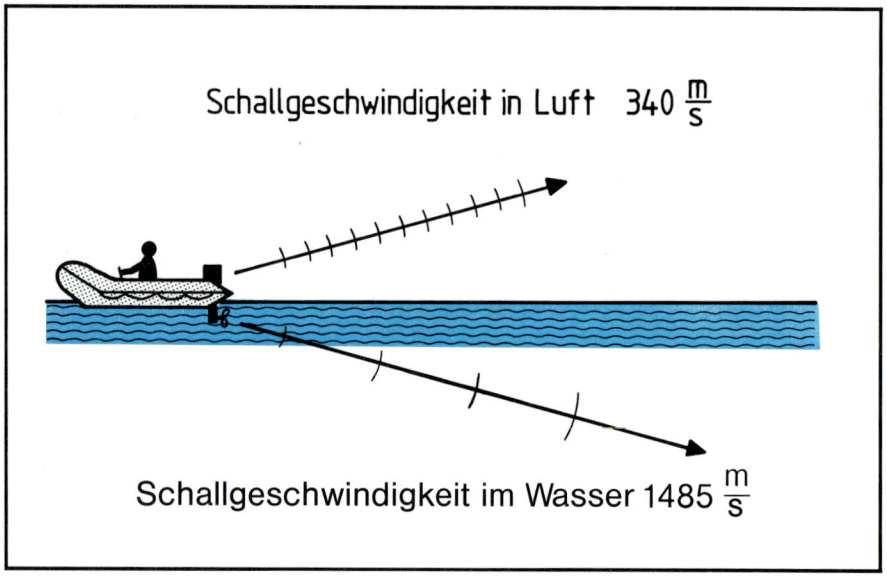

Abb. 13

Wichtig ist bei der Betrachtung der Schallwahrnehmung neben der Schallgeschwindigkeit in den unterschiedlichen Medien vor allem die Höhe der Töne sowie die Lautstärke. Tiefe Töne (z.B. Brummen) haben niedrige Frequenzen bis ca. Hundert Hertz (Hz), hohe Töne wie das Zirpen von Grillen liegen über 10 000 Hz. Unsere Sprache liegt etwa zwischen 300 und 3 000 Hz.

Die erforderliche Lautstärke vorausgesetzt kann der Mensch bei mittleren Frequenzen über Wasser normalerweise die Richtung, aus der die Schallwellen kommen, gut feststellen. Dies rührt daher, daß die beiden Ohren etwa 10 bis 15 cm voneinander entfernt liegen und jedes Innenohr unabhängig vom anderen die Schallwellen wahrnimmt. Das zeitliche Auflösungsvermögen zwischen linkem und rechtem Ohr liegt dabei bei ca. 0,00003 s. Zudem spielt auch die etwas größere Schallintensität in dem Ohr, das der Schallquelle zugewandt ist, beim Richtungshören eine Rolle und auch die Frequenz.

Unter Wasser verändern sich alle Mechanismen der Schallübertragung. Das zeitliche Auflösungsvermögen durch die beiden Ohren ist nicht mehr gegeben.

Aus diesem Grunde kann der Taucher die Richtung einer Schallquelle unter Wasser nicht orten; ein gefährlicher Mangel, z.B. wenn Motorboote dort fahren, wo der Taucher auftauchen muß!

Normalerweise kann Schall unter Wasser nur wirksam angewendet werden, um die Aufmerksamkeit anderer zu erregen.

Da die Schalldämpfung (d.h. die Abschwächung mit zunehmender Entfernung) im Wasser viel geringer als in der Luft ist, kann auch die Entfernung einer Schallquelle nicht aus Überwasser-Erfahrung abgeleitet werden.

2.7 Wärme

Die Temperatur eines Körpers wird von seiner Wärmeenergie bestimmt. Diese besteht in einer Bewegung der Atome oder Moleküle. Bei festen und flüssigen Körpern führen diese mehr oder weniger heftige Schwingungen aus. Bei gasförmigen Körpern bewegen sie sich mit zum Teil erheblichen Geschwindigkeiten frei im Raum.

Beispiel: Bei 21 °C Lufttemperatur haben Luftmoleküle eine Geschwindigkeit von ca. 400 m/s.

Wärme kann auf verschiedene Arten von einem Ort zum anderen übertragen werden.

a) Wärmeleitung (Konduktion):
    Schnell schwingende Moleküle stoßen an langsam schwingende Moleküle und übertragen so die Geschwindigkeit (≙ Wärme) von einer Stelle eines Körpers zu einer anderen. Wasser ist ein weitaus besserer Wärmeleiter als Luft, und ein ungeschützter Taucher verliert einen großen Teil seiner Körperwärme an das umgebende Wasser durch direkte Berührung.

b) Wärmeströmung (Konvektion) ist Wärmetransport durch bewegte Flüssigkeiten oder Gase. Der Transport von Wärmeenergie geschieht dadurch, daß die Flüssigkeiten oder Gase mit der in ihnen enthaltenen Wärmeenergie transportiert werden.

Beispiele: Warme Winde wie der Scirocco oder Meeresströmungen wie der Golfstrom.

Der Taucher kann Wärmeenergie durch direkten Kontakt (Konduktion) an das Wasser abgeben. Das erwärmte Wasser direkt an seinem Körper kann durch kälteres ersetzt werden (Konvektion).

c) Wärmestrahlung ist Energietransport durch elektromagnetische Wellen (Sonnenstrahlung).

Es gibt gute und schlechte Wärmeleiter. Wasser ist ein im Verhältnis zur Luft guter Wärmeleiter. Gase sind im Vergleich dazu besonders schlechte Wärmeleiter. Alle Stoffe, die Luft oder andere Gase enthalten, wie zum Beispiel Zellneopren, wirken wärmedämmend, d.h. sie sind geeignet, Verluste an Wärmeenergie zu vermindern.

Stoff	Wärmeleitzahl $\frac{W}{m\,K}$	Verhältniswerte bez. auf Luft
Wasser (4°, dest.)	0.58	22
Luft (20°, 1 bar)	0.026	1
Helium (20°, 1 bar)	0.157	6
Silber (20 °C)	419	16000

(Wärmeleitzahl: Es ist die Wärmemenge, die in einer Stunde durch 1 m² einer 1 m dicken Schicht eines Stoffes beim Dauerzustand der Beheizung hindurchgeleitet wird, wenn der Temperaturunterschied zwischen den beiden Oberflächen 1 K beträgt.)

Ein Taucher ohne Schutz gegen Wärmeverlust verliert schon bei einer Wassertemperatur von ca. 21 °C die Wärmeenergie schneller, als sein Körper sie ersetzen kann.

Naßtauchanzüge bieten aber nicht immer einen ausreichenden Schutz. Das Material wird in größeren Wassertiefen zusammengedrückt und verliert einen guten Teil seiner Wärmedämmqualität. Ein zu enger Naßtauchanzug, besonders auch zu enge Handschuhe, aber auch ein zu alter, zu weiter oder gar unvollständiger Naßtauchanzug bieten ebenfalls keinen ausreichenden Kälteschutz.

Ein Naßtauchanzug, der an der Oberfläche (Druck 1 bar) 7 mm dick ist, wird in 10 m Wassertiefe (Druck 2 bar) nur noch ungefähr halb so dick sein, da die eingeschlossenen Gasbläschen nach dem Gesetz von Boyle-Mariotte auf die Hälfte ihres Ursprungsvolumens zusammengedrückt werden (2.5.2.1). Entsprechend wird die Wärmedämmqualität abnehmen:

> in 10 m (2 bar) auf ca. 1/2,
>
> in 20 m (3 bar) auf ca. 1/3,
>
> in 50 m (6 bar) auf ca. 1/6.

Auch die Wärmeabgabe durch die Atmung nimmt mit der Wassertiefe zu. Die durch Atmung abgegebene Wärme beträgt ca. 10 % der Gesamtwärmeabgabe in Ruhe. Die Wärmeabgabe ist direkt abhängig von der Dichte (also dem Druck) des Atemgases. Für den Taucher bedeutet dies, daß die Wärmeabgabe durch Atmung bis auf 40 % der Gesamtwärmeabgabe ansteigen kann.

Aus den vorgenannten Gründen sollten Taucher gut passende Naßtauchanzüge von 6-7 mm Dicke oder Trockentauchanzüge benutzen.

2.8 Kondensation und Verdunstung

Warum muß ein Hochdruck-Kompressor beim Füllen von Druckluftflaschen immer wieder entwässert werden?

Bei 20 °C ist der Sättigungsdampfdruck des Wassers 23,3 mbar. Dies ist bei 100% relativer Feuchte der Partialdruck des Wassers (H_2O) in der Luft. 2000 barl (d.h. 2,4 kg) enthalten dabei 34,6 g Wasserdampf. Da der Sättigungsdampfdruck nur von der Temperatur, nicht aber von den Partialdrücken sonst noch vorhandener Gase (wie N_2, O_2 etc.) abhängt, beträgt er auch in der auf 200 bar gefüllten Flasche nur 23,3 mbar. In den 10 Litern Druckluft können also nur 10/2000 von 34,6 g, d.h. 0,17 g Wasser enthalten sein. Der Rest, also 34,43 g, sind bei der Kompression in flüssiger Form abgeschieden worden.

Warum macht Tauchen durstig und hungrig?

In 10 m Tiefe gibt der Taucher die Ausatemluft bei 37 °C mit 100 % relativer Feuchte unter 2 bar Totaldruck ins Wasser ab. Der Sättigungsdampfdruck bei 37 °C beträgt 63 mbar. Den insgesamt (s.o.) 0,17 g H_2O in seiner vollen 10-l-Flasche müssen vom Körper des Tauchers noch 44,6 g Wasser hinzugefügt werden, um die Ausatemluft auf 63 mbar H_2O-Partialdruck zu bringen. Allein die Verdunstung dieser Wassermenge kostet den Körper ca. 100 kJ an „Butterbrotenergie".

3   Tauchmedizin

Der vorliegende Teil „Tauchmedizin" ist in dieser vereinfachten Form auf den Laien zugeschnitten. Es sind zwar die neuesten Erkenntnisse der Tauchmedizin berücksichtigt, jedoch ist vieles im Detail differenzierter und komplizierter als im folgenden dargestellt.

3.1   Anatomie

Unter Anatomie versteht man die Lehre vom Aufbau des menschlichen Körpers und seiner Organe.

3.1.1   Körperhöhlen

Gerade die Körperhöhlen sind beim Tauchen von Bedeutung, da sich der Druck innerhalb dieser Höhlen dem steigenden bzw. fallenden Umgebungsdruck anpassen muß.

3.1.1.1   Körperhöhlen im Schädelbereich

Schädel als Ganzes

Der Schädel wird gebildet aus 22 Knochen (ohne Gehörknöchelchen), die, mit Ausnahme des Unterkiefers, fest miteinander verwachsen sind.

Aufgaben

Er stellt eine stabile Hülle für das Gehirn und die im Schädelbereich lokalisierten Sinnesorgane dar, ferner bildet er die Eintrittsöffnungen für Atmung und Nahrungsaufnahme.

Hohlräume aufweisende Schädelknochen im einzelnen

— die Schläfenbeine mit den Paukenhöhlen und den Warzenfortsatzzellen,
— das Stirnbein mit der Stirnhöhle,
— die Oberkieferknochen mit den Kieferhöhlen,
— das Siebbein mit den Siebbeinzellen,
— das Keilbein mit der Keilbeinhöhle.

Diese Höhlen stehen alle mit dem Mund- und Nasenraum und zum Teil miteinander über ein Kanalsystem in Verbindung.

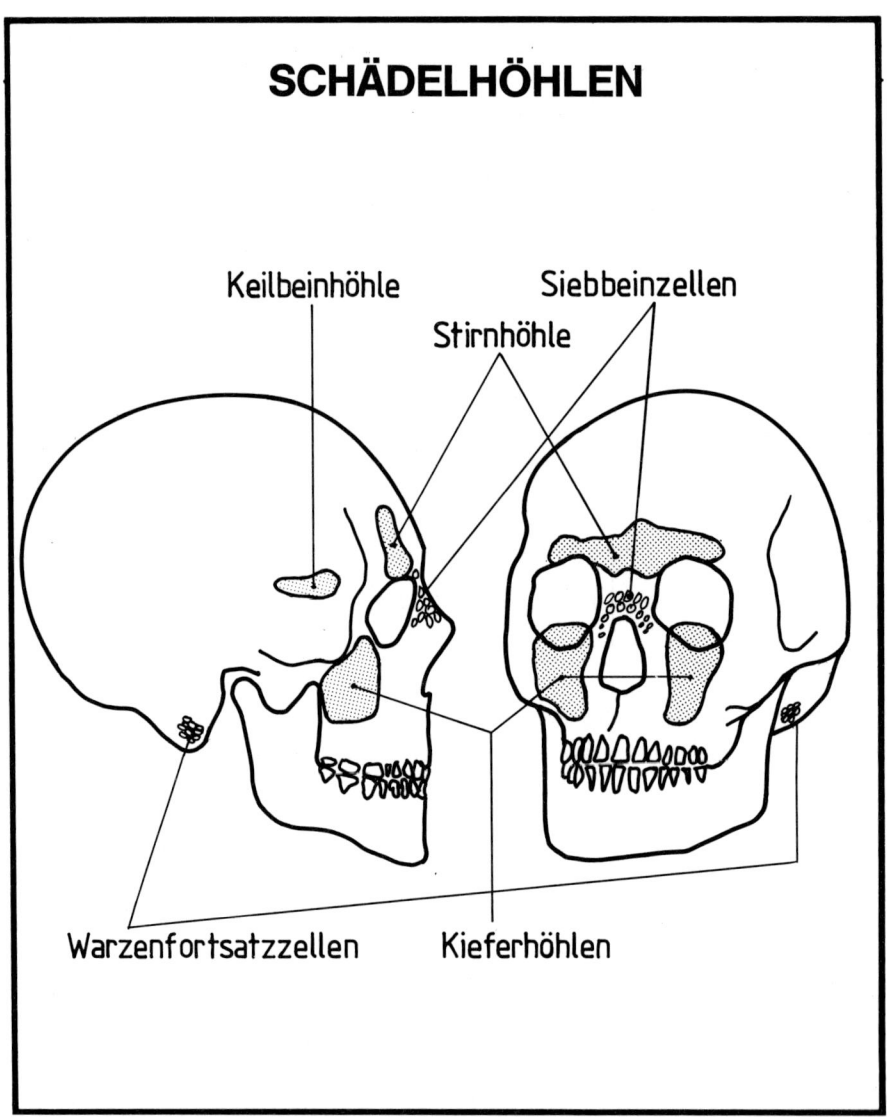

SCHÄDELHÖHLEN

3.1.1.2 Körperhöhlen im Brustraum

Der von den Rippen umschlossene und nach unten vom Zwerchfell begrenzte Brustraum enthält neben den luftgefüllten Lungenflügeln den Mittelfellraum mit Herz, Gefäßband und Lungenwurzel.

3.1.1.3 Körperhöhlen im Bauchraum

Magen

Im oberen Teil des Magens, der sein Volumen durch die Muskelwand seinem Füllungszustand anpaßt, befindet sich immer eine wechselnd große Luftblase, die sog. Magenblase.

Darm

In den Darmabschnitten befinden sich Gasblasen, die nicht von der verschluckten Luft herrühren, sondern beim Verdauungsprozeß durch gasbildende (Schwefelwasserstoff) Darmbakterien entstehen.

3.1.2 Menschliche Gewebearten

Unter Gewebe versteht man Zellen gleichen Aufbaus, gleicher Form und gleicher Funktion.

3.1.2.1 Epithelgewebe

Vorkommen

Es kleidet alle Hohlräume (z.B. Schädelhöhlen) und Verbindungsgänge (z.B. Magen, Darm, Bronchien der Lunge, Drüsengänge) aus und bedeckt alle Oberflächen (z.B. Oberhaut).

Aufgaben

Schutz vor mechanischer Verletzung (z.B. Oberhaut),
Schutz vor Austrocknung durch Sekretbildung (z.B. Bronchien),
Aufnahme (Resorption) von Nährstoffen und Flüssigkeit (z.B. im Magen-Darmtrakt),
Ausscheidung (Exkretion) von Stoffwechselprodukten z.B. in der Niere durch Abgabe von Abbauprodukten in den Harn.

3.1.2.2 Nervengewebe

Vorkommen

Im Gehirn, Rückenmark und den Nervenfasern, die den ganzen Körper wie ein engmaschiges Netz durchziehen. Wir unterscheiden das zentrale, periphere und das vegetative Nervensystem. Zudem kann man die Sinneszellen dem Nervensystem zurechnen.

Aufgaben

Sinneszellen nehmen äußere Reize (z.B. Licht, Schall, Wärme) und innere Reize (Anstieg des Säuregehaltes im Blut, Absinken des Blutzuckergehaltes), wahr und verarbeiten sie zu Nervenimpulsen.
Sie leiten diese Nervenimpulse in das Gehirn.
Sie verarbeiten diese Meldungen (Bewußtwerden in Form des Sehens, Hörens, Hungers).
Sie beantworten den Reiz (z.B. Engerstellen der Pupillen auf Lichtreiz, Steigerung der Atemfrequenz bei Anstieg der CO_2-Spannung im Blut).

3.1.2.3 Binde- und Stützgewebe

Vorkommen

Im ganzen Körper als Baustoff unterschiedlicher Qualität (z.B. straffes Bindegewebe in den Sehnen, elastisches Fasergewebe in der Lunge, unbewegliches Baumaterial in den Knochen).

Aufgaben

Diese Gruppe von Geweben verbindet die einzelnen anatomischen Strukturen, fixiert sie dabei mehr oder minder beweglich zueinander und gibt dem menschlichen Körper Festigkeit (z.B. durch das Knochenskelett).

3.1.2.4 Muskelgewebe

Vorkommen

Muskelfasern der Blutgefäße und der inneren Organe, Skelettmuskulatur und Muskulatur des Herzens. Sie unterscheiden sich durch ihren feingeweblichen Aufbau.

Aufgaben

Die Muskulatur der Blutgefäße beeinflußt den Kreislauf und den Blutdruck durch Querschnittsveränderung der Gefäße. Die Skelettmuskulatur sorgt für Fortbewegung und Muskelkraft. Der Herzmuskel garantiert die stetige Muskelkontraktion der beiden Herzkammern. Die Eingeweidemuskulatur (z.B. des Magens und des Darms) bewerkstelligt den Transport der Nahrung durch den Verdauungstrakt.

3.1.2.5 Beim Tauchen bedeutende Gewebe im einzelnen

Nerven- und Fettgewebe

Trotz der großen Unterschiede (Nervengewebe ist gut durchblutet, aber sehr empfindlich gegenüber Sauerstoffmangel – Fettgewebe ist wenig durchblutet und relativ unempfindlich gegenüber Sauerstoffmangel) weisen beide wegen ihres hohen Fettgehaltes eine höhere Löslichkeit (ca. 5-fach) von Stickstoff auf als alle anderen Gewebe.

Muskelgewebe

Die Besonderheit des Muskelgewebes ist die belastungsabhängige Änderung der Durchblutung. Daraus folgt, daß sich die Halbsättigungszeiten bei Arbeit stark verkürzen (Vergleiche 4.4). Deshalb ist grundsätzlich zu empfehlen, die Dekozeiten auf den entsprechenden Dekostufen schwimmend und nicht bewegungslos liegend zu verbringen.

Knorpel- und Knochengewebe

Diese Gewebe gehören zu den langsamsten Geweben, d.h. aufgrund der geringen Durchblutung (im Knorpelgewebe fehlen Gefäße) erfolgt die Auf- bzw. Entsättigung nur langsam, es ist ein sog. Langzeitgewebe. Das gut durchblutete Knochenmark, unsere Blutbildungsstätte, gehört allerdings zu den „schnellen" Geweben

Blut (flüssiges Gewebe)

Das Blut (Gesamtmenge 8 % des Körpergewichtes) ist eine Suspension, d. h. eine wäßrige Lösung, in der feste Bestandteile (Blutzellen) aufgeschwemmt sind. Durch langes Stehen oder Zentrifugieren des ungerinnbar gemachten Blutes lassen sich seine festen und flüssigen Bestandteile voneinander trennen.

Feste, geformte Bestandteile

Der Anteil der verschiedenen Blutzellen (Hämatokrit), die zum größten Teil im Knochenmark gebildet werden, beträgt bei Männern ca. 47%, bei Frauen ca. 42% des Blutvolumens. Man unterscheidet drei verschiedene Zellarten:

Rote Blutkörperchen (Erythrozyten)

Der Erythrozyt weist die Form einer runden, in der Mitte beidseits eingedellten Scheibe auf. Seine rote Farbe ist bedingt durch den im Zellinnern eingeschlossenen roten Blutfarbstoff (Hämoglobin), an den Sauerstoff chemisch gebunden wird. Aufgrund der ungeheuer großen Zellzahl (3,6 - 5,5 Mill./mm^3) geben die Erythrozyten dem Blut die rote Farbe. Die Lebensdauer des einzelnen Erythrozyten beträgt ca. 3 Monate, die Größe ca. 7/1000 mm im Längsdurchmesser und 2/1000 mm im Dickendurchmesser.

Weiße Blutzellen (Leukozyten)

Die Zahl der weißen Blutzellen beträgt 4 000 - 10 000/mm^3. Sie haben entscheidende Bedeutung für den Abwehrmechanismus des Körpers. Man findet sie in erhöhter Zahl bei allen entzündlichen Prozessen.

Blutplättchen (Thrombozyten)

Die Zahl der Blutplättchen beträgt 150 000 - 400 000/mm^3. Sie spielen eine wesentliche Rolle bei den Gerinnungsvorgängen. Blutplättchen sind keine ganzen Zellen, sondern nur Zellfetzen.

Flüssigkeitsanteil des Blutes

Der volumenmäßig größte Anteil ist die Blutflüssigkeit (ca. 56 % des Blutgesamtvolumens). Sie enthält Aufbaustoffe (Nährstoffe, Salze), Schlacken (Abbauprodukte aus dem Stoffwechsel der Zellen) und den Blutgerinnungsstoff Fibrinogen. In der Blutflüssigkeit sind die Atemgase physikalisch gelöst. Die Blutflüssigkeit dient als schnell verfügbares Wasserreservoir. Das Verhältnis der flüssigen Bestandteile zu den festen bestimmt die Viskosität (Zähflüssigkeit) des Blutes.

Lymphe

Die Lymphe ist die Flüssigkeit, die sich in den Lymphgefäßen und in den Gewebsspalten befindet. Sie stammt überwiegend aus der Blutflüssigkeit. Diese wird bei der Passage durch die Haargefäße (Kapillaren) z.T. aus der Blutbahn herausgepreßt und heißt nun Gewebsflüssigkeit. Sie durchtränkt die Gewebe, indem sie die Zwischenräume zwischen den Zellen durchströmt und auf diesem Wege auch diejenigen Zellen mit Nährstoffen und Sauerstoff versorgt, zu denen keine Kapillaren hinführen. Der Rückstrom aus diesem Bereich wird durch Lymphkapillaren kanalisiert, die sich zu größeren Lymphgefäßen vereinigen und schließlich in Herznähe in die große Körpervene und damit wieder zurück ins Blut münden. Die Menge der Lymphe ist ca. viermal so groß wie die des Blutes.

3.1.3 Organe

Definition des Begriffes Organ

Unter dem Begriff Organ versteht man einen aus verschiedenen Geweben aufgebauten Körperteil, der einer bestimmten Leistung (Funktion) dient und durch entsprechenden Bau gekennzeichnet ist.
Die einzelnen Organe stehen in enger Wechselbeziehung zueinander.
Mehrere so zusammenwirkende Organe bilden ein Organsystem (z.B. Herz + Lunge + Gefäße).

3.1.3.1 Beim Tauchen wichtige Organe im einzelnen

Ohr

Dieses Organ beherbergt zwei Sinne: den Hörsinn und den Gleichgewichtssinn. In der anatomischen Systematik läßt sich das Ohr in drei Abschnitte unterteilen: Außen-, Mittel- und Innenohr.

Außenohr

Es besteht aus der Ohrmuschel und dem äußeren Gehörgang, der nach innen durch das Trommelfell abgedichtet ist. Dieser Abschnitt dient wie ein Trichter der Zuleitung der Schallwellen auf das Mittelohr.

Mittelohr

Es umfaßt den Hohlraum im Schläfenbein, der als Paukenhöhle bezeichnet wird. Begrenzt wird dieser Abschnitt nach außen durch das Trommelfell, nach innen durch das ovale Fenster, in dem die Fußplatte des Steigbügels liegt, und durch die Membran des runden Fensters. Der sonst allseitig knöchern umschlossene Raum weist zwei offene Verbindungen auf:

In Richtung auf den Hinterkopf bestehen kleine Verbindungskanäle (ähnlich den Verbindungen zwischen den starrwandigen Schädelhöhlen) zu den Warzenfortsatzzellen. Nach vorne zum Nasen-Rachenraum besteht eine weitere Verbindung, die Ohrtube oder Eustachische Röhre.

In der Paukenhöhle reicht von der Innenseite des Trommelfells bis zum ovalen Fenster eine Gehörknöchelchenkette, bestehend aus Hammer, Amboß und Steigbügel. Der über das Außenohr eingetretene Schall setzt das Trommelfell in Schwingungen, die über die Gehörknöchelchenkette – letztlich dann über den Steigbügel – auf das ovale Fenster weitergeleitet werden, in das Innenohr.

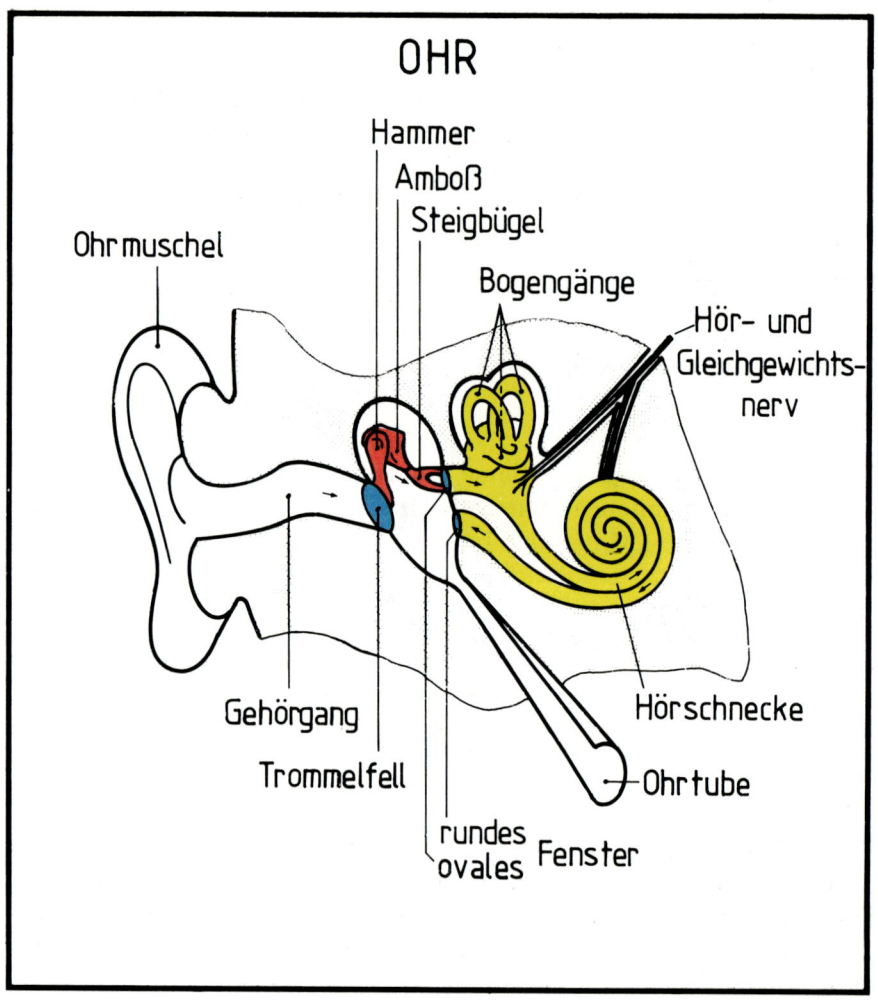

OHR

Hammer
Amboß
Steigbügel
Bogengänge
Ohrmuschel
Hör- und Gleichgewichts- nerv
Gehörgang
Hörschnecke
Trommelfell
Ohrtube
rundes ovales Fenster

Innenohr

Das Innenohr besteht aus einem mit Flüssigkeit (Endolymphe) gefüllten Rohrsystem (Labyrinth), das sich in die Gehörschnecke und in die in den 3 Richtungen des Raumes verlaufenden Bogengänge aufgliedert. In den Bogengängen ist der Gleichgewichtssinn, in der Schnecke der Gehörsinn lokalisiert. Von hier führen Nerven (Nervus vestibularis von den Bogengängen und Nervus acusticus von der Gehörschnecke), die sich bald zum Hörnerv (Nervus statoacusticus) vereinigen, direkt zum Hör- und Gleichgewichtszentrum des Gehirns. Eingebettet ist das Labyrinth in den härtesten Teil des Schläfenbeins, das sog. Felsenbein.

Neben dem ovalen Fenster besteht über die Membran des runden Fensters eine Verbindung zum Mittelohr und somit die Möglichkeit, hier die eingetretene Druckwelle wieder zu entlasten.

Herz

Das Herz ist ein etwa faustgroßer Hohlmuskel, der ähnlich der Wirkungsweise einer Druckpumpe das Blut durch den Körper treibt. Durch eine Scheidewand wird das Herz in zwei Herzhälften (re. und li. Herzhälfte) unterteilt, die

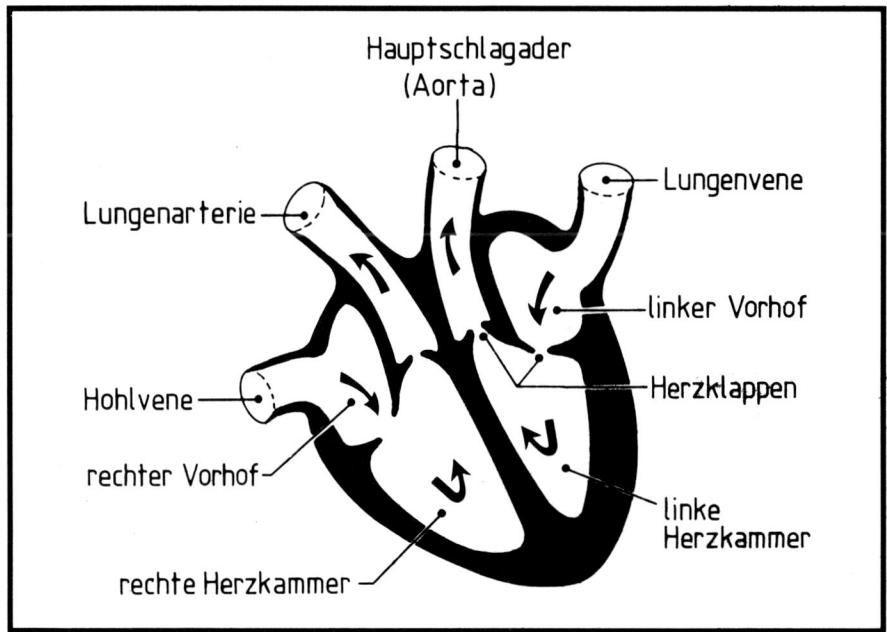

Anmerkung: Die Abbildung ist schematisch. Den tatsächlichen anatomischen Verhältnissen entsprechend münden in den rechten Vorhof die obere und untere Hohlvene, in den li. Vorhof münden ingesamt 4 Lungenvenen aus den beiden Lungenlappen.

miteinander keine Verbindung haben. Jede Herzhälfte ist wiederum unterteilt in einen Vorhof und eine Kammer. Entsprechend dem Versorgungsgebiet der jeweiligen Herzhälfte ist die Muskulatur angepaßt, weshalb der Herzmuskel des rechten Herzens (Lungenkreislauf) einen dünneren Muskelquerschnitt aufweist als die Muskulatur des linken Herzens (Körperkreislauf). Die Herzmuskulatur ist weder im Aufbau, noch im Stoffwechsel und in ihrer Leistung einem anderen Körpermuskel vergleichbar. Sie hat ein organeigenes Nervensystem, ist nicht willentlich beeinflußbar (das Herz schlägt auch im Schlaf), ermüdet nicht und paßt seine Leistung innerhalb der individuellen Leistungsgrenzen dem jeweiligen momentanen Bedarf an.

Durch ein Ventilsystem (Herzklappen) ist die Strömungsrichtung des Blutes eindeutig festgelegt. So öffnen sich die Klappen zwischen den Vorhöfen und den Herzkammern (Segelklappen) nur in Richtung Herzkammer und die Klappen zwischen den Herzkammern und den Arterien (Taschenklappen) nur in Richtung der großen Gefäße.

Kreislauf

Der Blutkreislauf besteht aus einem geschlossenen System, in dem das Blutvolumen zirkuliert. Injiziert man einen Farbstoff in die Armvene, so läßt sich dieser Farbstoff nach 23 Sekunden an der Injektionsstelle wieder nachweisen. Die Kreislaufzeit beträgt also nur 23 Sekunden.

Das sauerstoffarme Blut fließt aus den Körpervenen durch die beiden großen Hohlvenen zum Herzen in den rechten Vorhof. Durch die ventilartige Herzklappe gelangt es in die rechte Herzkammer, die es in die Lungenarterie und deren Verzweigungen pumpt. Das in der Lunge mit Sauerstoff angereicherte Blut kommt über die Lungenvenen zum linken Vorhof zurück. Damit ist der Kreis des sog. kleinen Kreislaufs oder Lungenkreislaufs geschlossen.

Vom linken Vorhof strömt das Blut weiter über die Herzklappe in die linke Herzkammer. Sie pumpt es in die Aorta (Hauptschlagader) und deren Verzweigungen im Körper. In den Endverzweigungen dieser Arterien (Kapillaren) erfolgt der Gasaustausch. Dabei wird Sauerstoff an die Gewebe abgegeben und Kohlendioxid ins Blut aufgenommen. Das jetzt sauerstoffarme, aber CO_2- beladene Blut sammelt sich in immer größeren Venen, bis es schließlich über die große Hohlvene wieder in dem rechten Vorhof des Herzens eintrifft. Damit ist der Kreis des sog. großen Kreislaufs oder Körperkreislaufs geschlossen.

Die Gefäße, in denen das Blut fließt, werden unterschieden in Arterien, Arteriolen, Venen und Kapillaren.

Arterien

Arterien sind definitionsgemäß nur solche Gefäße, die das Blut vom Herzen wegführen. Der O_2-Gehalt des Blutes kann nicht das Kriterium für eine Arterie sein, denn in den Arterien des großen Kreislaufs finden wir O_2-reiches Blut, in den Arterien des kleinen Kreislaufs jedoch O_2-armes Blut. Da Arterien dem Druck des Herzens ausgesetzt sind, weisen sie je nach Entfernung vom Herzen eine mehr oder minder starke Muskelschicht auf. Diese Muskelschicht kann den Durchmesser der Arterie je nach Bedarf verändern.

Arteriolen

Mit Arteriolen bezeichnet man kleinste, vor den Kapillaren gelegene Arterien, die durch Querschnittsveränderungen besonders kreislaufwirksam sind. Sie haben daher große Bedeutung bei der Blutdruckregulierung und beim Schock.

Kapillaren

Die aus dem Herzen kommende Hauptschlagader teilt sich in ihrem Verlauf in immer kleiner werdende Arterien auf und mündet schließlich in sehr dünnen Gefäßen, die man als Haargefäße (Kapillaren) bezeichnet. Diese Gefäße sind nur noch von einer dünnen Epithelschicht umgeben, durch die der O_2- bzw. CO_2-Austausch und der Nährstofftransport entsprechend dem jeweiligen Konzentrationsgefälle zwischen Blut und Zelle erfolgt.
Es gibt keine blind endenden Kapillaren, jede Kapillare geht schließlich in eine entsprechende Vene über.

Venen

Nach dem Kapillarnetz sammelt sich das Blut wieder in immer größer werdenden Gefäßen, die es zum Herz zurückführen. Diese Venen, die schließlich den Querschnitt großer Arterien erreichen, unterscheiden sich von Arterien durch ihren Aufbau. Nur die großen Venen haben eine, jedoch wesentlich geringere, Muskelschicht. Um den Rücktransport des Blutes zu ermöglichen, finden sich in größeren Venen die Venenklappen, die ein der Schwerkraft entsprechendes Absinken des Blutes in tiefer gelegene Körperpartien verhindern. Als Venen werden die Blutgefäße bezeichnet, die das Blut zum Herzen zurückführen, also auch die Gefäße, die das sauerstoffreiche Blut aus der Lunge zur linken Herzhälfte befördern.

Geschützt wird dieses Organ durch einen knöchernen Korb, der aus 12 Rippenpaaren, dem Brustbein und der Brustwirbelsäule besteht. Der Brustkorb (Thorax) ermöglicht aufgrund seiner gelenkigen Verbindungen (hinten an der Wirbelsäule und vorne am Brustbein) trotz der Starrheit der Knochen die für die Atmung notwendige Volumenänderung der Lungen (vgl. Blasebalgprinzip). Die Lunge unterteilt sich in 2 Lungenflügel, die durch das Mediastinum (Mittelfellraum) getrennt werden. Der rechte Lungenflügel teilt sich in drei, der linke Lungenflügel in zwei Lungenlappen auf. Innerhalb der Lungenlappen erfolgt eine weitere Unterteilung in die Lungensegmente und dann in weitere kleinere Einheiten. Entsprechend dieser Aufgliederung erfolgt die Verzweigung des Bronchialbaums. Die Luftröhre teilt sich in die zwei Stammbronchien (für den rechten und linken Lungenflügel), dann weiter in die Lappenbronchien, Segmentbronchien usw. Nach ca. zwanzigfacher Teilung der Bronchien, in der eine Filterung und das Anwärmen der Luft erfolgt, münden die letzten ca. 5 μm dicken Bronchien in die Alveolen, die eigentliche Atemfläche (insgesamt ca. 100 m²). Hier erfolgt der Gas-

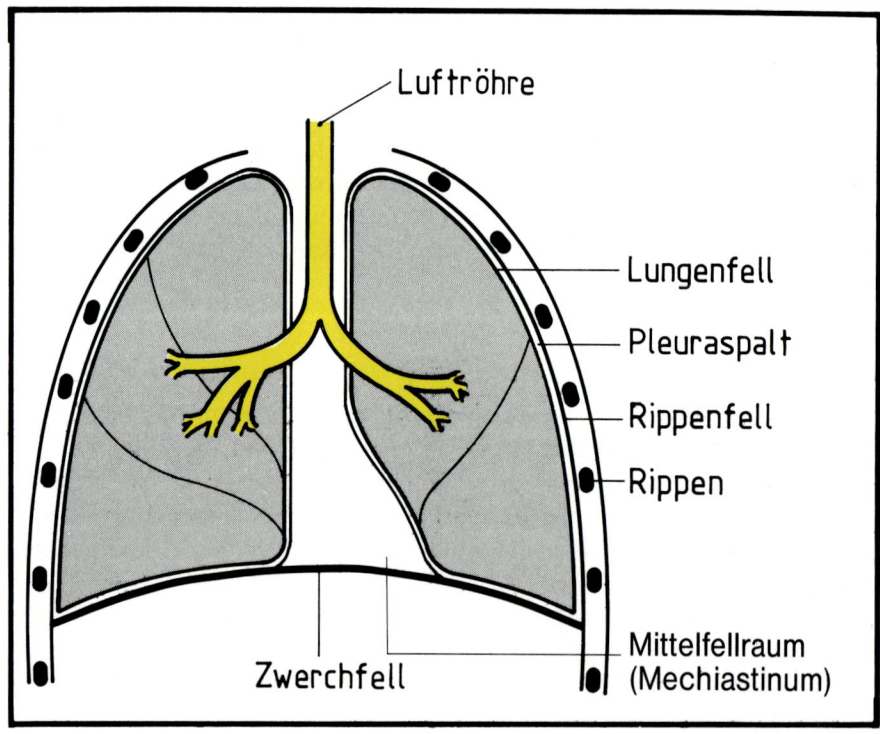

austausch. Die Oberfläche jedes Lungenflügels ist von einer dünnen Epithelschicht überzogen, die man als das Lungenfell (inneres Blatt der Pleura)
bezeichnet. An der Eintrittsstelle der Stammbronchien in die Lungenflügel
schlägt das Lungenfell um und verläuft jetzt auf der Innenseite der Rippen als
das Rippenfell (äußeres Blatt der Pleura).

Lungen- und Rippenfell zusammen bilden die allseits geschlossene Brustfell-
höhle (Pleuraspalt).

Die Lunge ist ein schwammiges Organ, das wegen seines Aufbaus aus elastischen Fasern die Tendenz hat, sich zusammenzuziehen. Dies wird dadurch
verhindert, daß in dem mikroskopisch dünnen, mit Flüssigkeit gefüllten
Raum zwischen den Pleurablättern ein geringerer Druck herrscht als der
atmosphärische Druck. Die Lunge wird durch den höheren Umgebungsdruck
der Luft und die Zusammenhangskräfte (Adhäsionskräfte) der Pleurablätter
immer in entfaltetem Zustand an die Thoraxwand gedrückt und muß den
Bewegungen des knöchernen Brustkorbs folgen.

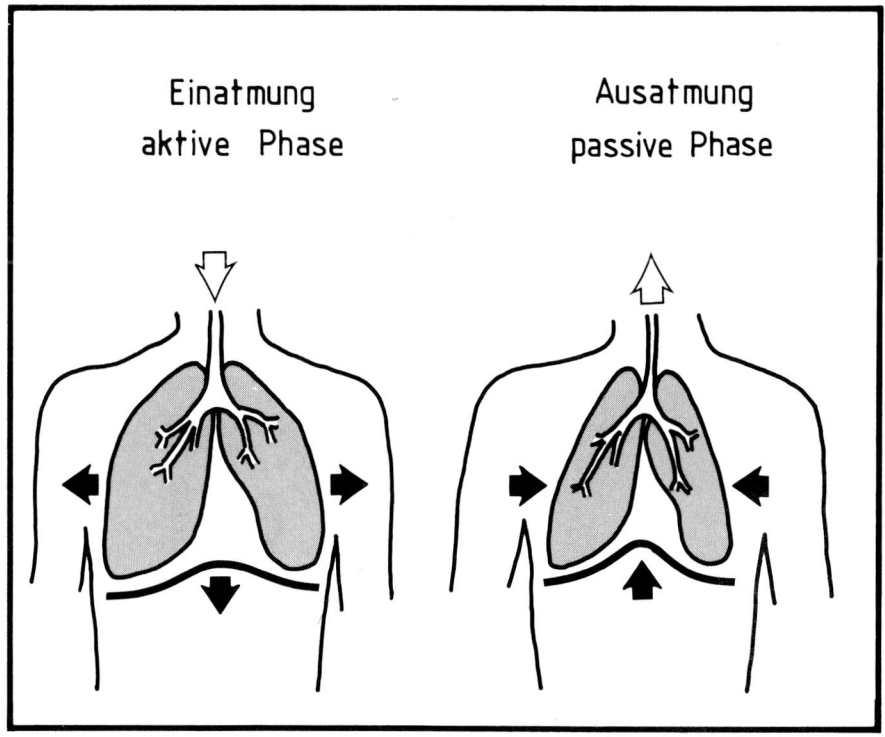

ATEMWEGE

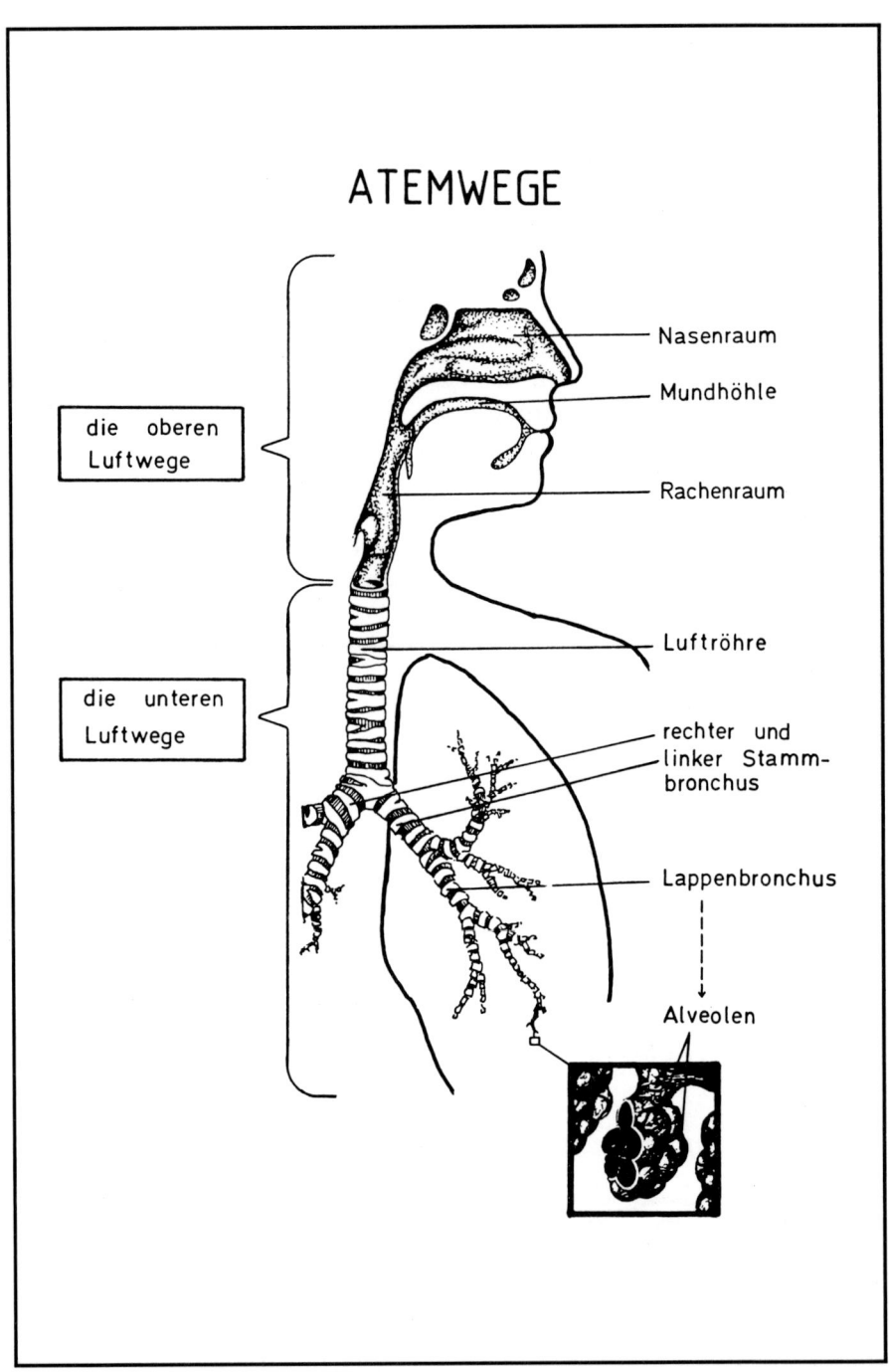

die oberen Luftwege

die unteren Luftwege

Nasenraum

Mundhöhle

Rachenraum

Luftröhre

rechter und linker Stamm-bronchus

Lappenbronchus

Alveolen

3.2 Physiologie

Definition des Begriffes Physiologie

Unter Physiologie versteht man die Lehre von der Leistung und Arbeitsweise der Zellen, Gewebe und Organe der Lebewesen.

3.2.1 Atmung

Unter Atmung versteht man die Vorgänge, die mit der Sauerstoffaufnahme (O_2) und Kohlendioxidabgabe (CO_2) in Verbindung stehen.

Atemluftzusammensetzung						
Einatemluft:			**Ausatemluft:**			
Stickstoff	N_2	78 %	Stickstoff	N_2	78 %	
Sauerstoff	O_2	21 %	Sauerstoff	O_2	17 %	
Kohlendioxid	CO_2	—	Kohlendioxid	CO_2	4 %	
Rest (Edelgas)		1 %	Rest (Edelgas)		1 %	

3.2.1.1 Drei Phasen der Atmung

1. Phase: Äußere Atmung

Hierbei wird in den Alveolen der Lungen durch Diffusion ein Gleichgewicht zwischen dem CO_2-reichen, aber O_2-armen Blut und der O_2-reichen, aber CO_2-armen Luft in den Lungenalveolen angestrebt, d.h. CO_2 wird aus dem Blut abgegeben und O_2 aufgenommen.

2. Phase: Transport durch das Blut

Nach dem Gasaustausch in den Alveolen wird der Sauerstoff jetzt, gebunden an das Hämoglobin der Erythrozyten, an die Zellen des Körpers herantransportiert.

3. Phase: Innere Atmung

Bei dem engen Kontakt der Erythrozyten im Kapillarbereich mit den Körperzellen erfolgt ebenso wie in der Lunge ein Ausgleich der unterschiedlichen Konzentrationen von O_2 und CO_2. Jetzt liegt jedoch im Blut die höhere O_2-Spannung vor, weshalb O_2 aus dem Blut in die Zelle diffundiert. CO_2 wird über die Blutflüssigkeit wieder zurück zur Lunge befördert. Die Verbrennungsvorgänge, die anschließend in der Zelle stattfinden, bezeichnet man mit innerer Atmung.

3.2.1.2 Atemvolumina

Der Bedarf an O_2 wird über Rezeptoren (Nervenendigungen, die als Meß-fühler fungieren) durch Änderung der Atemtiefe und Atemfrequenz reflek-torisch (unwillkürlich) gesteuert. In Ruhe beträgt das Atemzugvolumen 500 ml bei einer durchschnittlichen Atemfrequenz von 10-17/min. Daraus resultiert ein Atemminutenvolumen von 5 bis 8 l. Unter starker körperlicher Belastung und in Paniksituationen kann das Atemminutenvolumen bis 150 l ansteigen.

Aus der normalen Atemruhelage kann das Einatemvolumen zusätzlich um ca. 2,5 l vergrößert werden (inspiratorisches Reservevolumen), und ebenso kön-nen nach einer normalen Ausatmung noch zusätzlich 1 bis 1,5 l ausgeatmet werden (exspiratorisches Reservevolumen). Die drei Größen Atemzugvolu-men, inspiratorisches und exspiratorisches Reservevolumen ergeben zusam-men die maximal pro Atemzug ventilierbare Luftmenge (Vitalkapazität). Diese Größe ist allerdings von verschiedenen Faktoren wie Geschlecht, Alter, Trainingszustand usw. abhängig. Auch nach vollständiger Ausatmung ver-bleibt noch ca. 1,5 l Luft in der Lunge zurück, das Residualvolumen.

Vitalkapazität und Residualvolumen zusammen ergeben die Totalkapazität der Lunge.

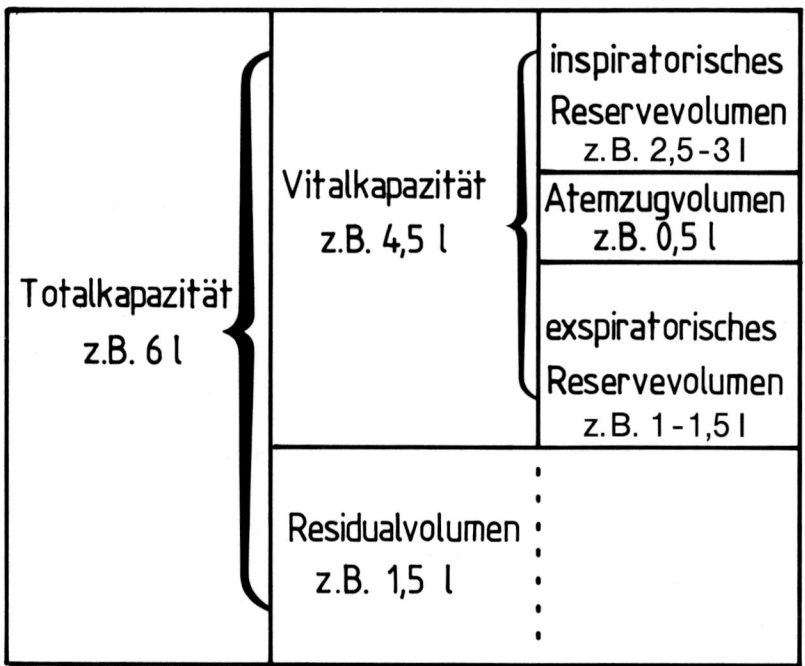

3.2.1.3 Atemregulation

Die Rezeptoren im arteriellen System messen den Gehalt an CO_2 im Blutserum. Wenn ein Grenzwert der Konzentration erreicht ist, melden sie dies an das Gehirn weiter, von wo aus dann der Impuls für die Einatmung erfolgt. Durch das zunehmende Volumen der Lunge werden die in der Lunge liegenden Dehnungsrezeptoren erregt, und nach Meldung eines gewissen Dehnungszustandes an das Gehirn wird von dort der Einatemvorgang wieder gestoppt. Bei der Hyperventilation kommt es zu einer deutlichen Verminderung des Kohlendioxidteildrucks, wodurch der Atemreiz erst später ausgelöst wird (siehe "Black-out"). Aber nicht nur der Kohlendioxidteildruck beeinflußt das Atemzentrum, sondern eine Menge anderer Faktoren, die gerade beim Tauchen von Bedeutung sind, z. B. Kälte, psychische Verfassung usw.

3.2.2 Kreislauf

Die Aufgaben des Kreislaufs bestehen darin, den ganzen Körper in Ruhe und auch unter wechselnden Arbeits- und Umgebungsbedingungen ausreichend mit Blut zu versorgen.

3.2.2.1 Herzleistung

Herzschlagvolumen, Herzfrequenz, Herzminutenvolumen

Unter Ruhebedingungen schlägt das Herz 60-80 mal pro Minute und wirft dabei ca. 70 ml Blut pro Herzschlag (Kontraktion) aus. Das Herzminutenvolumen beträgt in Ruhe ca. 5 l und entspricht damit rechnerisch dem gesamten Blutvolumen. Bei Belastung wird durch vermehrten Rückstrom des Blutes zum Herzen ein größerer Füllungszustand und damit ein größeres Auswurfvolumen erreicht. Sollte dies nicht ausreichen, steigt zusätzlich die Herzfrequenz an. Bei einem gut trainierten Sportler ist deshalb bei gleicher Belastung der Puls niedriger als bei einem untrainierten.

Blutdruck

Mit dem Begriff RR (RR = Abkürzung für Blutdruckmessung nach Riva Rocci) ist im allgemeinen nur der arterielle Blutdruck gemeint, der bei jedem Herzschlag zwischen einem Maximalwert und einem Minimalwert schwankt. In Ruhe beträgt der systolische Blutdruck (während der Kontraktionsphase des Herzens) ca. 0,17 bar (130 mm Hg) und der diastolische Blutdruck (während der Füllungsphase des Herzens) ca. 0,11 bar (80 mm Hg). Ein zu niedriger

Blutdruck kann zum Kreislaufkollaps führen bis hin zum Schock, ein anhaltend zu hoher Blutdruck führt zu einer Gefäßschädigung mit deren Folgeerkrankungen, z. B. Arteriosklerose mit Herzinfarkt oder Schlaganfall.

Unter Belastung steigt der systolische Blutdruck an. Bei starker Belastung (auch beim Druckausgleich) fällt der Blutdruck infolge der Behinderung des Blutrückstroms zum Herzen ab, pendelt sich aber bei Kreislaufgesunden sehr schnell wieder auf den Normalwert ein.

(Hg $\triangleq$ Quecksilbersäule, als Einheit für den Druck bei Ärzten im Gebrauch).

3.2.2.2 Kreislaufregulation

Das Herz wäre überfordert, würde es eine Maximaldurchblutung aller Organe gleichzeitig ermöglichen. Deshalb werden die aktiven Organe und die Muskulatur, in denen vermehrt Stoffwechselendprodukte und CO_2 anfallen, durch die Weiterstellung des Gefäßquerschnitts stärker durchblutet als andere, nicht aktive Organe (z.B. Magen- und Darmtrakt). Vergleiche auch Abschnitt 3.3.6 (Temperatureinflüsse auf Hautdurchblutung).

Da aber auch in den anderen, ruhenden Organen eine Mindestdurchblutung gewährleistet sein muß, werden bei Belastung die Blutdepots (beim Menschen hauptsächlich Bauch- und Lungengefäße) ausgeschöpft.

3.2.2.3 Tauchreflex

Eine Beeinflussung des Kreislaufs stellt schon das Eintauchen des Körpers in Wasser dar, dessen Temperatur deutlich unterhalb der Körpertemperatur liegt. Es bleibt der Blutdruck zwar gleich, aber es setzen dabei eine Verengung der Gefäße und eine Verlangsamung der Herzfrequenz ein. Dies kann unter extremen Bedingungen (Ertrinkender in kaltem Wasser) bis zu einer Reduzierung des Kreislaufs auf die Herz-Hirn-Versorgung führen. Die Zielsetzung dieses aus der Entwicklungsgeschichte der Landlebewesen noch erhaltenen Tauchreflexes ist eine Einsparung des O_2-Verbrauchs. Dieses Phänomen ist bei geübten Tauchern ausgeprägter als bei untrainierten und bei Tauchern mit Halbgesichtsmaske stärker als bei Tauchern mit Vollgesichtsmaske, da die Rezeptoren für diesen Reflex hauptsächlich in der Mundregion liegen.

3.2.3 Ernährung

Sport und Ernährung waren und sind noch immer bedeutungsvoll für den Spitzenathleten. Der durchschnittliche Sporttreibende wird diese Wechselbeziehung nicht besonders beachten müssen. Die Ernährung wird er nach seinem Hungergefühl und Geschmacksempfinden ausrichten.

3.2.3.1 Energiequellen

Der tägliche Energiebedarf bei Normalgewichtigen beträgt in Ruhe ca. 8800 kJ (ca. 2100 kcal) und wird aus den drei Grundnahrungsstoffen Proteine, Kohlenhydrate und Lipide gewonnen.

Der Bedarf an Eiweiß beträgt zum lebensnotwendigen Ausgleich des Stickstoffverlustes (aus der Luft können wir ihn nicht aufnehmen) und um normal lebensfähig zu sein 1,0 g/kg Körpergewicht und Tag, wobei die Hälfte tierisches Eiweiß sein sollte. Eiweiß wird dabei nicht zur Energiegewinnung (Ausnahme bei extrem langen Hungerzuständen), sondern nur zum Neuaufbau von Zellen und Enzymen verbraucht.

Der Energiebedarf wird von Kohlenhydraten und tierischen und pflanzlichen Fetten gedeckt, die sich als Nahrungsstoffe weitgehend gegenseitig vertreten können.

Kohlenhydrate stehen vor allem zur schnellen Energiegewinnung zur Verfügung. Die Speicherform für Kohlenhydrate ist das Glykogen in der Leber, das bei einsetzender körperlicher Arbeit zunächst anaerob zu Milchsäure verstoffwechselt wird. Nach einer gewissen Anlaufphase schaltet der Organismus auf die wesentlich effektivere aerobe – d. h. unter Beteiligung von Sauerstoff – Verbrennung der Kohlenhydrate zu Kohlendioxid und Wasser um. Mit zunehmender Dauer der körperlichen Arbeit greift der Körper auch mehr und mehr auf seine größten Energiespeicher, die Fettdepots, zurück und deckt seinen Energiebedarf in zunehmendem Maße durch die aerobe Verstoffwechselung von Fettsäuren, wobei als Endprodukte wiederum Kohlendioxid und Wasser entstehen.

Fett wird in Form von tierischem und pflanzlichem Fett mit der Nahrung aufgenommen. Eine geringe Menge ist für die Aufnahme der fettlöslichen Vitamine im Darm notwendig. In unseren Breiten liegt der Fettanteil der Nahrung bei ca. 30 %. Die Mobilisierung des Speicherfetts (physiologischer Brennwert 38,9 kJ/g) erfolgt erst bei Dauerleistungen.

Außerdem erfüllt das Fett als Baustoff Polsterungsfunktion z.B. im Bereich der Fußsohle und dient schließlich als Dämmung gegen Wärmeverlust z.B. als Fett im Unterhautgewebe, Fett der Nierenkapsel usw.

Aber nicht nur Energie erzeugende Nahrungsstoffe, sondern auch anorganische Mineralstoffe (Kalium, Natrium, Chlorid) und Spurenelemente sind in unterschiedlicher Menge von lebenserhaltender Notwendigkeit. Sie werden bei normaler Ernährung in genügender Menge aufgenommen.

Außerdem müssen dem Organismus Vitamine zugeführt werden. Darunter versteht man organische Verbindungen, die der Körper nicht oder nur in unzureichendem Maße selbst aufbauen kann. Bei Unterschreitung der Mindestmenge für längere Zeit kommt es zu den typischen Mangelerkrankungen.

3.2.3.2 Energieformen

Eiweiß, Zucker und Fett sind jedoch nicht die Energieformen, sondern nur die Energieträger, aus denen energiereiche Verbindungen erst aufgebaut werden müssen, um z.B. eine Muskelkontraktion zu ermöglichen. Die Hauptmasse der biologischen Energieformen ist das ATP (Adenosin-Tri-Phosphat). Bei der Abspaltung eines Phosphats (Adenosin-Tri-Phosphate zum Adenosin-Di-Phosphat) wird die Energie im Muskel frei. Aus dem Adenosin-Di-Phosphat wird danach durch Verbrennung von Glukose und Fett wieder das energiereiche Adenosin-Tri-Phosphat aufgebaut.

3.2.3.3 Ernährung und Tauchen

Die Verdauung stellt eine Belastung für den Gesamtorganismus, insbesondere eine Umstellung der Kreislaufverhältnisse dar. In dieser Phase ist das Optimum der körperlichen und geistigen Leistungsfähigkeit nicht zu erbringen. Die Verweildauer der Speisen im Magen hängt vor allem von ihrer Zusammensetzung ab. Da die landläufig gemischte Kost bis zu 4 Stunden lang im Magen nachweisbar ist, sollte ein Tauchgang nicht nach größeren Mahlzeiten begonnen werden. Im Prinzip ist die Art der Nahrung ohne Bedeutung für den Sporttaucher. Typische Gasbildner (z.B. Hülsenfrüchte) sollten vermieden werden, da die entstehenden Darmgase zu Beschwerden in der Auftauchphase führen können (siehe Barotrauma des Darmes).

3.2.4 Medikamente, Zivilisationsgifte

Auch und gerade in der Freizeit wollen oder können die meisten Menschen auf den Konsum von Genußmitteln und Medikamenten nicht verzichten.

3.2.4.1 Medikamente

Schon auf der Reise zum Tauchziel werden Medikamente gegen die Kinetosen (Bewegungskrankheiten, wie z.B. See-, Luft-, Autokrankheit) eingesetzt. Ausgelöst werden diese Erkrankungen durch nicht übereinstimmende Meldungen der Augen, des Tastsinns und des Innenohrs an das Gleichgewichtszentrum im Gehirn. In der Regel erfolgt in mehr oder minder kurzer Zeit jedoch eine Gewöhnung an diese Situation. Fast alle gegen diese Krankheit eingesetzten Medikamente wirken allgemein dämpfend auf das Gehirn und die Nerven, wobei diese Wirkung unterschiedlich lange nach der Einnahme anhält. Während dieser Zeit sollte kein Tauchgang unternommen werden, da das Reaktionsvermögen vermindert und die Schwelle für die Anfälligkeit des Tiefenrausches erniedrigt sein kann. Ebenso ist es problematisch, bei bestehender Seekrankheit einen Tauchgang zu beginnen, wenngleich unter Wasser durch den Wegfall der krankheitsauslösenden Ursache (Schlingerbewegung des Schiffes) Übelkeit und Brechreiz meist aufhören.

3.2.4.2 Alkohol

Der Alkohol als die wohl älteste und verbreitetste Droge des Menschen stellt aufgrund seiner Wirkung auf die Stimmungslage und die körperliche Leistungsfähigkeit (meist Steigerung des Selbstwertgefühls und Euphorie verbunden mit Verminderung der Kritikfähigkeit, Wahrnehmungsfähigkeit und Reaktionsschnelligkeit) die größte Gefahr für den Taucher dar. Der Verbreitungsgrad und der Stellenwert des Alkohols im täglichen Leben läßt uns diese Gefahr verkennen. Man muß sich bewußt sein, daß der Alkohol nach einer kurzandauernden stimulierenden Wirkung seine Hauptwirkung, nämlich eine relativ lange andauernde narkotische Wirkung entfaltet. Vermehrter Alkoholkonsum am Abend bedeutet immer Tauchuntauglichkeit für den nächsten Vormittag oder gar den ganzen nächsten Tag, wobei natürlich dann absolute Alkoholabstinenz einzuhalten ist.

3.2.4.3 Rauchen

Trotz der allgemein bekannten Schädlichkeit des Rauchens ist diese „Sucht" auch unter Tauchern weit verbreitet. Ohne auf die jedem (auch jedem Raucher) bekannten Erkrankungen wie Entstehung bösartiger Geschwülste, Lungen- und Gefäßerkrankungen eingehen zu wollen, soll hier nur auf diejenigen Auswirkungen hingewiesen werden, die für den Taucher Bedeutung erlangen:
Mit dem Tabakrauch wird die Einatemluft neben dem Zellgift Nikotin auch mit Kohlenmonoxid angereichert (Wirkung siehe Abschnitt Kohlenmonoxidvergiftung), so daß in Abhängigkeit von Menge und Rauchgewohnheit ein nicht unwesentlicher Anteil des Hämoglobins für den Sauerstofftransport blockiert ist. Ferner dringen mit dem Rauch Mikropartikel tief in den Bronchialbaum - letztlich bis in die Avelolen - ein und führen dort zu lokalen Reizerscheinungen (Bronchitis) und zur Verengung der Bronchien (Erhöhung des Atemwiderstandes). Pathologisch-anatomisch bedeutet dies eine Anschwellung der Schleimhaut mit vermehrter Sekretbildung, wodurch der Querschnitt des Bronchialröhrchens verkleinert wird. Die Ausdehnung der Luft in den dahinterliegenden Abschnitten entsprechend dem Boyle-Mariotteschen Gesetz kann während der Auftauchphase zu einer Überdehnung oder einem Riß des Lungengewebes in diesem Abschnitt und zu den lebensbedrohenden Folgen führen (vgl. Abschnitt Barotrauma).
Raucher haben ein erhöhtes Risiko gegenüber dem Lungenüberdruckbarotrauma.

3.2.5 Funktionsbreite der Sinnesorgane unter Wasser

Unsere Sinnesorgane haben ihre Leistungsfähigkeit im Laufe der Evolution entwickelt und auf unseren Lebensraum (Luft als Umgebungsmedium) abgestimmt. Unter Wasser ist ihre Funktionsfähigkeit fast aufgehoben und bleibt trotz technischer Hilfen eingeschränkt.

3.2.5.1 Hören

Hören unter Wasser ist ohne technische Hilfsmittel auf das Erkennen eines Schalls ohne Ortungs- und Qualifizierungsmöglichkeit eingeschränkt (vgl. 2.6.2).

3.2.5.2 Sehen

Ebenso ist das Sehen unter Wasser ohne die Tauchermaske auf das Erkennen grober Umrisse eingeengt (vgl. 2.6.1).

3.2.5.3 Lageorientierung

Beim Menschen erfolgt die Orientierung im Raum im wesentlichen an der Richtung der Schwerkraft. An Land werden Abweichungen aus dieser Lagebeziehung vom Innenohr registriert und neben anderen Systemen auch durch veränderte Druckeinwirkung auf einzelne Körperteile registriert. Im freien Wasser entfällt infolge der gleichmäßigen Druckwirkung diese für unsere Orientierung wesentliche Information. Damit gewinnt das optische System zur Kontrolle der Lagemeldung des Innenohrs wesentlich an Bedeutung. Kann aber das optische System infolge fehlender Bezugspunkte, z.B. bei Ab- oder Aufstieg im freien Wasser, diese Kontrolle nicht mehr durchführen, kann der Gleichgewichtssinn erheblich gestört werden.

3.3 Taucherkrankheiten

3.3.1 Barotrauma

Definition des Begriffs Barotrauma

Das Wort selbst ist zusammengesetzt aus den griechischen Worten tó traūma ≙ die Wunde und tó báros = die Schwere, das Gewicht.
Deshalb müßte man korrekterweise in der Mehrzahl von Barotrauma*ta* sprechen, aber die Bezeichnung Barotrauma*en* hat sich allgemein durchgesetzt.

Der Begriff beinhaltet eine organ- bzw. gewebetypische Verletzung von lufthaltigen, starrwandigen und mehr oder minder flexiblen Körperhöhlen durch eine fehlende oder unzureichende Belüftung bei Änderung des Umgebungsdrucks und einen dadurch entstehenden Unterschied zwischen Innen- und Außendruck.

Druckdifferenzen in starren Hohlräumen erzeugen bereits ab 0,07 bar (entsprechend dem Druck einer Wassersäule von ca. 70 cm) eine Blutanschoppung in dem betroffenen Gewebebezirk mit Ödem, Blutaustritt aus den Gefäßen und starkem Schmerz.

Entsprechend dem Boyle-Mariotteschen Gesetz sind die Volumenänderungen von Gasen in geringen Tiefen am größten; das bedeutet: im Flachbereich ist die Gefahr eines Barotraumas stärker als in großen Tiefen.

Ursache des Barotraumas

Zum Entstehen von Druckdifferenzen zwischen dem Innen- und Außendruck eines Hohlraums können verschiedene Ursachen führen.

In den meisten Fällen wird eine physische Unfähigkeit wie z.B. Schleimhautschwellungen bei Schnupfen oder Polypen (gutartige Schleimhautwucherungen) verantwortlich sein. Ferner können klinisch nicht erkennbare, krankhafte Befunde, wie z.B. Haarrisse im Schmelz- oder Zahnplombenbereich, zu Barotraumen führen.

Auch psychisches Fehlverhalten, wie z.B. beim Panikaufstieg, ist meist als eigentliche Ursache anzusehen (Lungenüberdruckunfall). Unfähigkeit bzw. mangelnde Übung im Umgang mit den Ausrüstungsgegenständen kann ebenfalls ein Barotrauma zur Folge haben. Manchmal, aber im Zuge der sich ständig verbessernden Technik immer seltener (Vorsicht bei Marke Eigenbau!), kann ein technischer Defekt ein Barotrauma zur Folge haben.

Erscheinungsformen und Behandlungsmöglichkeiten der Barotraumen im einzelnen

Entsprechend den Wirkorten lassen sich die Barotraumen in 3 Gruppen einteilen:

— Barotraumen der Hohlräume in unserem Körper,

— Barotraumen der Hohlräume um unseren Körper,

— mittelbare Barotraumen.

3.3.1.1 Barotrauma des Ohrs

Das Gehörorgan gliedert sich in 3 Teile (siehe Abschnitt 3.1.3.1):

a) Äußeres Ohr (mit äußerem Gehörgang und Trommelfell),
b) Mittelohr (mit Paukenhöhle, Eustachischer Röhre und Warzenfortsatzzellen),
c) Innenohr (das eigentliche Hörorgan mit der Gehörschnecke und dem Gleichgewichtsorgan).

Barotrauma des Außenohrs

Normalerweise ist eine Druckschädigung in diesem Abschnitt des Ohres nicht möglich, da das Außenohr mit der Umgebung durch eine große Öffnung in Verbindung steht und somit eigentlich keine Höhle darstellt. Allerdings können eine zu eng sitzende Kopfhaube, ein bestehender Ohrenschmalzpfropf (Ceruminalpfropf) oder ein in den äußeren Gehörgang eingeführter Ohrstöpsel verhindern, daß sich der äußere Gehörgang beim Tauchen mit Wasser füllt. Damit würde in diesem Abschnitt mit zunehmender Tauchtiefe ein relativer Unterdruck entstehen. Die Folge wäre eine Schädigung des Epithels mit Entzündung des äußeren Gehörgangs durch Infektion, eine meist vorübergehende Schwerhörigkeit bei einer Überdehnung des Trommelfells oder aber auch eine bleibende Schalleitungsschwerhörigkeit bei einer Trommelfellschädigung.

Symptome

— Blutaustritt,
— Schmerzen im äußeren Gehörgang mit Juckreiz,
— Taubheitsgefühl, evtl. Schalleitungsschwerhörigkeit.

Therapie

— Trockenhalten des Gehörgangs,
— Lokalbehandlung mit Antibiotika,
— bei allen Schädigungen: HNO-Arzt und striktes Tauchverbot.

Vorbeugung

— keine Verwendung von Ohrstöpseln beim Tauchen,
— Vorsicht bei Verwendung von eng anliegenden Kopfhauben,
— regelmäßige HNO-ärztliche Untersuchungen, insbesondere nach längeren Tauchpausen (Ceruminalpfropf!),
— bei Aufreten von Symptomen sofortiger Abbruch des Tauchgangs.

Das Mittelohr ist eine luftgefüllte Höhle, die über die Eustachische Röhre mit dem Nasen-Rachen-Raum in Verbindung steht. Eine Schädigung dieses Gehörabschnittes ist unvermeidlich, wenn die Eustachische Röhre infolge eines Bagatellinfektes, z.B. Schnupfen, verlegt ist oder die Abstiegsgeschwindigkeit so schnell ist, daß nicht rechtzeitig Luft über diese Röhre in das Mittelohr nachgepreßt werden kann. Als Folge eines nicht erfolgten Druckausgleichs werden sich die bereits beschriebenen Vorgänge jetzt an der Schleimhaut des Mittelohrs abspielen: Es wird also auch hier zur Schwellung der Schleimhaut und des Trommelfells kommen. Das Trommelfell wird jetzt infolge des relativen Unterdrucks im Mittelohr von dem größeren Umgebungsdruck des Wassers im Außenohr nach innen vorgewölbt und kann unter einem zu hohen Druck überdehnt werden oder einreißen. Es ist deshalb notwendig, den **Druckausgleich (Zuhalten der Nase und Pressen von Luft durch die Ohrtuben ins Mittelohr) so rechtzeitig zu beginnen, daß es gar nicht erst zu einer Schwellung der Schleimhaut in den Ohrtuben kommt.**

Außerdem sollte beim Druckausgleich ein heftiges Pressen und somit ein explosionsartiges Einschießen von Luft in die Paukenhöhle vermieden werden, da dies zu Luxationen (Verrenkung) der Gehörknöchelchen führen kann. Folge dieser Schädigung sind bei Luxationen der Gehörknöchelchen eine evtl. bleibende Mittelohrschwerhörigkeit und bei Trommelfellriß ein plötzlicher Drehschwindel und Verlust der Orientierung, was unter Wasser Panik auslösen kann.

Auch die Warzenfortsatzzellen (Schläfenbein) sind über ein dünnes Kanalsystem über die Paukenhöhle, weiter über die Eustachische Röhre und schließlich über den Nasen-Rachen-Raum mit der Außenluft verbunden. Ist diese Verbindung infolge einer Reizung der Schleimhaut unterbrochen, entwickelt sich in diesen Hohlräumen ein relativer Unterdruck, der zu Schmerzen und in Abhängigkeit von der Druckdifferenz zu Blutungen und Gewebeflüssigkeitsaustritt führt.

Es kann zu einer Schleimhautverdickung und damit zu einer bleibenden Belüftungsstörung der Mastoidzellen (Mastoid: Knochen hinter dem Ohr) kommen. Mit dieser Belüftungsstörung sind die Zellen anfälliger gegen Infektionen, die dann in einem chronischen Stadium eine operative Sanierung erfordern.

Symptome

- stechender Schmerz, läßt nach Zerreißen des Trommelfells (Perforation) plötzlich nach,
- Hörminderung,
- Blutung aus dem Gehörgang,
- Mittelohrentzündung nach Perforation und Infektion,
- Drehschwindel, Übelkeit, Erbrechen und Orientierungsverlust, beim „Labyrinthschock" auch Bewußtlosigkeit.

Therapie

- bei Perforation des Trommelfells schon in der Auftauchphase Versuch einer manuellen Abdichtung, später trocken halten,
- bei Perforation HNO-Arzt aufsuchen,
- schmerzlindernde Medikamente verabreichen,
- unbedingtes Tauchverbot, um weitere Schäden zu verhindern.

Vorbeugung

- Funktionsprüfung der Eustachischen Röhre und früher Beginn des Druckausgleichs,
- kein Tauchgang bei Erkältungskrankheiten,
- Abbruch des Tauchgangs bei Auftreten von o.g. Symptomen.

Barotrauma des Innenohrs

Das Innenohr besteht aus einem mit Flüssigkeit (Peri- und Endolymphe) gefüllten Rohrsystem, das sich in die in den drei Richtungen des Raumes stehenden Bogengänge und in die Gehörschnecke aufgliedert. In den Bogengängen ist der Gleichgewichtssinn, in der Gehörschnecke der Hörsinn lokalisiert. Eingebettet ist dieses Rohrsystem in den härtesten Teil des Schläfenbeins, das sog. Felsenbein. Neben dem ovalen Fenster besteht über die Membran des runden Fensters eine Verbindung zum Mittelohr und somit die Möglichkeit, hier die eingetretene Druckwelle wieder zu entlasten. Im Innenohr besteht also kein luftgefüllter Hohlraum.
Trotzdem ist eine druckbedingte Schädigung möglich, und zwar bei einem erzwungenen Druckausgleich des Mittelohrs, wobei die Platte des Steigbügels in das ovale Fenster hineingepreßt wird und eine starke Druckwelle durch das Kanalsystem des Innenohrs verläuft.
Als eine direkte Schädigung können ein Hörverlust oder auch permanente Ohrgeräusche bestehen bleiben.

Trifft die explosionsartige Druckwelle auf das runde Fenster, so kann es hier zu Einrissen kommen und infolge dieser Verletzung zum Auslaufen der Peri-oder Endolymphe in die Paukenhöhle.

Symptome

— Schwindel, Kopfschmerz, Brechreiz, Übelkeit,
— abnorme Ohrgeräusche,
— Hörminderung bis Taubheit,
— Orientierungsverlust.

Therapie

— Bei Auftreten der o.g. Symptome sofortiger Abbruch des Tauchgangs,
— Absolute Bettruhe mit Hochlagerung des Kopfes,
— Begutachtung durch HNO-Arzt.

Vorbeugung

— häufige Prüfung der Durchgängigkeit der Ohrtuben.

3.3.1.2 Barotraumen der Nasennebenhöhlen

Die Bezeichnung Nasennebenhöhlen ist ein Oberbegriff für alle diejenigen Schädelhöhlen, die sich direkt oder indirekt an den Nasenraum anschließen. Im einzelnen sind es die Oberkieferhöhle, die Stirnhöhle, die Siebbeinzellen und die Keilbeinhöhle.

Barotrauma der Kieferhöhle (Sinus maxillaris)

Die Oberkieferhöhlen stehen mit der Außenwelt über eine Öffnung zum Nasen-Rachen-Raum in Verbindung. Auch diese relativ großen und kurzen Verbindungswege können als Folge von Reizungen und der daraus resultierenden Schwellung der auskleidenden Schleimhaut verlegt sein. Mitunter kommt es auch zu Schleimhautwucherungen, sogenannten Polypen, die ventilartig die Ausführungsgänge verschließen können.
Sehr häufig ist auch eine Verbiegung der Nasenscheidewand Ursache einer Belüftungsstörung einer Seite. Die krankhafte Entwicklung läuft hier genauso ab wie bereits beim Mittelohrbarotrauma besprochen, nur daß es sich hier um eine starre Höhle handelt, so daß der relative Unterdruck sofort wirksam wird und zu Schleimhautschwellung, Flüssigkeits- und Blutaustritt in die Höhle führt.

BAROTRAUMA

Entwicklung eines Kompressionsbarotraumas
in einer starren Körperhöhle

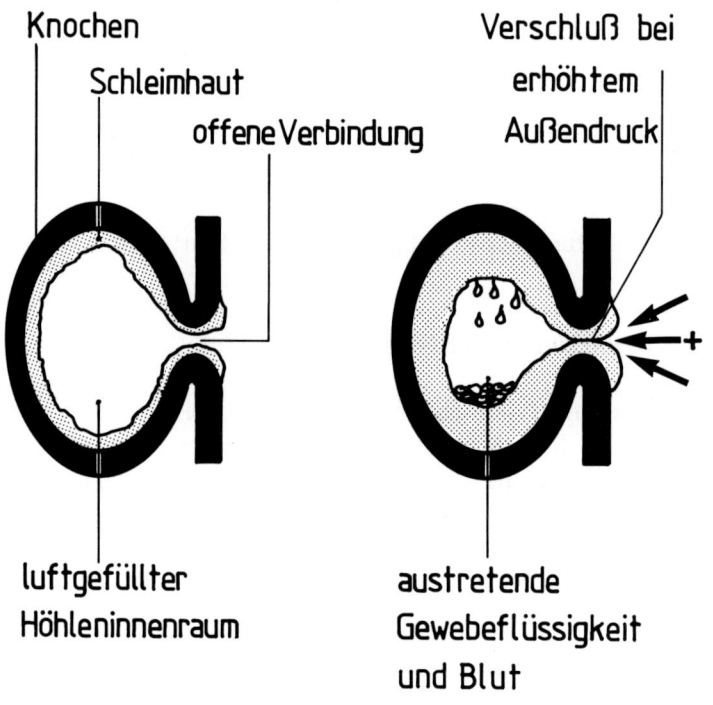

Knochen

Schleimhaut

offene Verbindung

Verschluß bei
erhöhtem
Außendruck

luftgefüllter
Höhleninnenraum

austretende
Gewebeflüssigkeit
und Blut

Umgekehrt kann sich bei Verlegung der Ausführungsgänge beim Aufstieg innerhalb dieser Höhle sofort ein Überdruck entwickeln, der zu heftigen Oberkiefer- und Zahnschmerzen führt.

Um Verletzungen vorzubeugen, ist eine klärende ärztliche Untersuchung erforderlich, bevor mit dem Tauchsport begonnen wird.

Nicht selten werden bei Bagatellinfekten, wie z.B. Schnupfen, vor dem Tauchgang Nasensprays oder abschwellende Nasentropfen verwendet, was mitunter eine sehr gefährliche Auswirkung haben kann, da diese Medikamente nur eine kurzzeitige Oberflächenwirkung haben. Die Abtauchphase kann mit Hilfe dieser Medikamente problemlos bewältigt werden, in der Auftauchphase (also am Ende des Tauchgangs) ist die abschwellende Wirkung abgeklungen. Das Abströmen der Luft, das ja passiv erfolgt, kann durch die wieder angeschwollene Schleimhaut behindert oder gar blockiert werden. Ein schmerzhaftes Überdruckbarotrauma ist dann die Folge.

Barotrauma der Siebbeinzellen (Cellulae ethmoidales)

Ausgelöst wird dieses Barotrauma durch Verlegung der Ausführungsgänge der einzelnen Siebbeinzellen infolge einer Schwellung, einer chronischen Entzündung oder Polypen der auskleidenden Schleimhaut. Der entsprechende Unter- bzw. Überdruck verursacht einen stechenden Schmerz, der in der Höhe der Nasenwurzel in Richtung auf die Augen zieht. Der klinische Hinweis auf ein vorliegendes Barotrauma dieser Nebenhöhlen läßt sich aus einem eventuell auftretenden Lidödem erkennen.
Vorbeugend ist auch hier wieder nur anzuraten, den Tauchgang sofort zu beenden, wenn ein Druckausgleich nicht durchgeführt werden kann.
Therapeutisch wird man einleitend abschwellende Nasentropfen, Schmerzmittel (Analgetika) und reinen Sauerstoff geben, um eine rasche Abschwellung der Schleimhäute zu erreichen und damit den Druckausgleich zu ermöglichen. Gegebenenfalls wird dann auch die Gabe von Antibiotika angezeigt sein. Selbstverständlich besteht bis zur Abheilung absolutes Tauchverbot.

Barotrauma der Stirnhöhle (Sinus frontalis)

Die Entwicklung eines Barotraumas in dieser Schädelhöhle läßt sich nach derselben Kausalitätskette verfolgen wie bisher schon besprochen. Klinisch imponiert ein derartiges Barotrauma mit heftigen stechenden Schmerzen in der Stirnregion und Ausstrahlen in die Augen.
Zur Vorbeugung kann auch hier nur bei Auftreten der ersten Schmerzsymptome von der Fortführung eines Tauchgangs abgeraten werden.
Zur Behandlung empfehlen sich dieselben konservativen Methoden wie bereits dargelegt. In extremen Fällen bietet sich aufgrund der Lage dieser Schädelhöhle die Möglichkeit, den Sinus frontalis anzubohren und so dem Blut- und Entzündungsmaterial einen Abfluß zu verschaffen. Die Stirnhöhle wird dreimal häufiger von einem Barotrauma befallen als die Kieferhöhle.

Häufig klagen Taucher, besonders nach einem Wiederholungstauchgang, über stundenlang anhaltende Kopfschmerzen im Stirnbereich. In diesem Falle handelt es sich meist um ein Überdruckbarotrauma der Stirnhöhle, wobei dann der erhöhte Druck in der Stirnhöhle erst nach dem Tauchgang an der Wasseroberfläche ausgeglichen wird. Ursache hierfür sind häufig unterschwellige Erkältungskrankheiten oder auch einfach zu häufiges Auf- und Abtauchen, wodurch es erfahrungsgemäß zu Belüftungsstörungen kommen kann. Die Kopfschmerzen verschwinden in der Regel nach 1-2 Stunden, eine spezielle Behandlung ist nicht erforderlich, Komplikationen sind nicht zu befürchten.

Barotrauma der Keilbeinhöhle (Sinus sphenoidalis)

Trotz des relativ langen Verbindungsweges zwischen Außenwelt und der Keilbeinhöhle, die an der Schädelbasis liegt, ist über ein Barotrauma dieser Schädelhöhle selten berichtet worden.

Mangelnder Druckausgleich wirkt sich als allgemeiner Kopfschmerz aus. Zur Vorbeugung kann nur von Tauchgängen abgeraten werden, wenn mit Problemen zu rechnen ist, z.B. dem Zustand nach Knochenbrüchen des Schädels (Frakturen).

Im Gegensatz zur Behandlung der Stirn- oder Kieferhöhle bestehen hier keine Möglichkeiten eines chirurgischen Vorgehens. Man wird sich auf die Anwendung von Sauerstoffgaben und abschwellenden Nasentropfen beschränken müssen.

3.3.1.3 Barotrauma der Zähne

Ein gesunder Zahn weist keine Hohlräume auf. Bei Zahnfüllungen allerdings, die nicht randabdichtend sind, besteht die Möglichkeit, daß mit Zunahme des Umgebungsdrucks sich in diese Spalten Luft entsprechend dem erhöhten Druck einlagert und dann bei einer Entlastung des Drucks die Zahnfüllung heraussprengt. Andererseits kann es bereits in der Kompressionsphase bei überdeckenden Zahnfüllungen, die einen Hohlraum unter der Zahnplombe belassen haben, zur Implosion der Füllung kommen. Absprengungen aus dem Zahnschmelz können durch die expandierenden Kräfte der über Haarrisse (Fissuren) im Schmelz eingedrungenen Luft erklärt werden, wenngleich dafür jedoch eher der rasche Temperaturwechsel am Zahnschmelz, z.B. durch Eindringen des Wassers in die Mundhöhle, die Ursache sein dürfte.

Auch Infektionen im Bereich der Zahntaschen können schwer belüftbare kleine Hohlräume bilden, die dann zu Zahnschmerzen führen.

Deshalb ist eine regelmäßige zahnärztliche Überwachung und Sanierung von Herden *vor* dem Tauchbeginn dringend anzuraten. Bei Zahnfüllungen sollte der Zahnarzt auch darauf hingewiesen werden, daß die Füllung unbedingt randdichtend und hohlraumverschließend durchgeführt wird.

3.3.1.4 Barotrauma der Lungen

Die Lungen sind die größten luftgefüllten Hohlräume innerhalb unseres Körpers und unterliegen damit in besonderem Maße den Volumen- und Druckveränderungen.

Da die Lungen ein sehr elastisches Gewebe sind, wird sich ein Barotrauma erst dann entwickeln, wenn die entstehenden Druckunterschiede durch die Kompensationsmöglichkeit des Organs nicht mehr entsprechend ausgeglichen werden können. So kann das Lungenvolumen verkleinert werden durch starkes Hochwölben des Zwerchfells infolge der Kompression des Bauchraumes durch den umgebenden Wasserdruck. Außerdem erfolgt eine Verkleinerung des Lungenvolumens durch die Kompression des knöchernen Brustkorbes (Thorax) selbst mit einer Steilstellung der Rippen. Ferner läßt sich das organeigene Volumen durch eine vermehrte Füllung der Lungengefäße infolge des sich entwickelnden relativen Unterdrucks innerhalb der Lunge zu einem gewissen Maß verringern.

Aber schließlich sind diese Kompensationsmöglichkeiten individuell unterschiedlich schnell erschöpft (nämlich abhängig von der Beweglichkeit der Rippengelenke, Bau des knöchernen Brustkorbs, Elastizität des Zwerchfells, dem Aufnahmevermögen der Lungenblutgefäße und der Dehnungsfähigkeit des rechten Herzens).

Die individuelle Grenze der Anpassungsfähigkeit in der Kompressionsphase ist erreicht, wenn die Lungen auf das Restvolumen (Residual- oder Restvolumen ist das Luftvolumen, das auch nach max. Ausatmung noch in den Lungen verbleibt) zusammengepreßt sind. Für den Durchschnittsmenschen läßt sich daraus eine maximale Tauchtiefe in Apnoe (also ohne Tauchgerät) von ca. 30 m errechnen.

Lungenunterdruckbarotrauma

Wenn der Umgebungsdruck weiter steigt, entsteht in den Lungen ein relativer Unterdruck, da sich die Lungen ja aus den genannten anatomischen Gründen nicht mehr weiter verkleinern können. Dieser Zustand hat zur Folge, daß Flüssigkeit aus den Blutgefäßen in die Alveolen austritt. Es entwickelt sich nach kurzer Zeit eine Wasseransammlung in der Lunge (**Lungenödem**) als Zeichen des Lungenunterdruckbarotraumas.

Durch Training und Ausschöpfung der oben genannten Kompensationsmöglichkeiten haben aber einige Rekordsüchtige bewiesen, daß es möglich ist, noch wesentlich tiefer als 30 m in Apnoe zu tauchen.

Auch beim Tauchen mit Druckluftgeräten kann es infolge eines defekten (meist mangelhaft gepflegten oder falsch eingestellten) Lungenautomaten mit Auftreten eines erhöhten Einatemwiderstands zur oben beschriebenen Lungenschädigung kommen, wenn nämlich der Einatemwiderstand 0,03 bar übersteigt.

Der gleiche Vorgang läuft beim Schnorcheltauchen mit überlangem Schnorchel ab, oder wenn ein Bewußtloser in der Druckkammer nicht richtig atmet oder beatmet wird.

Die gleiche Ursachenkette liegt vor, wenn ein bewußtloser, nicht ausreichend atmender Taucher absinkt. Diese Gefahr des Absinkens besteht zwar weniger beim Sporttaucher als vielmehr beim Helmtaucher (der sogenannte **Tauchersturz**), weil er wegen seiner schweren Ausrüstung rasch absinkt und in seiner Bewegungsfähigkeit doch stärker eingeengt ist als der Sporttaucher. Da bei diesem Absinken das erforderliche Luftvolumen nicht entsprechend schnell nachgeliefert werden kann, kommt es zum sogenannten äußeren und inneren Blaukommen. Unter „äußerem Blaukommen" versteht man Blutaustritte (Hämatome) im Kopf-, Hals- und Schulterbereich, also im Bereich des starren Helmes. Äußeres Blaukommen ist kein Barotrauma der Lunge (vergl. Überschrift des Abschnitts).

Das „innere Blaukommen" ist Folge des relativen Unterdrucks in der Lunge. Hierbei kommt es zu einer vermehrten Blutfüllung in den großen Hohlvenen des Brustkorbs und im rechten Herzen, während die linke Herzkammer nur vermindert mit Blut gefüllt wird. Es ergeben sich Lungengefäßrisse und Bewußtlosigkeit. Da das Blut aus der unteren Körperhälfte nach oben gedrückt wird, zerreissen dabei nicht nur die Lungenblutgefäße, sondern auch am Herzen und im Gehirn kommt es zu Blutaustritt. Der schnell zunehmende Umgebungsdruck führt zum Eindrücken des Brustkorbs mit Frakturen der Rippen und der Schlüsselbeine.

Solche Verletzungen sind meist tödlich. Wegen des blutigen Schleims vor dem Mund liegt die Möglichkeit der Fehldiagnose eines Lungenüberdruckunfalls nahe.

Lungenüberdruckbarotrauma

Ebenso wie die Ausgleichsmöglichkeiten der Lungen gegenüber dem steigenden Umgebungsdruck begrenzt sind, sind sie es auch gegenüber dem fallenden Umgebungsdruck (durch waagerechte Stellung der Rippen, Zwerchfelltiefstand und Auspressen der Lungenblutgefäße). Die Kompensationsgrenze bei

96

Druckentlastung ist erreicht, sobald die Aufblähung der Lunge an die Elastizi-
tätsgrenze des Lungengewebes herangekommen ist. Eine weitere Volumenzunahme muß dann zu einer Überdehnung der elastischen Fasern führen.
Diese hat zufolge, daß die Ausatmung, die ja zum wesentlichen Teil durch die
Eigenelastizität der Lunge erfolgt, stark behindert ist. Klinisch resultiert aufgrund dieser behinderten Entlüftung ein Zustand von Atemnot (vergleichbar

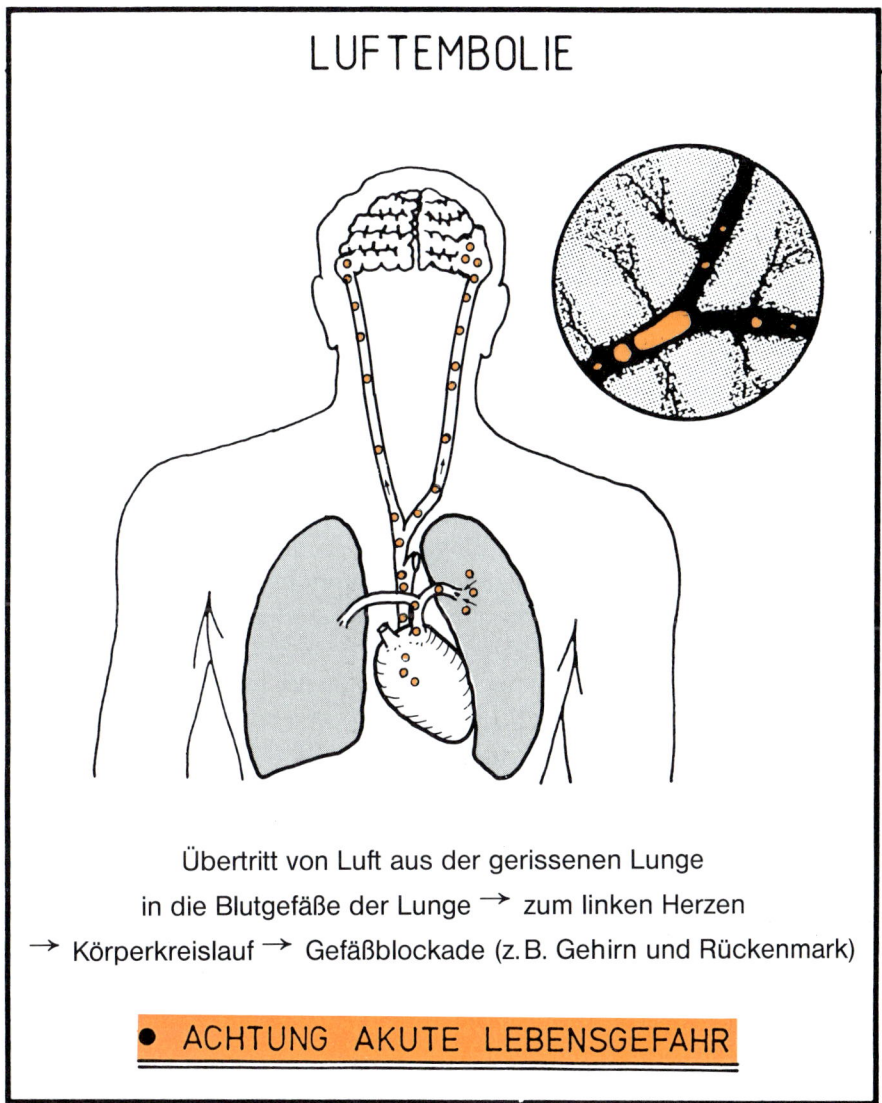

LUFTEMBOLIE

Übertritt von Luft aus der gerissenen Lunge
in die Blutgefäße der Lunge → zum linken Herzen
→ Körperkreislauf → Gefäßblockade (z. B. Gehirn und Rückenmark)

● ACHTUNG AKUTE LEBENSGEFAHR

einer Lungenblähung oder einem Asthmaanfall), der mitunter erst nach Monaten ausheilt, aber auch zu einer bleibenden Einschränkung der Lungenfunktion führen kann.

Mit der extremen Aufblähung der Lungenalveolen kann es in der Trennschicht zwischen Luft und Blut zu kleinen Rissen kommen, die nach Druckentlastung sofort wieder verkleben und die auch nicht von klinischen Symptomen, wie starkem stechenden Schmerz in der Lunge, erkennbaren Blutaustritten in die Alveolen usw., begleitet werden.

In dieser Phase, in der eine direkte Verbindung von Blut und Luft besteht, können Luftbläschen in das Blutgefäßsystem übertreten und auf diesem Weg in lebenswichtige Organe (Gehirn, Herz) gelangen und dort **Luftembolien** auslösen. Erfolgt eine über die Dehnungskapazität hinausgehende Volumenzunahme in den Lungen, resultiert daraus zwangsläufig der Riß des Lungengewebes. Mit diesem Ereignis ist zu rechnen, sobald der relative Überdruck in den Lungen einen Wert von 0,1 bar übersteigt. Die Gefahr einer Luftembolie ist jetzt natürlich noch eher gegeben. Die klinischen Zeichen eines Lungenrisses sind ein blutig gefärbter Auswurf bis hin zu einem schaumigen Bluthusten, oft direkt nach dem Aufstieg an die Wasseroberfläche mit Ausfällen des Zentralnervensystems wie Lähmungen, Bewußtseinstrübung oder Bewustseinsverlust.

Liegt dieser Lungenriß im Zentrum eines Lungenflügels vor, macht sich dies vielleicht kurzfristig subjektiv je nach Größe des Befundes mit einem stechenden Schmerz bemerkbar. Klinisch fällt nur ein blutig gefärbter Auswurf auf. Aufgrund des Miteinrisses von Blutgefäßen beim Platzen der Alveolen besteht die Gefahr der Luftaufnahme (Aspiration) in die Gefäße mit all den möglichen Folgen einer Luftembolie. Der Lungenflügel selbst jedoch wird nicht verändert.

Anders sind die Auswirkungen bei einem peripheren Lungenriß, d.h. Einriß der Lunge am Rand. Hierbei tritt Luft in einen vorgegebenen, unter Normalbedingungen mikroskopisch kleinen Raum ein, nämlich in den sogenannten Pleuraspalt. Darunter versteht man den vom Brustfell umschlossenen minimalen, flüssigkeitsgefüllten Spalt, der zwischen dem Lungengewebe und der Thoraxinnenseite liegt.

Diese anatomische Struktur erfüllt zwei Aufgaben:
1. Durch den Flüssigkeitsfilm zwischen den beiden auf ihrer Unterlage jeweils festansitzenden Pleurablättern wird ein nahezu reibungsloses Verschieben — wie es bei der Atmung erforderlich wird — gegeneinander ermöglicht.
2. Da in diesem Spalt ein relativer Unterdruck besteht, wird verhindert, daß die elastischen Kräfte der Lunge diese zuammenziehen können. Es wird also der sogenannte Lungenkollaps verhindert.

Wenn aber bei einem peripheren Lungenriß Luft in den Pleuraspalt ausgetreten ist, wird der bestehende Unterdruck entsprechend der eingedrungenen Luftmenge verringert, d.h. die elastischen Fasern der Lunge werden analog dem jetzt verringerten Unterdruck im Pleuraspalt den Lungenflügel mehr zusammenziehen. Dieses Krankheitsbild bezeichnet man als den **Lungenkollaps (Pneumothorax).**

Klinisch ist dieses Geschehen von einem stechenden Schmerz begleitet und einer daraufhin einsetzenden Atemnot, die schon bei relativ kleinen Luftblasen, die eigentlich noch keine Einengung des Lungenvolumens verursachen, auftritt. Eine Sonderform des Pneumothorax ist der Spannungspneumothorax. Unter allgemeinmedizinischen Gesichtspunkten entsteht er, wenn der randständige Lungenriß zu einem Ventilmechanismus führt, so daß bei jedem Atemzug der Druck im Pleuraspalt weiter ansteigt und schließlich zu einer erheblichen Einschränkung der Ventilation mit Lungenkollaps führt. Unter taucherischen Gesichtspunkten gewinnt der Spannungspneumothorax

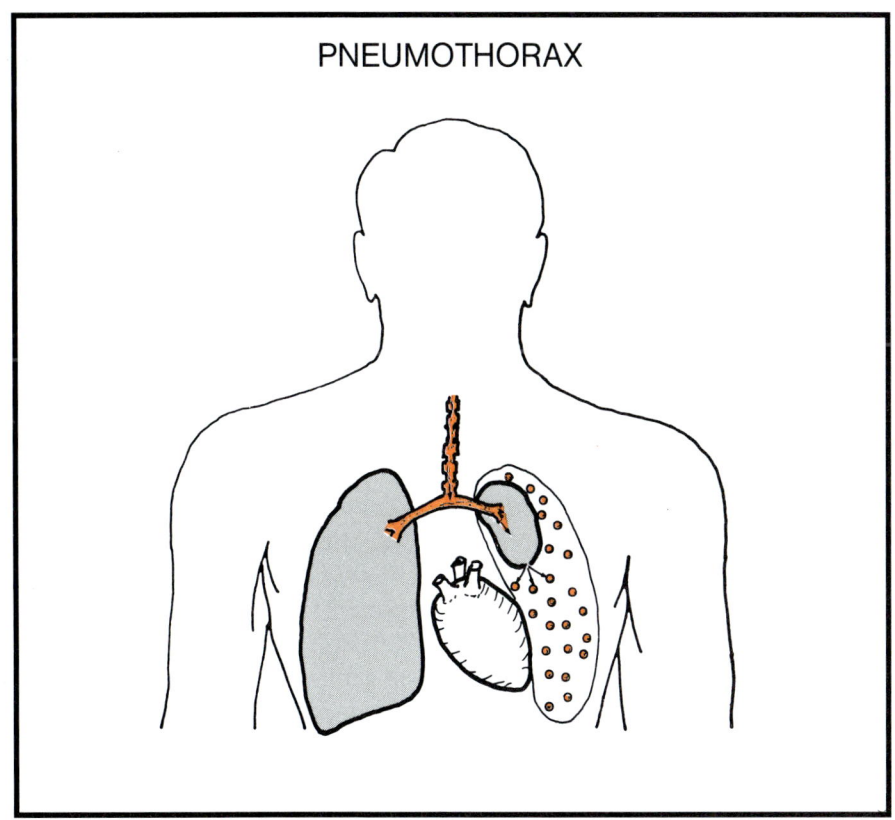

PNEUMOTHORAX

noch mehr an Bedeutung, wenn sich die Luft im Pleuraspalt nach dem Boyle-Mariotteschen Gesetz beim Aufstieg noch weiter ausdehnt. Die Folgen sind eine zunehmende Atemnot, Kurzatmigkeit, die schließlich durch Verdrängung des Herzens und der großen Gefäße zum Kreislaufstillstand führen kann.

Erfolgt der periphere Riß des Lungengewebes nicht an der Außen-, sondern an der zur Thoraxmitte hin gelegenen Seite der Lunge, so entsteht ein Mediastinalemphysem (Luftansammlung im Mediastinum, Mittelfellraum). Weiter kann die Luft entlang den anatomischen Strukturen, die hier verlaufen (Luft-, Speiseröhre, große Gefäße), in die Halsregion aufsteigen, sich hier ansammeln und als knisternde Luftansammlung (Blähhals = Hautemphysem) fühlbar sein. Sekundäre Reizerscheinungen (Ödembildung in der Halsregion) führen dann zu einer weiteren Behinderung der Atmung und des Kreislaufes.

Bei einer totalen Lungenüberblähung können diese beschriebenen Schädigungen überall auftreten. Das Einreißen des Gewebes wird dann mehr oder minder zufällig an den schwächsten Stellen erfolgen. Wenn das Abströmen der Luft bei der Volumenausdehnung aber nur in einem Teilbereich der Lunge behindert ist – so z.B. infolge eines narbenverheilten Bezirks an den Bronchien (z.B. alte Tuberkulose oder Veränderung des Bronchialbaumes nach einer Entzündung) – dann kann sich in diesem begrenzten Bereich ein Lungenüberdruckunfall anbahnen. Bei der Tauchtauglichkeitsuntersuchung sollte solchen Personen vom Tauchen abgeraten werden. In der Praxis sind jedoch selten Fälle aufgetreten, bei denen der Lungenriß aufgrund eines partiellen Lungenemphysems ausgelöst wurde. Die meisten Unfälle entstehen durch eine totale Lungenüberblähung.

In den letzten Jahren sind Fälle mit Lungenüberdruckbarotrauma beschrieben worden, die aus völlig unklarer Ursache entstanden zu sein schienen. Die Tauchgänge waren ordnungsgemäß absolviert, es hat sich insbesondere nicht um Dekompressionstauchgänge oder Notaufstiege gehandelt. Die Sportler waren ärztlich untersucht und gesund; dennoch sind Lungenüberdruckunfälle, teilweise mit schweren Schäden im Zentralnervensystem aufgetreten. Als Ursache hierfür wird das "air trapping" (wörtlich übersetzt: Luftfalle) aufgeführt. Hierbei werden durch Weghindernisse (z.B. Schleimpfropfbildung) oder Verklebungen eine oder mehrere Alveolen während des Tauchganges von der Luftzufuhr abgeschlossen. In der Aufstiegsphase können die äußerst dünnen Alveolenwände dann reißen, da sie dem sich vergrößernden Druck nicht gewachsen sind. Der nachfolgende Lufteinstrom in das Blutgefäßsystem kann überall Ausfallserscheinungen machen, wo funktionelle Endaterien vorhanden sind, vor allem im Gehirn, Rückenmark, im Innenohr, am Augenhintergrund und in den Herzkranzgefäßen.

100

Therapeutisch wird in leichteren Fällen eine Beobachtung unter stationären Bedingungen ausreichend sein. Bei schweren Ausfällen kann nur eine Intensivbehandlung mit Infusionen, entsprechender Medikamentengabe, O_2-Atmung, eventuell O_2-Beatmung nach Intubation, Punktion des Pleuraspalts unter sterilen Bedingungen oder bei Luftembolie die Rekompression in einer stationären Mehrpersonendruckkammer das Leben retten.

Um dieser wohl gefährlichsten Art des Barotraumas vorzubeugen, sollte eine gründliche Tauchtauglichkeitsuntersuchung vor Beginn des Tauchsportes erfolgen (insbesondere Raucher sind bezüglich eines Lungenbarotraumas gefährdet).

3.3.1.5 Barotraumen der Verdauungsorgane

Barotrauma des Magens

Auch im Bauchbereich finden sich Lufteinschlüsse, so z.B. in der Magenblase. Diese Luft gelangt beim Schlucken mit in den Magen. Beim Tauchen gewinnt dieser Vorgang besondere Bedeutung, denn Wassereinbrüche in die Mundhöhle können beim Tauchen nie vermieden werden. Dieses Luft-Wasser-Gemisch darf nicht verschluckt werden, sondern muß unbedingt durch das Mundstück wieder ausgeblasen werden, denn auch dieses Luftvolumen erfährt Veränderungen entspechend dem Boyle-Mariotteschen Gesetz.

Da jedoch die Wandung des Magens sehr elastisch ist, ist für das Organ selbst sehr selten mit Schädigungen zu rechnen, wenngleich auch hierbei schon Risse in der Magenwand beschrieben wurden. Derartige Verletzungen können jedoch nur bei sehr raschem Aufstieg eintreten, weshalb bei einem aufkommenden Spannungsgefühl im Bauch in der Auftauchphase der Luft im Magen Gelegenheit gegeben werden muß, über die natürlichen Wege wieder zu entweichen, oder es sollte kurz tiefer getaucht und dann verlangsamt der Aufstieg wieder begonnen werden.

Wie bereits erwähnt, ist aufgrund der Elastizität des Magens der Wandriß der seltene Ausnahmefall. Häufiger treten jedoch Herzbeklemmungen, mitunter sogar Herzrhythmusstörungen auf, da der aufgeblähte Mageneingang direkt auf das über dem Zwerchfell liegende Herz drücken kann.

Auch die Gasmengen, die im Darmvolumen immer vorhanden sind, sind dem Boyle-Mariotteschen Gesetz unterworfen. Diese Gasmengen – hauptsächlich Schwefelwasserstoff (H_2S) – entstehen beim Verdauungsprozeß durch die Darmbakterien. Dies ist ein notwendiger physiologischer Vorgang, da diese Gase die Darmaktivität regulieren. Eine vermehrte Darmgasbildung ist zumindest unangenehm bis kolikartig schmerzhaft. Deshalb sollten vor einem Tauchgang insbesondere Personen, die unter Darmbeschwerden leiden, blähende Speisen vermeiden. Dazu zählen z.B. Hülsenfrüchte. Derartige Beschwerden werden sicher nicht während des Abtauchvorgangs und während des Tauchgangs auftreten, sondern erst in der Auftauchphase.

Zur Vermeidung von Beschwerden sollte man sich nicht scheuen, diese Gasmengen auf natürlichem Wege entweichen zu lassen. Darmrisse im Zusammenhang mit dem Tauchen sind noch nicht beschrieben worden.

3.3.1.6 Barotrauma des Auges

Um unter Wasser scharf sehen zu können, würde es genügen – wenn man von speziellen Kontaktlinsen absieht –, unter Wasser Schwimmbrillen aufzusetzen. Für den Taucher sind diese Brillen ebenso wie die Schnorchelmasken jedoch ungeeignet, weil der beim Abtauchen entstehende relative Unterdruck im Maskenraum nicht ausgeglichen werden kann. Eine Tauchermaske muß also die Nase zur Belüftung des Maskenraumes miteinschließen. Andernfalls kommt es durch die Unterdruckwirkung zu Blutaustritten im Augenbereich, so daß in besonders gravierenden Fällen das Augenweiß völlig blutig-rot unterlaufen ist. Während diese Verletzung meist nur ein vorübergehendes kosmetisches Problem darstellt, kann es infolge der Unterdruckwirkung zu einem Herausziehen des Augapfels kommen und damit zu einer Zerrung der Sehnerven, wodurch eine vorübergehende Sehnervenschädigung entstehen kann. Meist klingen jedoch diese Unterdruckbarotraumen nach einem flüchtigen Ödem der Augenregion symptomlos ab. Besonders gefährdet sind die Taucher, die schon mit einer bestehenden Bindehautentzündung den Tauchgang beginnen.
Besonderer Berücksichtigung bedürfen Augenprothesen. Sofern diese aus Glas hergestellt sind, sind sie normalerweise innen hohl und unterliegen damit wieder dem Boyle-Mariotteschen Gesetz. In der Literatur ist ein Fall beschrieben, bei dem ein Glasauge in der Tiefe implodierte. Taucher sollten deshalb nur Silikonprothesen verwenden.

Symptome

- Blutaustritt aus den Bindehaut- und Hautgefäßen,
- Schwellung der Augenlider,
- Schmerzen in den Augenhöhlen,
- eventuelle Sehstörungen.

Therapie

- kühlende Umschläge,
- abschwellende Augentropfen,
- bei Sehstörungen Augenarzt.

Vorbeugung

- nur Masken verwenden, die die Nase einschließen,
- frühzeitiger Druckausgleich im Maskenraum,
- nicht mit Bindehautentzündung tauchen.

3.3.1.7 Barotrauma der Haut

Ein Barotrauma der Haut entsteht durch Faltenbildung im Tauchanzug, wenn kein Druckausgleich stattfinden kann. Bei zunehmendem Umgebungsdruck wird die Haut in die Falten des Tauchanzugs gedrückt, was zu Blutaustritten in das Gewebe führen kann (Hämatome).
Klinisch zeigen sich peitschenschlagartige blutunterlaufene Streifen am ganzen Körper.
Zur Vorbeugung sollte bei Naßtauchanzügen auf gute Paßform geachtet werden. Bei Trockentauchanzügen sollte dicke Unterziehwäsche getragen werden, außerdem muß ständiger Druckausgleich durchgeführt werden.

3.3.1.8 Mittelbare Barotraumen

Weitere Gefährdung von Tauchern im Sinne eines Barotraumas ergeben sich durch mitgeführte Ausrüstungsgegenstände, z.B. Druckluftflaschen, Unterwasserlampen und Kameragehäuse, die im- oder explodieren können.

3.3.2 Dekompressionskrankheit (Caissonkrankheit)

Die zweite große Gruppe der tauchspezifischen Verletzungen ist die sogenannte Taucherkrankheit (Dekompressions-, Caisson- oder Druckfallkrankheit).

Die Bezeichnung „Caisson" kommt aus dem Französischen und bedeutet „Kasten". In diese Taucherkästen, die keinen Boden hatten, wurde über einen Schlauch durch die Decke Luft gepumpt, so daß man unter Wasser Arbeiten ausführen konnte.

Auch bei der Dekompressionskrankheit ist die Ursache wieder der erhöhte Druck, dem der Taucher während des Tauchgangs unterliegt. Allerdings finden hierbei andere physikalische Gesetze ihre Anwendung (Gesetze von Dalton und Henry, siehe Abschnitte 2.5.1.2 und 2.5.5).

An der Wasseroberfläche werden pro Atemzug nur ca. 4 % O_2 verbraucht und als CO_2 ausgeatmet. Der Stickstoff ist nur Füllgas und geht als Inertgas auch keine chemische Reaktion ein.

In einer Wassertiefe von z.B. 20 m herrscht ein Druck von 3 bar, d.h. der Prozentgehalt an Stickstoff beträgt zwar immer noch 78 %, aber der Teildruck (Partialdruck) hat sich in dieser Tiefe (auf 0,78 bar · 3 = 2,34 bar) verdreifacht.

In den Lungen des Tauchers herrscht somit ein höherer Partialdruck des Stickstoffs als in seinem Körpergewebe, das ja nur entsprechend dem menschlichen Lebensraum an Land mit 0,78 bar gesättigt ist. Während des Tauchgangs erfolgt nun ein Ausgleich dieser Partialdruckunterschiede, indem der Stickstoff in das Blut übertritt und auf diesem Weg zu allen Körperzellen gelangt. Die Stickstoffmoleküle werden also vom Ort des höheren Partialdrucks zum Ort des niedrigeren Drucks transportiert, bis schließlich ein Gleichgewicht erreicht ist. Je nach Tauchtiefe erfolgt also die Aufladung des Blutes bzw. des Gewebes mit Stickstoff unterschiedlich stark.

Dieser Sättigungsvorgang erfolgt nach dem Gesetz von Henry (s. Abschnitt 2.5.5).

Beim Auftauchen kehren sich die vorhin beschriebenen Verhältnisse um, so daß der Stickstoffpartialdruck nach Beendigung des Tauchganges im menschlichen Gewebe höher ist als in der Atemluft. Während eine Aufsättigung auch bei großen Druckunterschieden keine schädigenden Folgen hat, ist die gefahrlose Entsättigung des Gewebes an die Einhaltung eines zulässigen Druckabfalls gebunden. Es ist also ungefährlich, zu Beginn des Tauchgangs sofort auf 50 m abzutauchen, aber es ist mit Sicherheit gefährlich, am Ende des Tauchgangs aus dieser Tiefe an die Oberfläche hochzuschießen.

Es würde dasselbe Phänomen eintreten, das sich beim Öffnen einer Selters-flasche beobachten läßt: Durch den plötzlichen Druckabfall perlt das bis dahin physikalisch gelöste Kohlendioxid bläschenförmig aus.

Im menschlichen Körper ist für die Bläschenbildung nur der Stickstoff ver-antwortlich.

Für die Entstehung einer Caissonkrankheit ist wesentlich, wie lange der Tau-cher unter dem erhöhten Druck geatmet hat, da die verschiedenen Gewebe unterschiedlich lange Sättigungszeiten (Minuten bis Stunden) und unter-schiedliche Löslichkeitskoeffizienten aufweisen. Die Schnelligkeit der Sätti-gung ist wiederum abhängig von der Stärke der Durchblutung des betreffen-den Gewebes; so sind z.B. das Blut-, Muskulatur- und Nervengewebe schnelle Gewebe, langsame Gewebe sind Knochengewebe, Knorpel-, Sehnen- und Gelenkkapselgewebe.

Ferner spielt der Löslichkeitskoeffizient eine wesentliche Rolle. Stickstoff ist in Fett oder fettähnlichen Geweben sehr gut löslich. Die Löslichkeit des Stick-stoffs ist in Fettgewebe fünfmal so groß wie in wäßrigen Geweben.

Auf empirischer und experimenteller Basis wurden deshalb zuerst von J. Haldane Dekompressionstabellen entwickelt. Unsere heute verwendeten Tabellen stützen sich auf diese Grundlagen.

Je nachdem, in welchem Ausmaß diese vorgeschriebenen Austauchzeiten ver-nachlässigt wurden, entstehen mikroskopisch kleine bis erbsengroße Gasbla-sen (Stickstoff) im Blut und in den Geweben. Die Vorgänge bei der Entsätti-gung der Gewebe sind sehr komplex, und unsere Vorstellung über die Entste-hung von Stickstoffblasen sind Gedankenmodelle, die jedoch durch Versuche erhärtet sind. Führend auf diesem Gebiet ist Professor Bühlmann vom Druck-kammerlabor Zürich.

Wie bereits erwähnt, ist der Stickstoff ein inertes Gas, d.h. es geht keine che-mischen Reaktionen im Körper ein. Die Gasbläschen können im Gefäß-system dadurch gefährlich werden, daß sie die enger werdenden Arterien ver-stopfen und so die Blutzufuhr zu den folgenden Geweben unterbrechen (Gasembolie). Dadurch kommt es infolge Sauerstoffmangels zu einer Schädi-gung des betroffenen Gewebes.

Andererseits können an Ort und Stelle entstandene Gasbläschen durch Expansion beim Austauchvorgang lokale Gewebeschädigungen hervorrufen. In großen Gefäßen werden kleine Bläschen deshalb keine Embolien hervorru-fen können, weil sie in diesen großen Gefäßen verbleiben oder an den Wän-den der Gefäße hängen bleiben, ohne das Gefäß zu verschließen. Mit der zunehmenden Verzweigung des Gefäßsystems wird aber ein fortgerissenes Bläschen einmal ein Gefäß verstopfen. Aber auch in diesem Fall muß daraus keine lebensbedrohliche Situation entstehen, wenn dieses Stickstoffbläschen

Dekompressionskrankheit

auch Caisson-Krankheit

Druckfallkrankheit

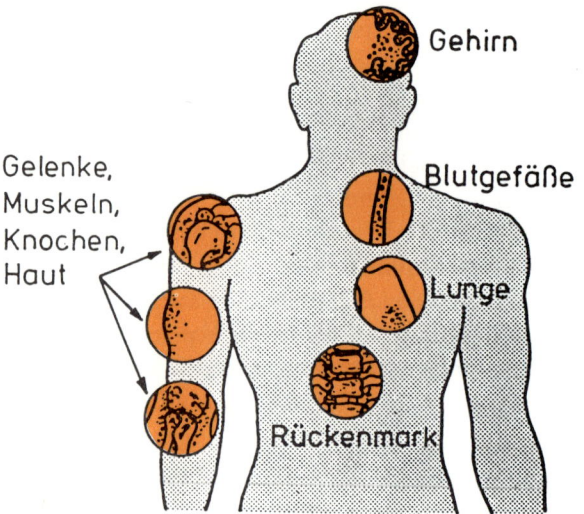

Gehirn

Gelenke,
Muskeln,
Knochen,
Haut

Blutgefäße

Lunge

Rückenmark

Ursache:

Bildung von Gasblasen im Blut oder im Gewebe durch schnelle Druckminderung nach längerem Aufenthalt unter erhöhtem Druck.

Mißachtung der Dekompressionsregeln

106

in ein Stromgebiet verschlagen wurde, das keine lebensnotwendigen Organe wie z.B. Gehirn, Herzmuskel oder Lunge versorgt, oder wenn dieser Gewebeabschnitt über andere Blutgefäße mitversorgt werden kann, solange, bis das blockierende Stickstoffbläschen wieder im Blut gelöst ist.

Jede Unterschreitung der Austauchzeiten wird also zu einer Bläschenbildung führen, muß aber nicht zwangsläufig auch zu Krankheitserscheinungen führen. Daraus erklärt sich z.t. auch die Tatsache, daß innerhalb einer Gruppe von mehreren Tauchern, die den gleichen Tauchgang mit ungenügender Dekompression absolviert haben, nachher nicht alle an einer Dekompressionserkrankung leiden.

Die Dekompressionskrankheiten im einzelnen

Ursache für die Dekompressionskrankheit ist also der ausperlende Stickstoff, der entsteht, wenn bei Tauchgängen die Nullzeit überschritten und die erforderlichen Dekompressionsstops in den entsprechenden Tiefen nicht eingehalten werden. In besonders gelagerten Fällen kann es auch zu Dekounfällen bei Tauchgängen innerhalb der Nullzeit kommen, aber diese Fälle sind äußerst seltene Ausnahmen. Ursachen: z.B. Kälte, individuelle Faktoren, Durchblutungsstörungen durch zu enge Bänder am Messer oder an den Instrumenten.

Trotz der Ungenauigkeiten, die bei der Einteilung der Dekompressionskrankheit in einen Typ I und in einen Typ II bestehen, ist dieses die wohl brauchbarste systematische Einteilung.

3.3.2.1 Dekompressionskrankheit, Typ I

Der Typ I ist dadurch charakterisiert, daß der Schmerz das einzige Symptom ist. Er kann in verschiedenen Geweben auftreten und ist Folge von lokaler Gewebsschädigung durch Gasblasenbildung.

In 75 % der Fälle betreffen die Symptome die Gelenke, in 20 % die Haut, in 5 % sind Schmerzen verbunden mit Verschlüssen der Lymphbahnen zu beobachten. Statistisch stellt sich hierbei wieder heraus, daß die Gelenke der oberen Extremitäten etwa dreimal so häufig betroffen sind wie die großen Gelenke der unteren Extremitäten. Infolge der Schmerzen kommt es auch zu einer Einschränkung der Beweglichkeit der Gelenke; in schweren Fällen sind die Schmerzen so heftig, daß die Gelenke in einer gebeugten Schonhaltung gehalten werden, was mit der Fachbezeichnung „**Bends**" (aus dem Englischen to bend = beugen) bezeichnet wird.

Die Hauterscheinungen gehen mit Juckreiz in einem oder mehreren Hautbezirken einher, verbunden mit einer Marmorierung der Haut. In der Tauchersprache werden diese Erscheinungen als „**Taucherflöhe**" bezeichnet. Bei den Lymphbahnverschlüssen kommt es zu Ödemen, die sehr schmerzhaft sind.

Je nach Intensität der Symptome sollte möglichst schnell eine Behandlung in der Überdruckkammer erfolgen. Empfehlenswert ist immer eine Sauerstoffmaskenatmung.

3.3.2.2 Dekompressionskrankheit, Typ II

Unter dem Typ II werden alle ernsteren Erscheinungen der Dekompressionskrankheit zusammengefaßt. Hierbei sind das zentrale Nervensystem (Gehirn, Rückenmark) und die Atmung betroffen. In einem Drittel der Fälle sind Dekompressionserkrankungen des Typs II mit Gelenkschmerzen (Typ I) kombiniert.

Die Störungen der Atmung machen sich durch einen brennenden Schmerz hinter dem Brustbein bemerkbar, der in der Tauchersprache als „**Chokes**" (aus dem Englischen to choke = ersticken) bezeichnet wird. Diese Beschwerden sind atemabhängig. Meist stellt sich zusätzlich Hustenreiz ein. Infolge der schmerzhaften Atmung erfolgt nur noch eine reflektorische, flache Atmung, die zu einem Mangel an Sauerstoff (**Hypoxie**) im Gewebe führen kann und dann oft in einen Schockzustand mündet.

Die Schädigungen am Nervensystem sind sehr vielgestaltig. Je nachdem, an welcher Stelle es infolge der Gasblasenbildung zu einer Leitungsstörung gekommen ist, werden sich Nervenausfälle zeigen. Bei einer Störung im zentralen Steuerorgan – nämlich Gehirn – kann es zu Lähmungen einer Körperseite (sog. Halbseitenlähmung) kommen. Sehr schwierig ist es, am Unfallort eine Differenzierung zum Barotrauma infolge einer Lungenüberdehnung oder eines Lungenrisses zu treffen, da Luftembolien im Gehirn dieselben Symptome hervorrufen können. Oft stellt das zeitlich frühe Auftreten der Ausfallserscheinungen nach Lungenriß das einzige Unterscheidungsmerkmal zur Dekompressionskrankheit Typ II dar.

Bilden sich – was häufiger ist – Gasblasen im Rückenmark, so ist die Nervenleitung erst ab hier für das entsprechende Versorgungsgebiet unterbrochen. Es wird dann zu einer symmetrischen Verletzung des Nervenbaumes kommen im Sinne einer Querschnittslähmung, die je nach Höhe im Rückenmark zu einer Lähmung der Beine oder zusätzlich der Arme führt. Neben diesen motorischen Bahnen, über die die Bewegungen ausgelöst werden, gibt es in unserem Nervensystem auch sensible Bahnen, die die Tastempfindungen

(Schmerz, Wärme) weiterleiten. Beide Funktionen können gleichzeitig oder alleine gestört sein, je nach Sitz der Gasblasenbildung im Rückenmark. Dementsprechend sind die klinischen Erscheinungen wechselnd von einem Gefühl als Kribbeln oder Nadelstechen bis zur völligen Unempfindlichkeit und von einem Schwächegefühl z.B. im Bein bis zu einer kompletten Lähmung. Auch eine Störung der Harnblasen- und Mastdarm- sowie der Sexualfunktion kommt vor.

Durch das Entstehen von Stickstoffblasen in Fettzellen kann es zum Zerreißen dieser Zellen kommen. Die so freigesetzten Fettropfen können in die Blutbahn eingeschwemmt werden und – ähnlich wie Gasblasen – lebensgefährliche Embolien im Endstrombereich des Herzens, des Gehirns oder der Lunge verursachen.

Während die früher besprochenen Erscheinungen akute Erscheinungsformen des Caisson sind – d.h. fast ausschließlich in den ersten 2 Stunden nach dem Tauchgang auftreten –, werden die Schäden einer chronischen Dekoerkrankung erst nach Jahren bemerkt. Diese Schäden zeigen sich am Skelettsystem und führen hier zu einer dauerhaften Deformierung **(Arthrose)** der Gelenke. Ursache dafür sind – so nimmt man heute an – mikroskopisch kleine, im Knochen- und Knorpelgewebe entstehende, sogenannte „stumme” Stickstoffbläschen, die im Einzelfall keine Beschwerden hervorrufen, jedoch in der Summierung der häufigen Mikroschädigungen im Laufe der Jahre die erwähnten Gelenkveränderungen auslösen.

Symptome

— Schmerzen in Gelenken und in der Haut (Blasenbildung),

— Atemstörung mit Luftnot und Schmerzen hinter dem Brustbein und Hustenreiz (zentraler Lungenriß oder Gasembolie in der Lunge),

— Schwindel, Seh-, Hör- und Sprachstörung (Schädigung des Gehirns),

— Halbseitenlähmung (Schädigung des Gehirns),

— Querschnittslähmung (Schädigung des Rückenmarks),

— Engegefühle in der Brust (Fettembolie in den Herzkranzgefäßen),

— Störungen der Harnblasen- und Mastdarmfunktion.

Therapie

1. Sauerstoffatmung,
2. Stabile Seitenlage, Schräglagerung (Kopf tief, Beine hoch),
3. Schutz vor Temperaturverlust,
4. Bei Atem – bzw. Herzstillstand Wiederbelebung,
5. In jedem Fall Behandlung in der Druckkammer (Transport des Verletzten auf dem Lande erschütterungsfrei, in der Luft außerhalb einer Druckkammer nicht höher als 300 m). Keine nasse Rekompression!
6. Wenn möglich venösen Zugang legen (Infusion),
7. Thromboseprophylaxe.

Vorbeugung

Bei allen Tauchgängen sind die Richtlinien für das Austauchen und Dekomprimieren zu beachten (siehe Abschnitt 4).

Zu beachten ist weiterhin, daß z. B. Durchfallerkrankungen mit viel Wasserverlust, fieberhafte Erkrankungen oder über mehrere Tage verminderte Flüssigkeitsaufnahmen das Gerinnungsverhalten des Blutes verändern und damit das Risiko einer Dekompressionskrankheit deutlich erhöht wird.

Rekompression

Stationäre Kammer mit angeflanschter Einmannkammer

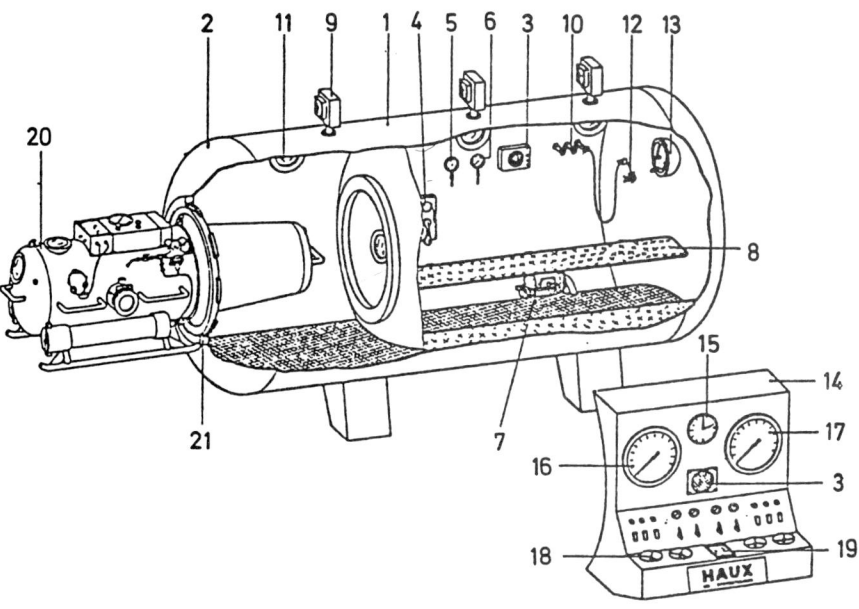

1	Hauptkammer	12	Sauerstoffatemmaske
2	Vorkammer	13	Versorgungsschleuse
3	Lautsprecher	14	Steuerpult
4	Telefon	15	Uhr
5	Thermometer	16	Manometer, Vorkammer
6	Manometer	17	Manometer, Hauptkammer
7	interne Steuerventile	18	Steuerventile
8	Bänke	19	Druckschreiber
9	Beleuchtung	20	Einmannkammer
10	Sauerstoffventile	21	Bajonettflansch
11	Fenster		

111

3.3.3 Gegenüberstellung Barotrauma und Dekompressionskrankheit

	Lungenüberdruck-barotrauma	Dekompressions-krankheit
Ursachen	Notaufstieg mit Stimmritzen-krampf, "air trapping", zentraler oder randständiger Lungenriß durch Überschreitung der physiologischen Elastizitätsgrenzen	Zu rasche Druckentlastung mit Ausperlen von N_2-Blasen im Blut und anderen Geweben Shunt-Folgen
Physikalische Gesetze	Boyle-Mariotte	Dalton und Henry
Symptome	Sofort	Auftreten innerhalb von Minuten bis Stunden (die meisten Fälle treten innerhalb der ersten 2 Std. nach dem TG auf)
Art der Schädigung	Riß der Alveolenwände oder der randständigen Pleura mit Luftembolie, Pneumothorax oder Medistinal- und Haut-emphysem	Lokale Gewebsschädigung durch ausperlende N_2-Blasen und embolische Verschlüsse in funktionellen Endarterien (ZNS)
Therapie	Notfallmaßnahmen unter Gabe von normobarem Sauerstoff Wiederbelebungsmaßnahmen Hyperbare Sauerstofftherapie (Druckkammer)	dito
Prophylaxe	Auch bei nicht dekopflichtigem TG Sicherheitsstop von 1 min in 3 m Keine Überschreitung der Aufstiegszeiten Tauchverbot bei Erkältungskrankheiten nicht rauchen! intensive Infektbehandlung keine Dekotauchgänge!	Sorgfältige ärztliche Untersuchung mit evtl. Ausschluß eines offenen Foramen ovale. Exakte theoretische Tauchausbildung und diszipliniertes Tauchen unter Einhalten der Sicherheitsregeln

	Lungenüberdruck-barotrauma	Dekompressions-krankheit
Tod durch	Luftembolie in Gefäßen, die lebenswichtige Organe (Gehirn, Herz, Lunge) versorgen	N_2-Gasembolie in Gefäßen lebenswichtiger Organe
	Schwere Schädigung lebenswichtiger Organe, so daß sie ihre Funktion nicht mehr aufrecht erhalten können (z.B. Lungenriß)	Entwicklung eines Schocksyndroms bei fehlender oder unzureichender Behandlungsmöglichkeit
	Übermäßiger Reiz des vegetativen Nervensystems (Vagusnerv), was zum sogenannten Sekundenherztod führen kann (z.B. Eindringen von kaltem Wasser in das Mittelohr nach Trommelfellriß)	
	Fehlende Behandlungs- und Transportmöglichkeiten in zivilisationsfernen Regionen bei Erkrankungen, die bei entsprechender Intensivbehandlung nicht tödlich enden müssen	

3.3.4   Bewußtlosigkeit unter Wasser (Black-out)

3.3.4.1   Schwimmbad-Black-out

Der Begriff Black-out stammt aus dem Englischen (black = schwarz, out = aus) und bedeuted eine plötzliche, ohne Vorwarnung und Anzeichen eintretende Bewußtlosigkeit.

Ursache dafür ist fast immer eine vorausgegangene Hyperventilation. Unter **Hyperventilation** versteht man bewußtes oder unbewußtes, tiefes und schnelles Überatmen ohne Bedarf (z.B. auch durch Angst, Kälte u.s.w.). Nach einer körperlichen Anstrengung ist die Atmung schnell und tief, um das entstandene Sauerstoffdefizit wieder auszugleichen. Der Sporttaucher wendet die Hyperventilation an, um die Apnoephase zu verlängern. Diese Verlängerung kommt aber nicht dadurch zustande, daß vermehrt Sauerstoff aufgenommen wird, sondern daß vermehrt Kohlendioxid (CO_2) über die Lunge abgeatmet wird. Aus dieser Senkung des Kohlendioxidteildrucks (pCO_2) resultieren entscheidende Veränderungen in unserem Körper:

— Es erfolgt eine Verschiebung des Säure-Basen-Gleichgewichts des Blutes in den alkalischen Bereich, was zu Muskelkrämpfen führen kann (sog. Hyperventilationstetanie).

— Mit der Herabsetzung des pCO_2 im Blut wird auch die Hirndurchblutung gedrosselt. Je höher der CO_2-Gehalt im Blut, desto stärker ist die Durchblutung des Gehirns.

— Der Zeitraum, bis der Atemzwang einsetzt, wird verlängert. Der CO_2-Gehalt im Blut wird von speziellen Nervenendigungen im Bereich der großen Halsgefäße ständig überwacht. Wird der Schwellenwert des pCO_2 überschritten, wird diese Meldung im Gehirn mit dem Impuls an die Muskulatur, die Atmung wieder aufzunehmen, beantwortet. Auf Grund dieses Regelkreises erfolgt deshalb die Atmung unbewußt (auch im Schlaf).
Wird nun durch die Hyperventilation die CO_2-Spannung im Blut gesenkt, dauert es längere Zeit, bis der pCO_2 den Schwellenwert für den Atemreiz wieder erreicht hat, d.h. die Apnoephase ist verlängert.

— Schließlich resultiert daraus ein stärkeres Absinken des Sauerstoffgehaltes im Blut.

Zur Erhaltung der Lebensvorgänge wird jedoch ständig Sauerstoff (O_2) verbraucht. Durch die vorausgegangene Hyperventilation wird aber nicht (bzw. nur verschwindend gering) mehr O_2 aufgenommen. In der Apnoephase fällt also der Sauerstoffgehalt kontinuierlich ab und unterschreitet schließlich den Grenzwert (Black-out-Schwelle), bei dem das Bewußtsein gerade noch erhalten ist.

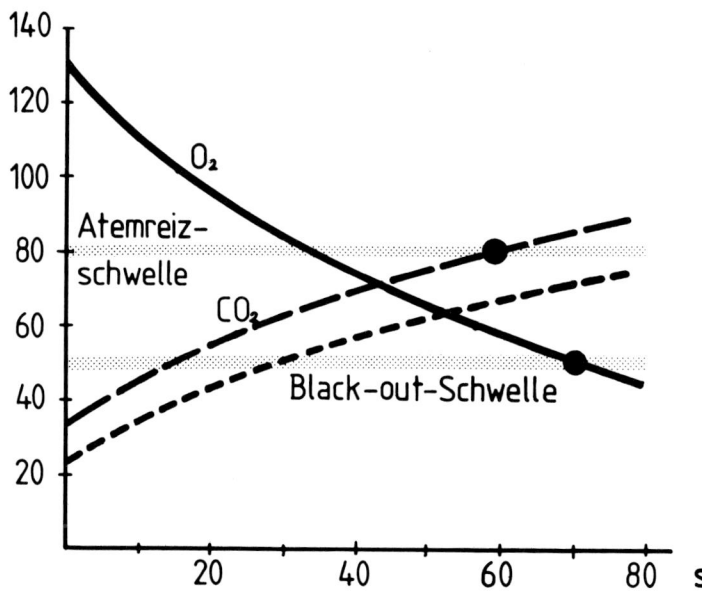

SCHWIMMBAD-BLACK-OUT

Teildruck in mbar

O₂

Atemreiz-schwelle

CO₂

Black-out-Schwelle

Sauerstoffteildruck

Kohlendioxidteildruck

-erniedrigt durch
Hyperventilation

Da der menschliche Organismus kein so ausgeprägtes Kontrollsystem zur Messung des Sauerstoffteildrucks (pO$_2$) besitzt wie für die Überwachung des CO$_2$-Spiegels, ist die Folge eine plötzliche, ohne Vorwarnung eintretende Bewußtlosigkeit.

In dieser Situation setzt der Atemreiz wegen des noch unterschwelligen pCO$_2$ im Blut noch nicht ein. Ein bewußtloser Taucher kann jetzt noch ohne größere Schädigung geborgen werden. Bleibt er aber unbemerkt auf dem Boden des Schwimmbades liegen, wird er ertrinken, wenn der pCO$_2$ die Atemreizschwelle erreicht hat.

Eine längere Hyperventilation vor Strecken- oder Zeittauchen ist deshalb auf jeden Fall zu unterlassen. Drei bis fünf tiefe Atemzüge vor dem Start werden noch als ungefährlich eingestuft.

3.3.4.2 Black-out beim Apnoetieftauchen

Gegenüber dem oben dargestellten sogenannten Schwimmbad-Black-out beruht der Black-out beim Apnoetieftauchen auf einem anderen Ursachenprinzip.

Beim Abtauchen erhöht sich der Umgebungsdruck, der wiederum über die Kompression des Brustkorbs zu einem erhöhten Lungeninnendruck führt. In der nun unter Druck stehenden Luft herrscht ein höherer Saustoffpartialdruck. Es wird somit bei erhaltenem Bewußtsein der Sauerstoffvorrat im Blut und den Alveolen weiter ausgeschöpft werden können, als dies unter den normalen Druckverhältnissen an der Wasseroberfläche möglich wäre. Wird dann in der Tiefe ein aufkommender Atemreiz bemerkt und aufgetaucht, sinkt mit dem nachlassenden Umgebungsdruck auch der pO$_2$ im Blut und in den Alveolen. Wird dabei auf Grund der vorausgegangenen Apnoephase der Schwellenwert unterschritten, tritt jetzt (meist kurz unterhalb der Wasseroberfläche) ebenso plötzlich wie beim Schwimmbad-Black-out Bewußtlosigkeit ein.

3.3.4.3 Sonstige sogenannte Black-out-Ursachen

Aber auch beim Tauchen mit einem autonomen Leichttauchgerät kann es zum Black-out kommen.

Es ist allgemein bekannt, daß fast alle Tauchunfälle durch menschliches Versagen verursacht sind. Die psychische Ausgeglichenheit ist deshalb zumindest genauso wichtig wie die körperliche Fitness.

Hinzu kommt, daß nicht zuletzt das Tauchen gerade von psychisch Labilen als Sportart zur Selbstbestätigung gewählt wird.

Wie Untersuchungen zeigen, weisen aber vegetativ Labile ein erhöhtes Atemminutenvolumen auf, das unter Ruhebedingungen fast das Doppelte des Sollwertes betragen kann. Der pCO_2 ist dementsprechend erniedrigt.

Für solche Menschen besteht auch beim Gerätetauchen die Gefahr einer Bewußtlosigkeit unter Wasser infolge eines Hyperventilationssyndroms.

Wegen der herabgesetzten Leistungsfähigkeit und der Neigung zu Panikreaktionen sind derartige Menschen nicht geeignet für den Tauchsport.

Auch im Verlauf einer Stickstoff-Vergiftung (Tiefenrausch) kann schließlich Bewußtlosigkeit eintreten.

Ferner sind diejenigen Menschen vom Tauchen auszuschließen, bei denen es auf Grund von Herz-Kreislauf-Störungen mit Neigung zum Unterdruck (hypotone Kreislaufdysregulationen), auf Grund von cerebralen Krampfanfällen (z.B. Epilepsie) oder auf Grund eines stark schwankenden Blutzuckerstoffwechsels (Diabetes mellitus), um nur einige Krankheiten zu nennen, zu Bewußtlosigkeitszuständen – dann auch unter Wasser – kommen kann.

3.3.5 Ertrinken

3.3.5.1 Definition des Ertrinkens

Unter Ertrinken versteht man im laienhaften Sprachgebrauch den Tod im Wasser schlechthin.

Zwar wird beim Ertrinkungsvorgang auch Wasser geschluckt, aber es handelt sich dabei zunächst um einen Erstickungsvorgang, bei dem durch Eindringen von Wasser ein mechanischer Verschluß der Luftwege erfolgt und damit der Austausch von Kohlendioxid (CO_2) und Sauerstoff (O_2) in den Lungenbläschen verhindert wird. Natürlich ist daher nicht jeder Tod im Wasser ein Ertrinkungstod, auch wenn dies laienhaft immer wieder so bezeichnet wird. Beim Tauchen ist das primäre Ertrinken eine durch seltene unglückliche Umstände bedingte Todesursache, z.B. beim Wrack- bzw. Höhlentauchen oder beim Verstricken in Netzen.

Bei den meisten Tauchunfällen tritt jedoch vor Aufbrauch der Atemluft eine Bewußtlosigkeit ein, der dann ein Ertrinken folgt (sekundäres Ertrinken). Sekundäres Ertrinken findet sich beim Apnoetauchen durch Erschöpfung, Black-out, bei Verletzungen der Halswirbelsäule und des Schädels durch Sprung ins Wasser, bei Tiefenrausch oder Unterkühlung. Der Beweis für ein sekundäres Ertrinken wird meist aus den äußeren Umständen zu ziehen sein, wie z.B. noch gefüllte Tarierflasche, nicht gezogene Reserveschaltung oder nicht leer geatmetes Gerät. Gar nicht so selten kommt es zum Tod beim Schwimmen oder Tauchen, ohne daß Zeichen von Ertrinken oder Einwirkung von Gewalt oder Vergiftung festgestellt werden können.

Dieser als „Wasserschock" bezeichnete Tod hat seine Ursache in einer übermäßig starken Reizung des Vagusnerven –eines der beiden Nerven des unwillkürlichen Nervensystems –, die zum sofortigen Herz- und Atemstillstand führt. Eine solche übermäßig starke Reizung ist z.B. das plötzliche Abkühlen des Körpers beim Sprung ins kalte Wasser bei Schwimmern oder Tauchern ohne Anzug. Begünstigt wird dieser Reflextod durch vorausgegangenen Alkoholgenuß und durch eine allgemein herabgesetzte körperliche Leistungsfähigkeit infolge Übermüdung oder latenter Infekte.

Aber auch beim Gerätetaucher kann ein solcher Vagusreflex zum Tod führen oder eine lebensbedrohliche Situation heraufbeschwören:

— Bei *Trommelfellperforation* kann das eindringende Wasser nicht nur Orientierungsstörungen, sondern ebenfalls einen Reflextod bewirken (Vestibularistod).

— Die *Schleimhaut des Kehlkopfes* ist für Berührungen sehr empfindlich. Hier verläuft ein Ast des Vagusnerven. Beim Verschlucken kann das eingeatmete Wasser einen Stimmritzenkrampf oder sogar einen reflektorischen Herzstillstand hervorrufen.

— *Angstzustände* können bei Menschen mit entsprechender psychischer Labilität durch Beeinflussung des Lungen-Herz-Kreislaufsystems zu einem akuten Versagen führen.

Nicht durch Ertrinken zustande gekommen sind „natürliche" Todesfälle, die sich spontan oder nach stärkerer Belastung auch an Land ereignet hätten; darunter zählen z.B. Herzinfarkt, Asthmaanfall, Herz-Kreislauf-Versagen.

3.3.5.2 Vorgang des Ertrinkens

Das Ertrinken vollzieht sich in drei grob zu unterscheidenden Phasen:

1. *Die Erregungs- oder Abwehrphase*

   Wenn unter Wasser die Luftzufuhr mehr oder minder rasch unterbrochen ist, wird zunächst versucht, so lange wie möglich den Atem anzuhalten. Dies gelingt je nach Trainingszustand 1-2 min, dann reicht wegen des ansteigenden CO_2-Partialdrucks im Blut die Willensanstrengung nicht mehr aus, dem Einatemzwang zu widerstehen. Hat der Taucher bis zu diesem Augenblick die Wasseroberfläche oder eine andere Luftquelle nicht erreicht, wird anstatt Luft Wasser in die Atemwege eindringen. Der Kontakt mit der Kehlkopfschleimhaut führt – wenn nicht zum sofortigen Reflextod oder Stimmritzenkrampf – zu Hustenanfällen und Luftnot. Dabei wiederholt sich jedoch nur das Eindringen von Wasser in die Lungen.

2. *Die Krampfphase*

Nun beginnt ein verzweifelter Kampf gegen das Wasser, der mit heftigen Ein- und Ausatembewegungen des Brustkorbs verbunden ist. Die maximalen Muskelanstrengungen verbrauchen rasch die restlichen Sauerstoffvorräte des Blutes. Der CO_2-Partialdruck steigt weiter an, und schließlich schwindet das Bewußtsein.

3. *Die Lähmungsphase*

In der letzten, sog. Lähmungsphase schwinden alle unwillkürlichen Nervenreaktionen (Reflexe). Die Pupillen erweitern sich. Auch die Atemreflexe fallen aus, so daß keine Atembewegungen mehr stattfinden. Der Herzrhythmus wird unregelmäßig, überdauert aber meistens den Atemstillstand, so daß das Blut diese kurze Zeit im Körper noch zirkuliert.

Soweit betrachtet wäre der Ertrinkungstod identisch dem Erstickungstod an Land. Zusätzlich zu dieser mechanischen Wirkung (Verlegung der äußeren Atemwege) hat das Wasser aber auch noch einen weiteren, ebenfalls negativen biophysikalischen Effekt. Dabei ist entscheidend, ob sich der Ertrinkungstod im Salzwasser oder Süßwasser ereignet.

3.3.5.3 Ertrinken im Süßwasser

Das eingeatmete Süßwasser hat einen niedrigeren osmotischen Druck als die Blutflüssigkeit (Osmose: Stoffübergang zwischen zwei durch eine poröse Scheidewand getrennten Flüssigkeiten). Hierdurch kommt es zu einem Übertritt des Wassers in den Lungenkreislauf und in die roten Blutzellen, die aufquellen bis zur Kugelform und sogar zerplatzen können (Hämolyse). Das Blutvolumen nimmt stark zu. Der aus den hämolytischen roten Blutzellen stammende Kaliumgehalt steigt im Blutserum stark an und führt zum Tod durch Herzkammerflimmern.

3.3.5.4 Ertrinken im Salzwasser

Das eingeatmete Salzwasser hat einen höheren osmotischen Druck als die Blutflüssigkeit, wodurch es zu einem Übertritt von Wasser aus dem Lungenkreislauf in die Lungenalveolen kommt. Das Blutvolumen wird vermindert, in der Lunge entsteht ein Lungenödem, das durch Verlegung der Atemfläche zum Tod durch Ersticken führt.

An erster Stelle steht auf jeden Fall die Wiederversorgung des Organismus mit Sauerstoff, d.h. Freimachen der Atemwege und Beatmen, wenn der Atemreflex bereits ausgesetzt hat; außerdem Kontrolle der Herzfunktion. Bei Herzstillstand sofort mit der externen Herzmassage beginnen, in Kombination mit künstlicher Beatmung (siehe 3.4.3).

Das in die Lungen eingedrungene Wasser zu entfernen, gelingt ohne spezielle Hilfsmittel (Absaugegerät) nicht und ist somit nur verlorener Zeit- und Kräfteaufwand.

Reine Sauerstoffbeatmung kann auch vom Ersthelfer durchgeführt werden. Weitere Maßnahmen sind medizinischem Fachpersonal vorbehalten.

Bedenken sollte man immer, daß es schon gelungen ist, „Ertrunkene", die über 45 min im kalten Schwimmingpool lagen, zu reanimieren.

3.3.6 Temperatureinwirkungen

3.3.6.1 Allgemeine physiologische Grundlagen

Beim Menschen ist die Körpertemperatur eine geregelte Größe, die langfristig durch ein ausgeglichenes Verhältnis von Wärmeproduktion und Wärmeabgabe konstant gehalten wird.
Bei Tauchern kommt es in unseren Breiten seltener zu Hitzeschäden als zu Unterkühlungen. Die Körperkerntemperatur beträgt beim Menschen altersabhängig im Durchschnitt 37 °C, zeigt aber periodische Tagesschwankungen. So sinkt die Kerntemperatur während der Nacht und am frühen Morgen auf Werte um 36,8 °C ab und steigt gegen Mittag und Nachmittag auf Werte um 37,4 °C wieder an.

Unabhängig von dieser Regelung wirken eine Vielzahl von Faktoren auf die normale Körpertemperatur ein (Umgebungstemperatur, Luftbewegung, Luftfeuchtigkeit, Wärmeleitfähigkeit des Umgebungsmediums, Muskelarbeit, Schwangerschaft usw.), so daß Regulationsmechanismen für die Konstanterhaltung der Körpertemperatur in dem nur sehr schmalen physiologischen Temperaturband erforderlich werden.

Die Wärmebildung erfolgt in Ruhe zum überwiegenden Teil im Körperkern (etwa zu 70 %), der restliche Anteil wird in der Skelettmuskulatur und in der Haut gebildet.

3.3.6.2 Kälteeinflüsse (Hypothermie)

Die Widerstandsfähigkeit des menschlichen Organismus gegen Kälte ist fast doppelt so groß wie gegen Hitze.

Allgemeine Kältewirkungen

Die aktive Kälteabwehr beginnt dann, wenn die Thermorezeptoren der Haut (Nervenendigungen zur Registrierung von Hitze und Kälte) ein Temperaturgefälle an der Körperoberfläche an das Wärmezentrum im Gehirn weitermelden, das dazu führen könnte, daß die Kerntemperatur unter den Sollwert absinkt.

Im Wasser herrscht schon in wenigen Metern Tiefe eine deutlich geringere Temperatur als an der Wasseroberfäche, so daß es schnell zu einer Unterkühlung des Tauchers kommen kann (siehe 2.7).

Beim Aufenthalt eines unbekleideten Menschen in Luft von + 1 °C beträgt seine Rektaltemperatur nach 4 Stunden noch 36 °C. Im Wasser von + 1 °C dagegen sinkt die Temperatur schon nach einer Stunde auf 25 °C ab. Um eine entsprechende Temperatursenkung auf 25 °C zu erreichen, muß sich ein Mensch schon 14 Stunden in einer Lufttemperatur von −6 °C aufhalten.

Bei einem Aufenthalt im Wasser von + 21 °C wird dem Menschen jedoch 4 bis 5 mal soviel Wärme entzogen wie in Luft. Da aber eine Steigerung der Stoffwechselvorgänge über das 4 bis 5fache nicht möglich ist, müssen Wassertemperaturen unterhalb 21 °C zum Absinken der Kerntemperatur führen.

	Verweil- dauer	Rektal- temperatur
Lufttemperatur + 1 °C	4 h	36 °C
Wassertemperatur + 1 °C	1 h	25 °C
Lufttemperatur − 6 °C	14 h	25 °C

Die allgemeine Unterkühlung des Körpers läßt sich klinisch in drei Phasen einteilen:

1. Phase: Absinken der Rektaltemperatur bis auf 34 °C
- Abwehrmaßnahmen, wie z.B. Drosselung der Hautdurchblutung, Kältezittern,
- Schmerzen in den Extremitäten,
- Angstgefühle, Streßsituation (erhöher Luftverbrauch),
- beschleunigter Stoffwechsel,
- Blutdruckerhöhung und Steigerung der Pulsfrequenz.

2. Phase: Absinken der Rektaltemperatur auf 33 bis 27 °C
- Aufhören des Muskelzitterns, beginnende Muskelstarre mit Lähmungen,
- Nachlassen der Schmerzempfindung und Wahrnehmungsfähigkeit,
- Absinken der Pulsfrequenz,
- Auftreten von Herzrhythmusstörungen,
- Erschwerte Atmung.

3. Phase: Absinken der Rektaltemperatur auf 31-22 °C
- Komplette Lähmungsphase,
- Tod durch Herzkreislaufversagen und Atemstillstand.

Generell ist zu bedenken, daß bei unterkühlten Tauchern die Entsättigung der Gewebe von Stickstoff infolge der verminderten Durchblutung verzögert ist (siehe Abschnitt 2.5.5), so daß trotz Einhaltens der Werte aus der Austauchtabelle ein stärkeres Risiko für die Dekompressionskrankheit vorliegt.

Therapie der allgemeinen Kälteschäden
- Ausschaltung der Kältewirkung (Wasser verlassen, Transport in wärmere Umgebung, evtl. nasse Kleidung entfernen),
- Wärmezufuhr (Decken, warme Vollbäder mit ansteigender Temperatur, Zufuhr von warmen, gezuckerten Getränken, jedoch kein Alkohol), (Reiben, Frottieren und Massieren der Haut muß wegen Verletzungsgefahr des schon thermisch geschädigten Gewebes unterbleiben),
- Reanimationsversuche bei Schäden der 3. Phase, Sauerstoffatmung 100%,
- nach Erstversorgung Weiterleitung in ärztliche Behandlung; wichtig: vorsichtiger Transport.

Vorbeugung

- Ausreichender Kälteschutz durch Tauchanzug (siehe Abschnitt 5.5),
- Abbruch des Tauchgangs bei Auftreten von Kältegefühl und Muskelzittern,
- betontes Schwimmen kann auch in kaltem Wasser die Wärmebildung vorübergehend fördern.

3.3.6.3 Lokale Auswirkungen der Kälte (Erfrierung)

Mit der allgemeinen Hypothermie geht oft die Erfrierung einher. Kälte kann sich mit erschreckender Geschwindigkeit örtlich auswirken. Schon Wassertemperaturen von + 15 bis + 10 °C können bei längerem Aufenthalt Erfrierungen der Finger und Zehen hervorrufen (sog. „Naßerfrierung").

Erfrierung ersten Grades

Um die Betriebstemperaturen der lebenswichtigen inneren Organe aufrecht zu erhalten, drosselt der Körper die Durchblutung in der Haut und den Gliedmaßen. Als Folge kommt es zu Blässe der Extremitäten. Die anfangs noch bestehenden Schmerzen lassen in der Folgezeit nach und machen einer Gefühllosigkeit (Kälteanästhesie) Platz.

Erfrierung zweiten Grades

Dauert die Kälteeinwirkung über dieses erste Stadium der Erfrierung weiter an, kommt es zu einer blau-violetten Ödematisierung der Glieder und Blasenbildung in der Haut. In dem zweiten Stadium ist jedoch noch ein Erhalt z.B. der Finger durch Wiedererwärmung möglich.

Erfrierung dritten Grades

Bei dem sich anschließenden dritten Grad der Erfrierung bleibt auch nach der Wiedererwärmung der Gefäßkrampf (Spasmus) bestehen, und es kann auf Grund des lange andauernden Sauerstoffmangels zum Absterben der Zellen aller Schichten – also auch der Knochen – kommen.

Therapie der Erfrierung

- gut gepolsterte, locker sitzende, trockene Verbände als wichtigste Maßnahme,
- kein schnelles Wiederaufwärmen mit heißen Bädern, kein Reiben und Massieren der erfrorenen Glieder, da es durch plötzlichen Einstrom des kalten Bluts aus der Peripherie zum sog. Bergungstod kommen kann,
- nach Erstversorgung Weiterleitung in ärztliche Behandlung.

- guter Kälteschutz,
- bei aufgetretener Beschädigung des Kälteschutzes Tauchgang abbrechen.

3.3.6.4 Hitzeeinwirkung (Hyperthermie)

Solange Wärmeentstehung und Wärmeabgabe gleich groß sind, tritt keine Änderung der Körpertemperatur ein.

Ist die Wärmeproduktion jedoch größer als die Wärmeabgabe, so muß die Körpertemperatur ansteigen. Bei erhöhten Temperaturen laufen Stoffwechselvorgänge schneller ab. Die gestörte Wärmeabgabe führt also zu höheren Temperaturen, diese wiederum zu schnelleren Verbrennungsvorgängen und damit zu einer zusätzlichen Wärmeentwicklung. Dieser Prozeß kann nur durchbrochen werden, wenn es gelingt, die Wärmeabgabe zu steigern bzw. zu normalisieren.

Unter normalen Bedingungen wird die im Körper entstehende Wärme durch den Blutkreislauf an die Körperoberfläche weitergeleitet und über die Haut an die Umgebung durch direkte Weiterleitung (Konduktion), Strömung in die Umgebung (Konvektion) und Strahlung abgegeben (siehe 2.7). Neben dieser physikalischen Wärmeregulation besteht die physiologische Möglichkeit, durch Schwitzen und Verdunsten des Schweißes der Körperoberfäche Wärme zu entziehen. Ein Temperaturausgleich zwischen zwei ungleich warmen Körpern kann jedoch nur von der höheren Temperatur zur niederen Temperatur erfolgen.

Dies bedeutet, daß die Wärmeabgabe durch Konduktion aufgehoben ist, wenn das Umgebungsmedium (Luft oder Wasser) wärmer als 37 °C ist. Ebenso kann die Wärmeabgabe gestört sein, wenn das nur gering kühlere Umgebungsmedium in Ruhe ist, so daß keine Konvektion erfolgt. Ferner ist auch die Möglichkeit der Wärmeabgabe durch Strahlung blockiert, wenn dem menschlichen Körper durch Wärmestrahlung der Sonne, des Erdbodens oder auch von Häuserwänden oder Felsen mehr Wärme zugestrahlt wird, als er auf Grund seiner Hauttemperatur abstrahlen kann.

Unter Hitzebedingungen bleibt also die Verdunstung das wichtigste Mittel zur Konstanterhaltung der Körpertemperatur. Bei hoher Luftfeuchtigkeit kann diese Möglichkeit jedoch entfallen. Die Belastung für den Organismus ist also nicht nur von der Temperatur, sondern auch in wesentlichem Maße von der Luftfeuchtigkeit abhängig. Die Temperatur von 100 °C bei einer Luftfeuchtigkeit von 5 % ist z.B. für den Organismus genauso belastend wie eine

Temperatur von 45 °C bei einer Luftfeuchtigkeit von 95 %. Die Unverträglichkeit des Tropenklimas wird also nicht allein von den erhöhten Umgebungstemperaturen, sondern auch von der Luftfeuchtigkeit mitbestimmt. Die meisten Hitzeschäden treten auf, wenn ungünstige Umweltbedingungen mit einer gesteigerten Wärmeproduktion, z.B. durch körperliche Arbeit, kombiniert sind.

ÜBERWÄRMUNG	
(Hyperthermie)	
MÖGLICHKEITEN DER WÄRMEABGABE	STÖRUNGEN DER WÄRMEABGABE
Strahlung	wenn die Thermostrahlung aus der Umgebung (Sonne, Erdboden, Hauswände) größer ist als die Abstrahlung der Haut.
Konduktion	wenn das Umgebungsmedium (Luft, Wasser) gleich oder wärmer 37°C ist.
Konvektion	wenn das nur gering kühlere Umgebungsmedium nicht in Bewegung ist.
Schwitzen	wenn das Umgebungsmedium (Luft) mit Wasserdampf gesättigt ist. wenn die Schweißproduktion aufhört.

3.3.6.5 Hitzeschäden im einzelnen

Hitzekrämpfe

Die Ursache ist ein hoher Flüssigkeits- und Salzverlust durch starkes Schwitzen. Durch den Salzverlust, vor allem Kochsalz, wird der Mechanismus der Muskelkontraktion bzw. -erregbarkeit beeinflußt.

Symptome

— Muskelzuckungen, später Muskelkrämpfe,
— evtl. Bewußtlosigkeit.

Therapie

— Ausgleich des Flüssigkeitsdefizits und Ersatz des Salzverlustes durch Zufuhr von Kochsalzlösung (1 Teelöffel Kochsalz auf 1 Glas Wasser),
— Lagerung in kühler Umgebung,
— bei Bewußtlosigkeit stabile Seitenlage,
— nach Erstversorgung ärztliche Behandlung.

Vorbeugung

Bei starker körperlicher Belastung und hohen Temperaturen frühzeitiger Ersatz von Flüssigkeit und Salzen.

Hitzekollaps

Ursache ist ein akuter Blutdruckabfall mit kurzfristiger Bewußtlosigkeit durch Verlagerung des Blutvolumens in das Randgebiet des Körpers, denn der Körper versucht über die weitgestellten Hautgefäße Wärme abzugeben. Dadurch kommt es zu einer Mangeldurchblutung des Gehirns.

Symptome

— prallgefüllte Hautgefäße, wodurch die Haut gerötet und schweißbedeckt ist,
— subjektiv Schwindel, Sehstörung, Ohrensausen, Puls- und Atembeschleunigung,
— Kreislaufversagen (Kollapszustand).

Therapie

— Lagerung in kühler Umgebung, evtl. Kühlung der Haut,
— Kreislaufstabilisierende Maßnahmen (Flüssigkeitszufuhr, Schocklagerung),
— ärztliche Behandlung.

Vorbeugung

— keine übermäßigen körperlichen Anstrengungen bei hohen Temperaturen,
— Vermeidung langdauernder Hitzeeinwirkung.

Hitzschlag

Die Voraussetzung für einen Hitzschlag ist eine Verhinderung der Wärmeabgabe, z.B. durch den Tauchanzug bei großer Wärmezufuhr von außen und Wärmeproduktion durch Arbeit. Auch hohe Luftfeuchtigkeit kann maßgeblich sein.

Symptome

— subjektiv Kopfschmerzen, Schwindel, Schwäche, Übelkeit, Erbrechen,
— Aufhören der Schweißsekretion und dadurch rascher Anstieg der Körpertemperatur bis auf 43 °C,
— Bewußtseinstrübung und Bewußtlosigkeit,
— Schocksymptomatik (siehe Abschnitt 3.3.7),
— Tod durch Herz-Kreislaufversagen.

Therapie

— kühle Umgebung und Kühlung der Extremitäten und Nackenregion (kühlende Umschläge),
— bei Bewußtlosigkeit stabile Seitenlage,
— sofortiger Transport ins Krankenhaus (ärztl. Behandlung).

Vorbeugung

— richtige Kleidung, die Schweißverdunstung ermöglicht,
— keine langen Fußwege in voller Tauchausrüstung, bei hohen Temperaturen den Tauchanzug evtl. erst unmittelbar vor dem Tauchgang anziehen.

Sonnenstich

Die Ursache ist eine intensive, direkte Sonnenbestrahlung des Schädels, wobei das Gehirn durch die Infrarotstrahlen geschädigt wird (Hirnödem).

Symptome

— Schwindel, Kopfschmerz, Sehstörung als subjektive Zeichen,
— Fieber, Erbrechen, Benommenheit,
— Bewußtlosigkeit, Atemlähmung und Herz-Kreislauf-Versagen.

Therapie

— Lagerung im Schatten, Kühlung des Kopfes,
— Sauerstoffgabe,
— evtl. Reanimation.

Vorbeugung

— Tragen einer Kopfbedeckung,
— Vermeidung längerer, stärkerer Sonnenbestrahlung.

3.3.7 Schock

Das Wort Schock stammt aus dem englischen Sprachbereich und bedeutet eine plötzliche körperliche oder seelische Erschütterung.
Im medizinischen Sinn versteht man darunter ein Mißverhältnis zwischen Sauerstoffangebot und Sauerstoffbedarf in den lebenswichtigen Organen, bedingt durch eine fehlerhafte Volumenverteilung.
Entscheidend für die Sauerstoffversorgung der einzelnen Zellen des menschlichen Organismus ist die kapillare Durchblutung der einzelnen Gewebe. Diese kapillare Durchblutung ist – mit Einschränkungen – von der Größe des Herzminutenvolumens abhängig.

3.3.7.1 Schockformen

Je nach auslösender Ursache unterscheidet man:

Volumenmangelschock

Ausgelöst wird diese Schockform durch Verminderung des Blutvolumens im Gefäßsystem infolge einer Blutung nach außen (z.B. durch Verletzung eines großen Gefäßes) oder nach innen (z.B. Blutung in die Brusthöhle oder in die Bauchhöhle).

128

Ferner kann ein Volumenmangelschock durch starken Flüssigkeitsverlust bei Durchfall, Erbrechen, starkem Schwitzen, nach Verbrennungen und infolge einer Ödementwicklung bei der Dekompressionskrankheit eintreten.

Septischer Schock

Bei bakteriellen Infektionen können rasch große Mengen von Bakteriengiften in die Blutbahn eingeschwemmt werden und durch vielfältige Störungen, z.B. an der Muskulatur des Herzens, an der Gefäßwand, an den Erythrozyten und an den Gehirnzellen zu einem Schockbild führen.

Überempfindlichkeitsschock (Allergischer Schock)

Diese Schockform ist Folge einer allergischen Reaktion bei Überempfindlichkeit gegen Fremdeiweiß, aber auch gegen andere chemische Verbindungen. Ein solcher allergischer Schock könnte bei entsprechend veranlagten (sensibilisierten) Menschen auch nach Kontakt mit Gifttieren provoziert werden.

Herzschock (Kardiogener Schock)

Diese Schockform ist charakterisiert durch eine plötzliche Herzleistungsschwäche auf Grund einer Entzündung des Herzmuskels, eines Herzinfarkts, einer Gas- oder Fettembolie in den Herzkranzgefäßen nach Lungenüberdruckunfall oder Dekompressionskrankheit.

Neurogener Schock

Hierbei handelt es sich um ein Zusammenbrechen des Kreislaufs als Folge einer Schädelhirnverletzung oder auf Grund von Giftwirkung an den Nerven der Blutgefäße oder des Gehirns.

Drüsenschock (Endokriner Schock)

Diese Schockform entwickelt sich aus einer Stoffwechselentgleisung, tritt aber in fast allen Fällen nur bei Menschen auf, die an einer Stoffwechselstörung leiden; z.B. Zuckerkrankheit, die unter bestimmten Bedingungen dann zu einer Unter- oder Überzuckerung führt.
In seltenen Ausnahmen kann eine extreme psychische Belastung (Todesangst) eine übermäßige Freisetzung von Adrenalin verursachen, so daß dieses Hormon dann über eine plötzliche Blutdrucksteigerung, Kammerflimmern und Atemstörung einen Schock auslösen kann.

3.3.7.2 Auswirkungen des Schocks

Die Auswirkungen des Schocks sind bedingt durch zwei Faktoren: Einmal durch die Störung der Zirkulation in den kleinsten Gefäßen (Mikrozirkulation) und zum anderen durch die anaerobe Stoffwechselsituation.

Die Störung der Mikrozirkulation ruft eine Blutgerinnungsstörung hervor. Andererseits entsteht eine Drosselung der Blutzufuhr in das Kapillargebiet, wodurch das Stauerstoffangebot an die Zellen drastisch herabgesetzt wird. Es kommt neben Schädigung des auf O_2-Mangel am schnellsten reagierenden Organs, des Gehirns, zu Schäden in den stoffwechselaktiven Organen wie Leber, Niere und Herz.

3.3.7.3 Symptome und Therapie

Symptome

— Blutdruckabfall (insbesondere des systolischen Blutdrucks),
— positive „Fingernagelprobe"
  (Die bei Druck auf einen Fingernagel entstehende Blutleere bleibt bei Nachlassen des Druckes bestehen),
— schneller, schwacher Puls,
— blasse, bläuliche Haut,
— kalter Schweiß,
— Atemfrequenzsteigerung infolge von O_2-Mangel, die sich bis zu einer Schnappatmung steigern kann,
— innere Unruhe und Bewußtseinstrübung,
— verminderte bis fehlende Urinausscheidung.

Therapie

— Schocklagerung (bei flacher Oberkörperlage Hochlagerung der Beine ca. 45°). Eine zu steile Position der Beine muß jedoch vermieden werden, da sonst durch Verlagerung der Eingeweide eine Beeinträchtigung der Atmung erfolgen kann,
— Sauerstoffgabe,
— gezielte Ursachenbekämpfung, z.B. Blutstillen bei Verletzung eines großen Gefäßes,
— Schutz vor Unterkühlung bzw. Überwärmung,
— Arzt verständigen und Transport ins Krankenhaus veranlassen,
— Flüssigkeitszufuhr (nur als Infusion),
— der Blutgerinnungsstörung vorbeugen.

3.4 Erste Hilfe

3.4.1 Erste Hilfe bei Blutungen

Nach Verletzung eines Blutgefäßes durch eine spitze oder stumpfe Gewalteinwirkung kommt es zum Blutaustritt, entweder in Form eines Spritzens aus der Wunde (äußere Blutung) oder durch Einblutung in das umgebende Gewebe (Bluterguß) oder in eine der Körperhöhlen des Brust- oder Bauchraumes (innere Blutung). In jedem Fall folgt aus einem Blutverlust eine Minderversorgung einzelner Körperzellen, da der lebensnotwendige Sauerstoff nicht in der erforderlichen Menge transportiert werden kann.

Für den Laien ist eine Blutstillung jedoch nur von äußeren Wunden möglich. Die Art der Blutstillung ist abhängig von der Stärke der Blutung: tropfend – fließend – spritzend.

Abdrücken

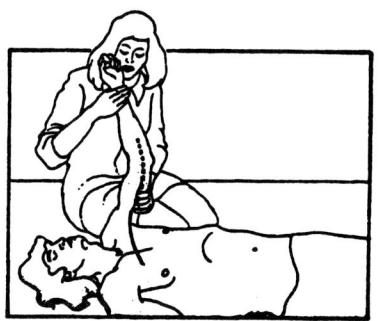 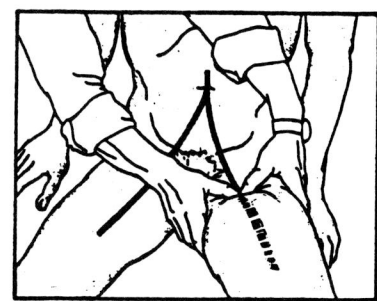

3.4.1.1 Tropfende Blutung

In jedem Fall sollte versucht werden, die verletzte Stelle hoch zu halten, womit in vielen Fällen eine leichte (tropfende) Blutung zum Stehen kommt, anschließend wird ein Wundverband angelegt.

3.4.1.2 Fließende Blutung

Wenn das Hochlagern und das Anlegen des Wundverbandes nicht ausreichen oder es sich von vornherein um eine stärkere (fließende) Blutung handelt, ist ein Druckverband anzulegen. Dazu wird auf die sterile Wundauflage ein ausreichend großes Druckpolster z.B. ein geschlossenes Verbandspäckchen aufgelegt und dann mit einer Binde unter mäßigem Zug auf die Wunde fixiert.

Druckverband

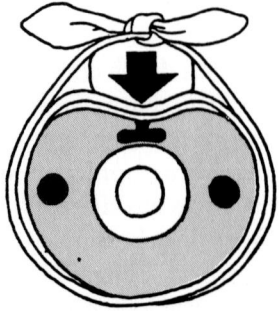

Auch bei Großamputation (Hand, Arm, Fuß) zuerst Druckverband und Hochlagern.

Nur bei Erfolglosigkeit dieser Maßnahmen
und Lebensgefahr darf kurz oberhalb der
Amputationsstelle abgebunden werden.

Erste Hilfe bei Blutungen

Druckverbände dürfen überall dort angelegt werden, wo es die Körperform
zuläßt. Zu vermeiden ist bei der Fixierung des Druckpolsters, daß dieses über
der Wundauflage verrutscht und dann nicht direkt auf die Wunde drückt.
Ebenso ist eine zu straffe Wickelung zu vermeiden, damit keine Stauung
erfolgt. Zusätzlich sollte der verletzte Körperteil möglichst hoch gelagert werden.
Falls möglich, kann auch mit den Fingern oder der Faust eine sterile Wundauflage auf die Wunde gedrückt werden. Beim Abdrücken am Oberarm wird die
Oberarmmuskulatur mit vier Fingern so umfaßt, daß die Fingerspitzen auf der
Innenseite des Arms in der Muskellücke zwischen Beuge- und Streckmuskula-
tur die Arterie gegen den Oberarmknochen drücken.
Beim Abdrücken am Oberschenkel kniet der Helfer neben dem Verletzten.
Mit beiden Händen wird der Oberschenkel umfaßt und mit beiden Daumen
in der Leistenbeuge die Arterie gegen den darunterliegenden Knochen abge-
drückt.

132

3.4.1.3   Spritzende Blutung

Auch bei Amputationen von Arm, Hand oder Fuß sollte zuerst versucht werden, durch einen Druckverband die Blutung zum Stehen zu bringen.

Nur wenn dieses Verfahren nicht anwendbar und eine rasche Versorgung des Verletzten in einem Krankenhaus nicht möglich ist, darf kurz oberhalb der Amputationsstelle abgebunden werden. Das Abbinden sollte praktisch nie vorkommen, da erhebliche Gefahren für den Verletzten damit verbunden sind und dadurch die chirurgischen Rehabilitationsmaßnahmen erschwert werden. Nur

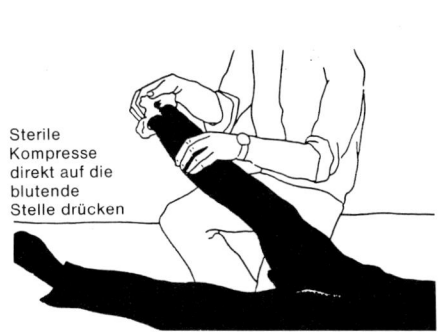

Abdrücken

Sterile Kompresse direkt auf die blutende Stelle drücken

in Ausnahmefällen kann das Abbinden als äußerste Notmaßnahme angewandt werden.

3.4.2   Rettungsgriffe und Lagerung

3.4.2.1   Rautek-Bergegriff

Für die Bergung eines bewußtlosen Tauchers an das Ufer kommt der Rautek-Bergegriff zur Anwendung.

Der Helfer stellt sich mit leicht gespreizten Beinen an den Kopf des Verunfallten ①, er beugt sich zum Verletzten herunter und faßt mit den ausgestreckten Händen den Nacken und den Hinterkopf und richtet den Betroffenen mit leichtem Schwung so auf, daß er in eine sitzende Stellung kommt, wobei der Oberkörper leicht nach vorn geneigt ist.
Der Helfer verändert in dieser Phase zunächst nicht die Stellung seiner Füße, seine Hände gleiten vom Nacken auf die Schultergegend des Verletzten, wodurch die erreichte sitzende Stellung fixiert wird ②.
Der Helfer tritt nun dicht an den Körper des Verunfallten heran, beide Füße stehen parallel zueinander, mit den Knien wird der Körper des Verunfallten so abgestützt, daß die Stellung des Oberkörpers erhalten bleibt. Der Helfer schiebt jetzt seine beiden ausgestreckten Arme unter den Achselhöhlen des Verletzten hindurch, legt einen der Unterarme des Verletzten quer zum Oberkörper und ergreift diesen Unterarm mit dem „Affengriff", d.h. Finger und Daumen umgreifen von vorn den Unterarm ③, ④.

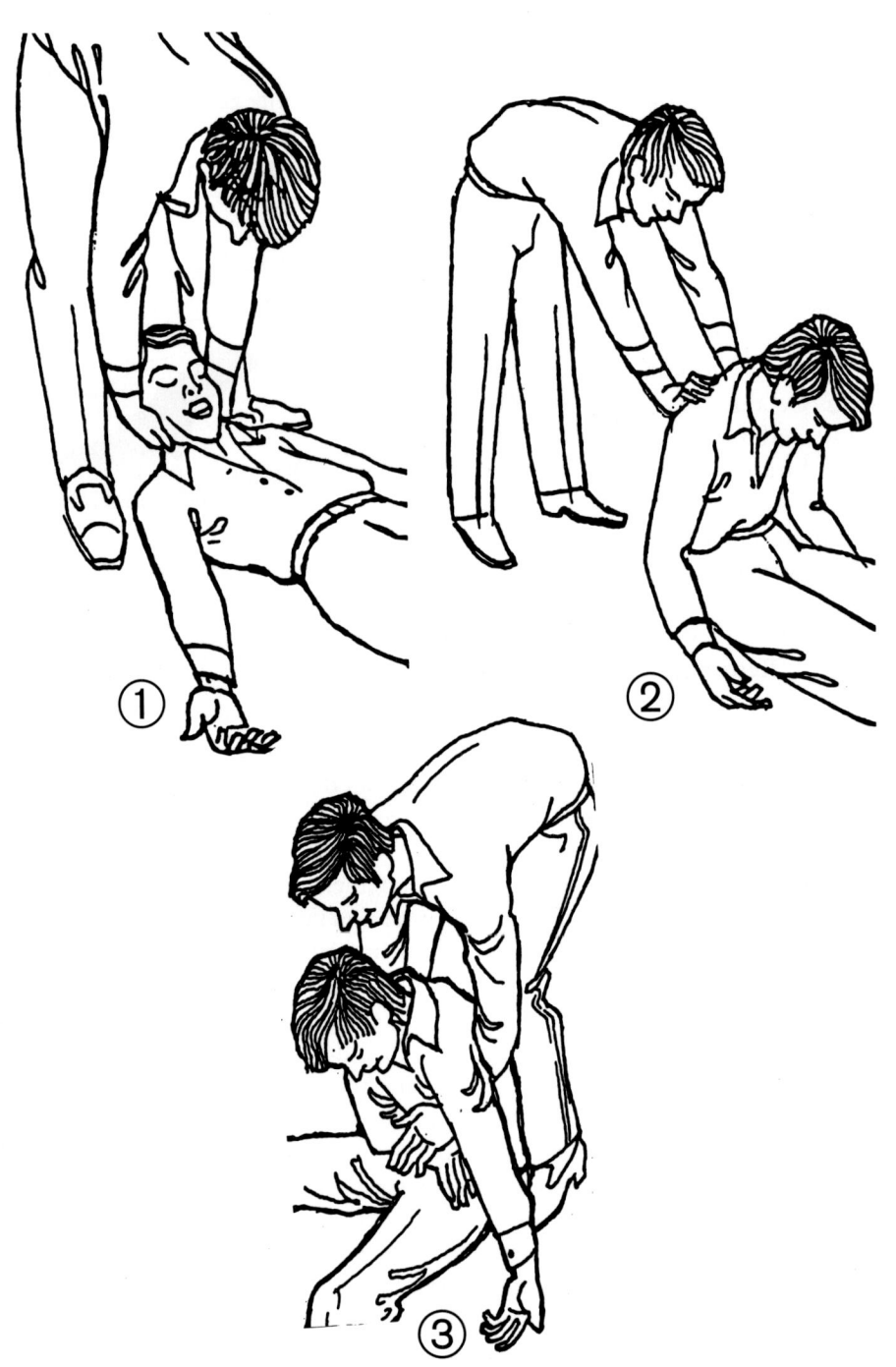

Der Helfer richtet sich in der Wirbelsäule auf, die Knie bleiben gebeugt, er verlagert sein Körpergewicht nach hinten und zieht dabei den Verunfallten mit gestreckten Armen auf seine Oberschenkel. Mit kleinen Schritten geht er rückwärts und zieht den Verunfallten z.B. an Land ⑤.

3.4.2.2 Rautek-Schultertragegriff

Während mit dem Rautek-Bergegriff ein Verunfallter nur aus dem direkten Gefahrenbereich gebracht werden sollte, ist mit dem Schultertragegriff der Transport eines Verletzten über eine längere Strecke möglich. Auch das Bergen eines verletzten Tauchers aus dem Wasser ist auf diese Weise durchführbar.

Die Beine des Verunglückten werden überkreuzt auf eine erhöhte Unterlage (Kiste) gelegt. Dann tritt der Helfer hinter den Verunfallten und fixiert ihn im Rautek-Bergegriff. Der Helfer darf den Verunfallten jedoch nicht fest an sich drücken, sondern muß ihn vielmehr frei pendeln lassen. Durch mehrfaches Seitpendeln wird dann der Verunfallte mit Schwung auf eine erhöhte Unterlage gesetzt. Der Helfer stellt sich nun mit gespreizten Beinen vor den sitzenden Verunfallten und greift mit der einen Hand das Handgelenk, beugt seinen Oberkörper zum Verletzten, zieht den gefaßten Arm dabei über die Schulter, faßt mit dem anderen Arm um die Kniekehlen des Verunfallten herum und zieht ihn mit dem Oberkörper über die Schulter. Dabei muß der Verunfallte etwa in Hüfthöhe auf der Schulter des Helfers liegen, damit die Körperlast gleichmäßig verteilt ist und vor allem der Magen des Verunfallten nicht gedrückt wird. Danach richtet sich der Helfer auf, indem er sich mit der freien Hand auf dem eigenen Oberschenkel abstützt.

Bei großen und schweren Verunfallten umgreift der Helfer nicht beide Beine, sondern faßt nur einen Oberschenkel zwischen den Beinen hindurch. Der Verunfallte liegt dann auf beiden Schultern des Helfers und sein Gewicht verteilt sich gleichmäßiger.

3.4.2.3 Stabile Seitenlage

Der Helfer tritt seitlich an den Bewußtlosen heran, hebt das Becken in Höhe des Hüftgelenks an und führt die Hand des gestreckten und ihm zugewandten Armes unter das Gesäß. Die Handfläche ist dabei der Unterlage zugewandt ①. Das Bein der gleichen Seite wird im Knie und Hüftgelenk gebeugt, die Ferse soweit wie möglich dem Gesäß des Verunfallten genähert ②.

Diese Ausgangssituation ist für die Stabilität der Seitenlage von entscheidender Bedeutung.

Der Helfer ergreift die Kleidungsstücke des Verletzten im Bereich der Schulter und Hüftpartie der gegenüberliegenden Seite und zieht ihn mit leichtem Schwung zu sich herüber. Er fängt ihn dabei mit seinen Unterschenkeln ab, und der Verunfallte erreicht damit bereits die Seitenlagerung ③.

Stabilisiert wird diese Lagerung durch eine leichte Abwinklung des unten liegenden Armes ④. Der Kopf soll im Nacken überstreckt werden, das Gesicht der Unterlage zugewandt sein (Erbrochenes fließt heraus, Einatmung – Aspiration – von Blut und Sekret ist nicht möglich) ⑤.

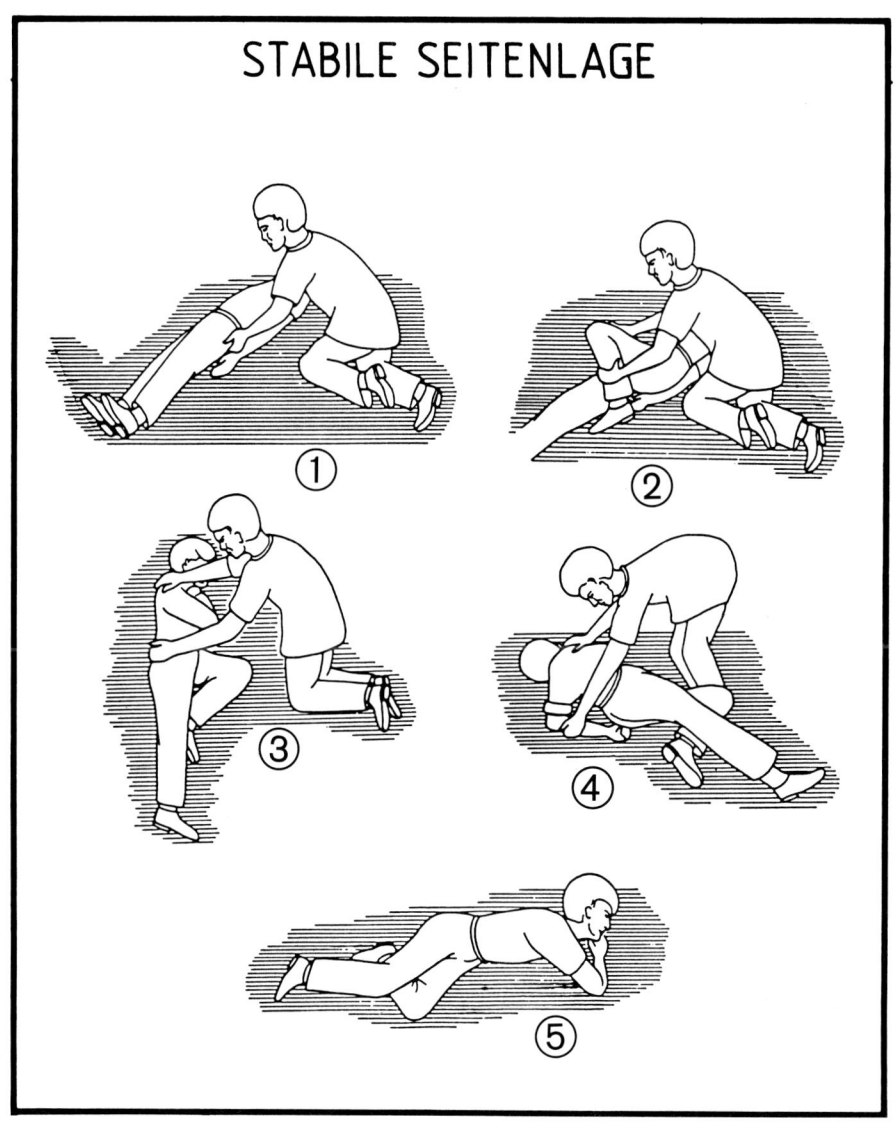

STABILE SEITENLAGE

3.4.3   Herz-Lungen-Wiederbelebung

3.4.3.1   Geschichtliches

Die Geschichte der Herz-Lungen-Wiederbelebung (HLW) reicht nach Überlieferungen bis zum Jahre 3000 v. Chr. zurück, als Hebammen die Atemspende bei Neugeborenen mit Atemstillstand angewendet haben. Um 900 v. Chr. berichtete der Prophet Elisa in der Bibel über die erfolgreiche Reanimation eines Jungen. Erst wesentlich später übermittelte der aus Brüssel stammende Anatom Vesalius (1514-1564) auf Grund von Tierversuchen die wesentlichen Erkenntnisse der vitalen Funktionen, insbesondere das Zusammenspiel der Atmungs- und Kreislauffunktion. Seit ca. 1960 wissen wir, daß die heute praktizierte direkte Atemspende allen manuellen Beatmungsmethoden, so z.B. der von 1858-1960 gültigen, aus England stammenden Methode nach Sylvester, weit überlegen ist. Über Techniken der Herzmassage wurde auf Grund von Tierversuchen 1874 erstmals berichtet. 1901 überlebte der erste Patient nach direkter manueller Herzmassage.

Die heute geltende Methode der HLW ist so einfach, daß sie leicht von medizinischen Laien erlernt und praktiziert werden kann. Wenn in den letzten Jahren auch unterschiedliche Praktiken beschrieben wurden, so richten wir uns heute nach den Richtlinien der American Heart Association, die 1985 zur Durchführung der kardiopulmonalen Reanimation neu bearbeitet wurden (1) und auch in einer deutschen Übersetzung erschienen sind (2).

3.4.3.2   Wann ist die HLW durchzuführen?

HLW ist bei plötzlichem Herz- und/oder Atemstillstand durchzuführen. Der plötzliche Herzstillstand, meist Folge einer Erkrankung der Herzkranzgefäße, ist die häufigste Todesursache. Bei primärem Atemstillstand kann das Herz noch wenige Minuten schlagen und das Gehirn aus den Sauerstoffreserven der Lunge versorgen. Durch frühzeitiges Eingreifen des Ersthelfers kann der folgende Herzstillstand verhindert werden. Auch bei vielen Tauchunfällen führen der Herz- und Atemstillstand unmittelbar zum Tode. Diese Todesfälle könnten verhindert werden, wenn...

- die HLW unverzüglich von einem erfahrenen Helfer durchgeführt wird, denn die Überlebenschancen sinken bei zu spätem Beginn der Maßnahme,

- die notfallmedizinische Behandlung schnell einsetzt, damit die Herz- und Atemfunktion des Verletzten wiederhergestellt werden.

Für den aktiven Sporttaucher ist es daher eine Selbstverständlichkeit, die lebensrettenden Sofortmaßnahmen durch Übungen am Wiederbelebungs- modell zu beherrschen, damit es nicht zu spät ist, wenn Rettungswagen und Notarzt am Unfallort erscheinen.

3.4.3.3 Wie ist die HLW durchzuführen? (3)

Neuerdings wird für Laien primär die Ein-Helfer-Methode empfohlen, da die Zwei-Helfer-Methode wegen Verwirrung und mangelhafter Kooperation bei- der Helfer oft erfolglos gewesen ist. Ein Zweiter Helfer kann nützlich sein, um für Hilfe zu sorgen bzw. die Rettungskette einzuleiten. Die Zwei-Helfer- Methode ist nicht so erschöpfend, sie ist jedoch dem ausgebildeten Rettungs- personal und „Gehobenen Laien" vorbehalten. Zu den Letzteren zähle ich auch unsere Übungsleiter und Tauchlehrer, die im Rahmen ihrer Ausbildung auf allen Ausbildungsstufen Gelegenheit haben, beide Methoden zu lernen und zu beherrschen.

Grundsätzlich ist bei der HLW streng nach der ABC-Regel zu verfahren (Abb. 2):

A: ATEMWEGE freimachen, Kopf überstrecken durch Anheben des Kinns, notfalls Esmarch-Handgriff und Fingerkehrer

B: BEATMEN, wenn Spontanatmung fehlt. Lunge 2 x beatmen (Mund zu Mund oder Mund zu Nase). Beatmungshilfen: Guedel-Tubus, Maske oder Beatmungsbeutel. Kreislaufbeurteilung: Carotispuls

Bei Pulslosigkeit:

C: CIRCULATION
Ein-Helfer-Methode:
2 x Atemspende, 15 x Herzdruckmassage (2 : 15)

Zwei-Helfer-Methode:
1 x Atemspende, 5 x Herzdruckmassage (1 : 5)
Frequenz der Herzdruckmassagen: 80-100/min.

Ein-Helfer-Methode

A: Atemwege

- Beurteilung: Überzeuge Dich von der Reaktionslosigkeit des Verletzten durch Ansprechen und vorsichtiges Rütteln.

- Hilferuf!

- korrekte Lagerung des Verletzten: In Frage kommen die Schocklagerung, stabile Seitenlage und die Rückenlage als Vorbereitung zur HLW, je nach Zustand des Patienten.

- Freimachen der Atemwege durch Überstrecken des Kopfes, was durch Anheben des Kinns erreicht wird (Abb. 1).

Bei Bewustlosigkeit erschlafft der Zungenmuskel völlig und fällt durch sein eigenes Gewicht zurück in die Kehle. Einem auf dem Rücken liegenden Bewußtlosen wird dadurch die Luftröhre versperrt. Durch Zurückbeugen des Kopfes und Anheben des Kinns wird die Zunge von der Rückwand der Kehle gehoben und damit der Luftweg geöffnet.

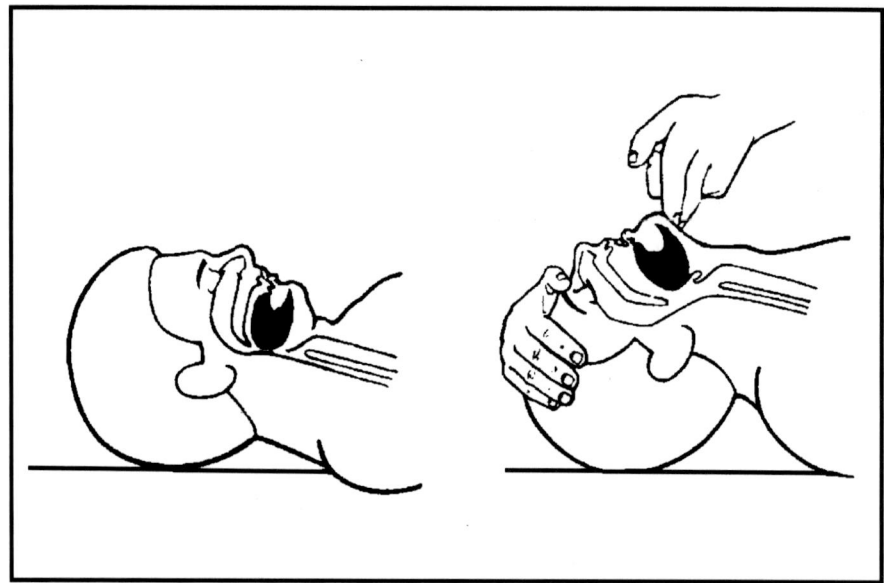

Abb. 1: Wichtigster Handgriff zum Freimachen der Atemwege: Überstrecken des Kopfes durch Anziehen des Kinns.

140

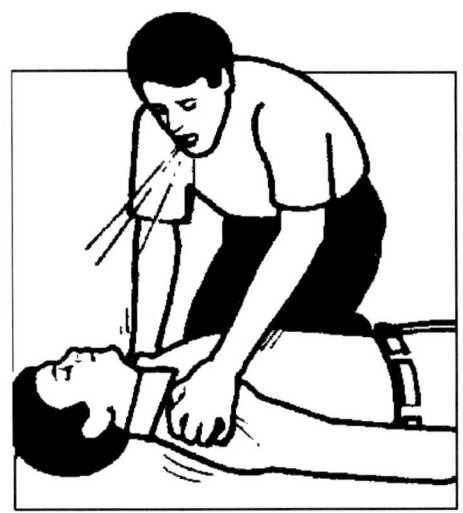

Ist die Person bei Bewußtsein?

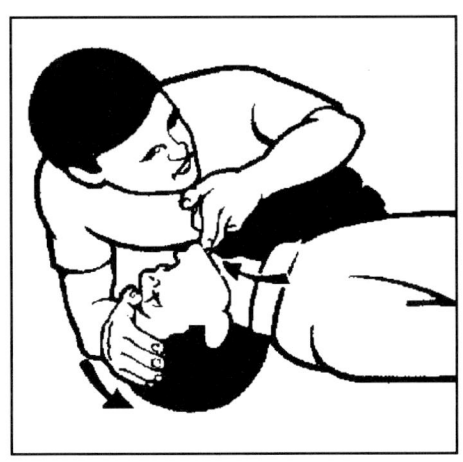

Wenn nicht: Atemwege durch Überstrecken des Kopfes öffnen.

B: Beatmung

Beurteilung: Überzeuge Dich, ob Atemstillstand besteht. Liegt Spontanatmung vor, muß...

- die Atmung überwacht werden,
- müssen die Atemwege offen gehalten werden,
- der Rettungswagen gerufen werden, wenn das nicht schon vorher geschehen ist.

Besteht keine Spontanatmung, so wird die Mund-zu-Mund bzw. Mund-zu-Nase Beatmung mit zwei Atemspenden begonnen. Gelingt die Beatmung nicht, muß die Lagerung des Kopfes korrigiert und ein neuer Beatmungsversuch unternommen werden. Gelingt die Beatmung auch dann nicht, muß eine Atemwegsverlegung durch Fremdkörper angenommen werden. Mit dem Heimlich-Manöver (Abb. 3) oder dem Fingerkehrer können Fremdkörper aus den Luftwegen entfernt werden.

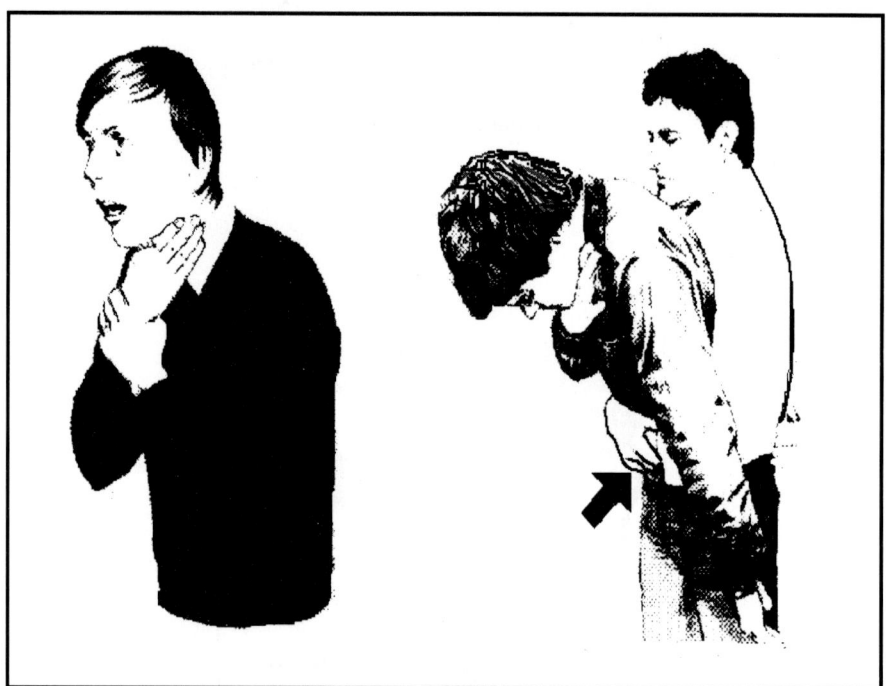

Abb. 3: Verlegung der Atemwege durch Fremdkörper
    a) typische Haltung des Verletzten
    b) Ausführung des Heimlich-Manövers

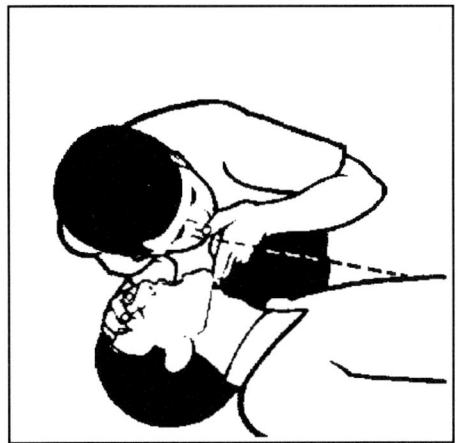

Atmet die bewußtlose Person?

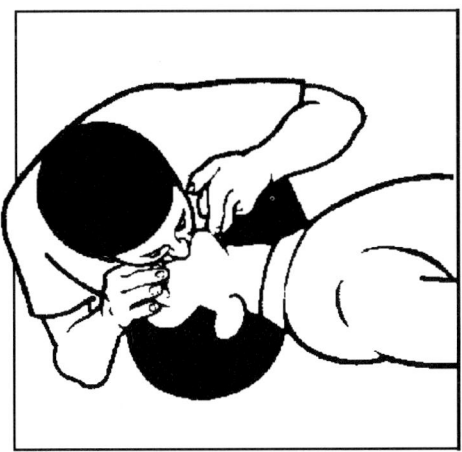

Wenn nicht: Sofort mit der Mund-zu-Mund-
Beatmung beginnen.

Während beim Heimlich-Manöver der Fremdkörper durch eine Druckeinwirkung auf den Bauchraum aus der Luftröhre geschleudert wird, versucht man mit dem Fingerkehrer, den Fremdkörper mit dem Zeigefinger direkt zu fassen und mit wischender Bewegung herauszukehren.
Ist man erfolgreich, folgt nun der nächste Schritt.

C: Circulation (Kreislauf)

Beurteilung:

Überzeuge Dich von der Pulslosigkeit, am besten durch Palpation des Carotispulses.

Ist der Puls vorhanden, wird die Notfallbeatmung 12 x/min. fortgesetzt und der Rettungswagen benachrichtigt.

Ist der Puls nicht vorhanden, alarmiere ebenfalls den Notdienst und fahre fort mit dem nächsten Schritt:

Beginne mit der externen Herzdruckmassage:

- korrekte Handpostition auf dem unteren Drittel des Brustbeins einnehmen (Abb. 2),

- 15 externe Herzdruckmassagen ausführen mit einer Frequenz von 80-100/min.,

- erneutes Freimachen der Atemwege und Ausführen von zwei Atemspenden,

- korrekte Handposition und wiederum Ausführen von 15 Herzdruckmassagen in einer Frequenz von 80-100/min.

Nach vier vollständigen Zyklen von jeweils 15 Herzdruckmassagen und zwei Atemspenden erfolgt die...

Erneute Beurteilung:

Nach vier vollständigen Zyklen im Verhältnis 15:2 müssen die vitalen Funktionen (Atmung und Kreislauf) des Verletzten erneut überprüft werden:

- prüfe die Rückkehr des Carotispulses (5 s.).
  Ist er nicht vorhanden, so setze die HLW fort.
  Ist er vorhanden, folgt nun der nächste Schritt:

CIRCULATION (Kreislauf)

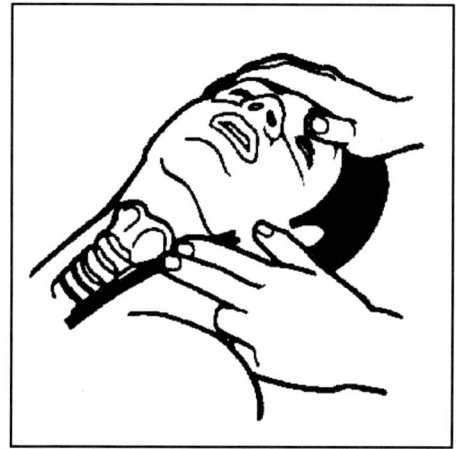

Ist ein Puls fühlbar?

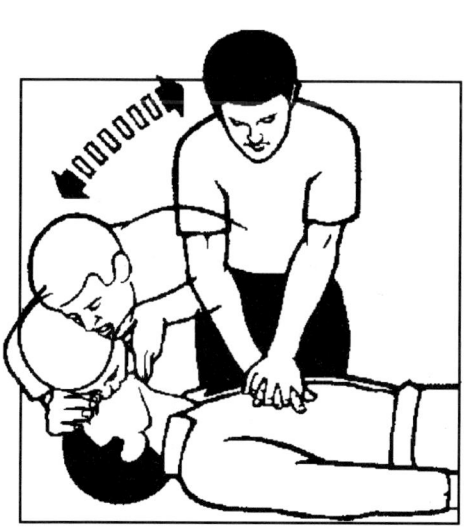

Wenn nicht: Sofort mit Herz-Lungen-Wiederbelebung (HLW)beginnen.

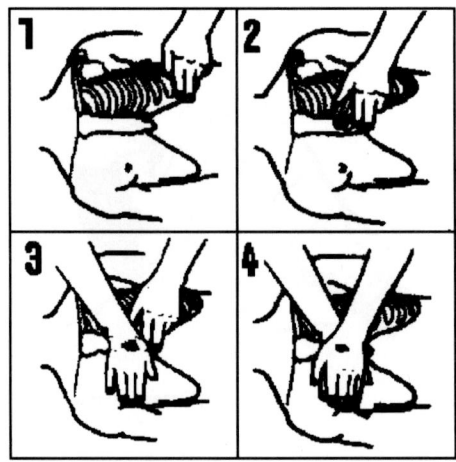

Die Handpostition.

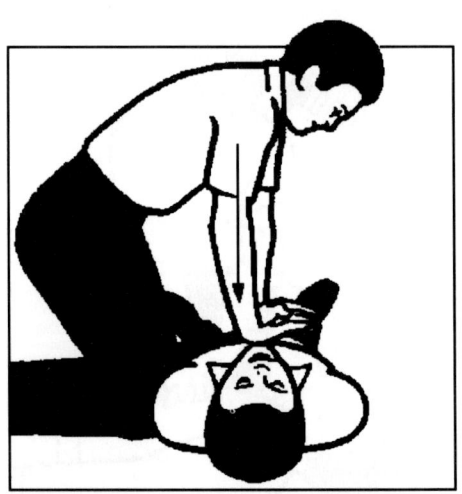

Körperhaltung.

Abb. 2: Ablauf der Herz-Lungen-Wiederbelebung

- prüfe die Rückkehr der Spontanatmung (3-5 s.).
  Ist sie vorhanden, sind Atmung und Kreislauf (Puls) engmaschig zu kontrollieren.
  Wenn keine Spontanatmung vorhanden ist, Fortsetzung der Atemspenden mit einer Frequenz von 12 x/min. unter regelmäßiger Kontrolle des Pulses.

Die Herz-Lungen-Wiederbelebung ist jeweils nach einigen Minuten zu unterbrechen, um die Wiederkehr von Carotispuls und Spontanatmung zu überprüfen. Die Unterbrechungen der HLW sollten jedoch nicht länger als sieben Sekunden dauern.

Ein zweiter Helfer am Unfallort kann sich um weitere Hilfe bemühen, er kann den Rettungsdienst alamieren oder den ersten Helfer bei der Ein-Helfer-Methode ablösen. Andererseits ist es auch möglich, die HLW mit der Zwei-Helfer-Methode fortzusetzen.

Zwei-Helfer-Methode

Tauchausbilder und Taucher gehören zu den „Gehobenden Laien". Sie sollten neben der Ein-Helfer-Methode auch die Zwei-Helfer-Methode lernen und beherrschen; denn die Zwei-Helfer-Methode ist weniger ermüdend. Die meisten Tauchvereine besitzen schon Notfallkoffer und Beatmungshilfen wie Beatmungsmasken und Beatmungsbeutel, so daß die HLW sozusagen fachmännisch durchgeführt werden kann.

Bei der Zwei-Helfer-Methode kniet der eine Helfer an der Seite des Verletzten, um die externe Herzdruckmassage durchzuführen. Der zweite Helfer kniet auf der gegenüberliegenden Seite am Kopfende des Verletzten und führt die Notfallbeatmung durch. Er hält die Atemwege offen, tastet nach dem Carotispuls und beobachtet die Effektivität der Herzdruckmassage des anderen Helfers. Auch bei der Zwei-Helfer-Methode beträgt die Frequenz der Herzdruckmassagen 80-100/min., das Verhältnis der Kompressionen zu den Beatmungen ist 5:1 gegenüber 15:2 bei der Ein-Helfer-Methode. Für die Beatmung muß der eine Helfer seine Thoraxkompressionen für 1-1,5 s. unterbrechen. Bei Erschöpfung eines Helfers sollen die Positionen getauscht werden. Die Pause für die Beatmung kann auch kürzer sein als 1-1,5 s., jedoch ist diese Technik schwerer durchzuführen.

Die HLW soll nach beiden Methoden grundsätzlich so lange durchgeführt werden, bis eine kompetente Person — meist ein Arzt des herbeigerufenen Rettungswagens — die Maßnahme abbricht, weil ein Effekt nicht mehr zu erwarten ist.

3.4.3.4 Beatmungshilfen

Als Beatmungshilfen eignen sich einfache Masken, mit denen die Beatmung wesentlich hygienischer und auch effektiver ist, besonders dann, wenn man zusätzlich einen Pharyngealtubus (sog. Guedel-Tubus) verwendet, der dann automatisch die Zunge in richtiger Position und damit die Atemwege offen hält. Bewährt hat sich die Taschenmaske der Fa. Laerdal, München, für die Mund zu Maske-Beatmung (Abb. 4). Sie kann problemlos in der Tauchertasche sogar auf einem Tauchboot mitgeführt werden und stellt zusammen mit dem Guedel-Tubus den „Notfallkoffer des kleinen Mannes" dar.

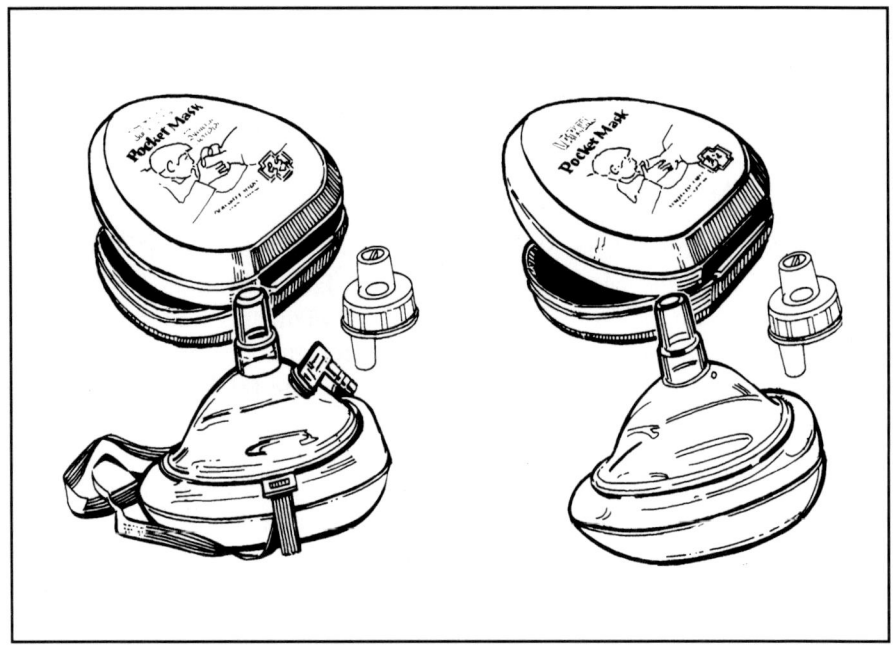

Abb. 4: Taschenmaske als Beatmungshilfe, Fa. Laerdal, München

Die Maske enthält ein Einwegventil mit oder ohne Sauerstoffanschluß. Beim praktischen Gebrauch kniet der Helfer oberhalb des Kopfendes, setzt das breite Ende der Maske am Kinn an und dichtet sie über Mund und Nase ab. Dann öffnet er die Atemwege durch Vorschieben des Unterkiefers, indem er mit den Zeige- und Mittelfingern unter die Kieferwinkel des Verletzten greift. Mit den Daumen wird die Maske aufgedrückt, dann kann beatmet werden (Abb. 5).

Für die manuelle Handbeatmung eignen sich Handbeatmungsbeutel (Abb. 6), mit denen ein maximales Volumen von 1000 ml Luft bewegt werden kann. Auch hierbei besteht die Möglichkeit, daß man zusätzlich Sauerstoff in diesen Beatmungsbeutel einfließen läßt, so daß der Verletzte in den Genuß einer reinen Sauerstoffbeatmung kommen kann. An viele Beatmungsbeutel kann man einen zweiten Beutel als Sauerstoffreservoir anschließen.

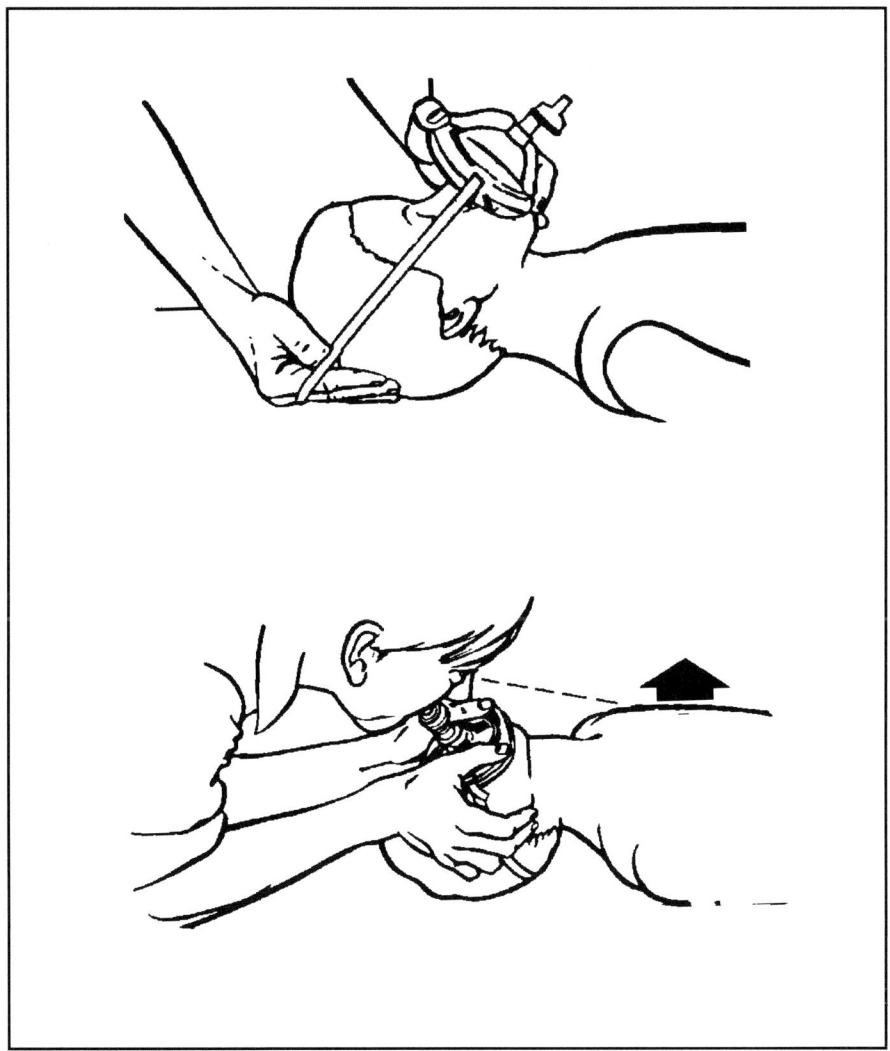

Abb. 5: Beatmungsmaske im praktischen Gebrauch

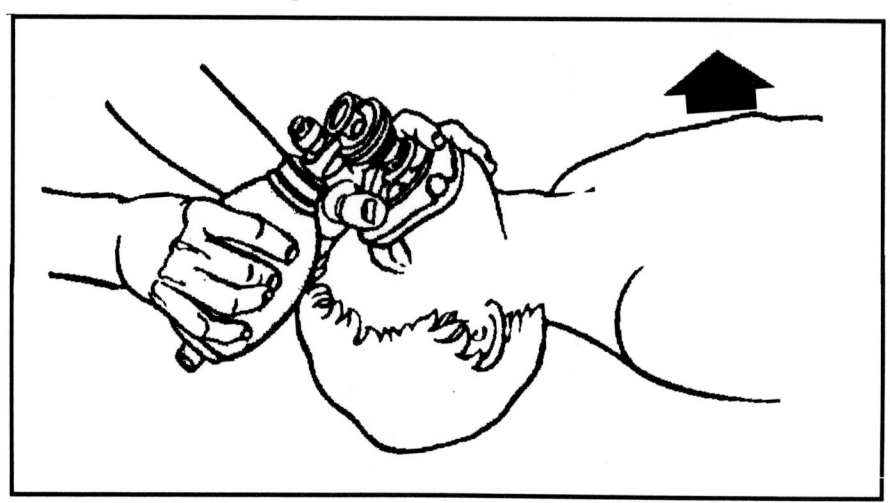

Abb. 6: Manuelle Beatmung mit dem Handbeatmungsbeutel

Ganz neu ist die Behandlung der klassischen Tauchunfälle –Dekompressionskrankheit und Lungenüberdruckunfall –mit einem Sauerstoff-Rückatmungs-
system (Fa. Wenoll), wobei der Patient 6 Stunden lang aus einer 2 l-Flasche
reinen Sauerstoff atmen kann, um Gasblasen zu verkleinern.

3.4.3.5 Übungen am Reanimationsmodell

Aus verschiedenen amerikanischen Statistiken wissen wir, daß sich die Über-
lebensrate bei plötzlichem Herzstillstand nach Kammerflimmern verdoppelt
hat, wenn kompetente Laienhelfer am Unfallort mit der HLW in Aktion ge-
treten sind. Voraussetzung für eine erfolgreiche Ausbildung unserer Tauch-
sportler, aber auch für eine erfolgreiche Breitenausbildung ist einerseits das
sichere Erkennen eines Herz- und/oder Atemstillstandes, andererseits das
intensive und wiederholte Training an Wiederbelebungsmodellen. Die Erfahrungen an der "Recording Resusci Anne" und den Nachfolgemodellen der
Fa. Laerdal, München, haben gezeigt, daß sich eine gute Effektivität der HLW
erzielen läßt.
Wie die Abbildung (Abb. 7) zeigt, kann man bei beiden Methoden der HLW
die Effektivität an einem Diagramm ablesen. Aber auch Fehler wie zu geringes
Beatmungsvolumen, falsche Handposition, falsche Beatmungstechnik und
falsche Frequenz der Herzdruckmassagen können sofort erkannt werden.
Durch die neuen Prüfungsordnungen der Tauchsportverbände ist die Absol-
vierung eines HLW-Kurses unerläßlich geworden.

Korrekte Ein-Helfer-HLW – Anfangsphase

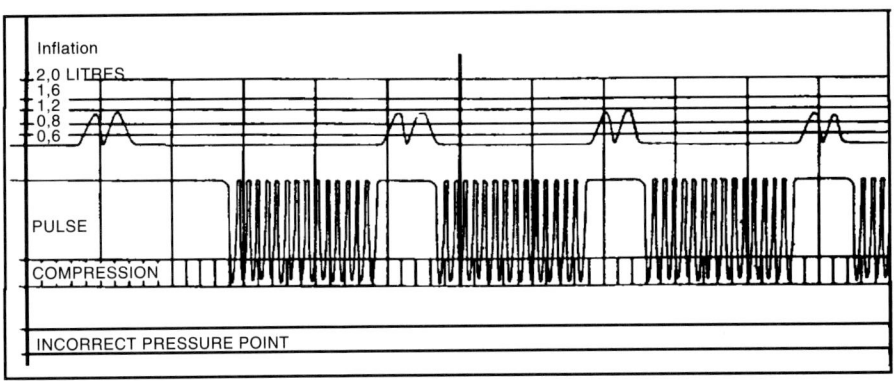

Korrekte Zwei-Helfer-HLW – Anfangsphase

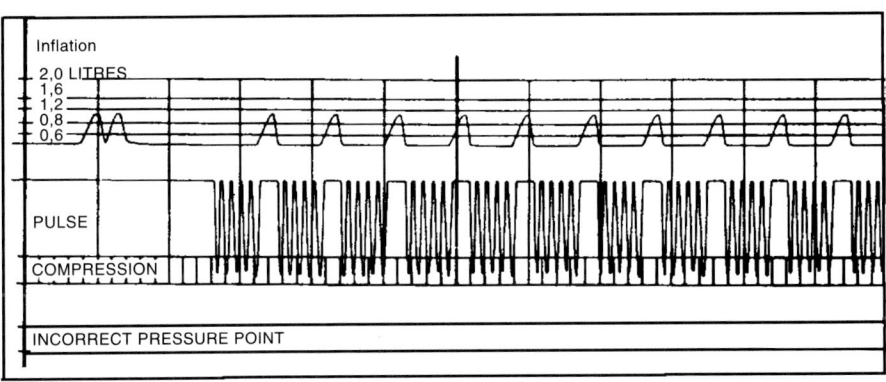

Abb. 7: Effektivitätskontrolle bei Übungen an der "Recording Resusci Anne"

Letztlich dient eine gute Beherrschung der Herz-Lungen-Wiederbelebung dazu, die Zahl der tödlichen Unfälle, mit der wir im Tauchsport unter allen anderen Sportarten an einsamer Spitze stehen, zu reduzieren.

3.5 Vergiftung durch Atemgase

Während beim Tauchen in den Phasen zunehmenden und abnehmenden Druckes (Kompressions- und Dekompressionsphasen) die unzureichend ausgeglichene (kompensierte) Druckänderung zur Verletzung oder Schädigung führt, wirken in der Phase gleichen Druckes (Isopressionsphase) die einzelnen Gase des Atemgemisches giftig, sobald ein bestimmter, individuell gering veränderlicher Schwellenwert überschritten ist. Dieser Schwellenwert ergibt sich aus dem Partialdruck des Gases und der Zeit, während der dieser Teildruck auf den Organismus einwirkt.

3.5.1 Kohlenmonoxidvergiftung

Kohlenmonoxid ist ein geruch-, farb- und geschmackloses Gas, das die Schleimhäute nicht reizt und deshalb unbemerkt seine Giftwirkung entfalten kann. Es entsteht bei der Verbrennung von kohlenstoffhaltigen Verbindungen (z.B. Benzin, Holz, Kohle) ohne ausreichende Sauerstoffzufuhr.

Die Gefährlichkeit des Kohlenmonoxides liegt in seiner hohen Bindungsfähigkeit an den roten Blutfarbstoff, die etwa 300 mal stärker ist als die Bindungsfähigkeit des Sauerstoffs. Infolge dieser starken Bindung ist der Gasaustausch (d.h. sowohl die Sauerstoff- wie auch die Kohlendioxid-Aufnahmefähigkeit) blockiert, und es entsteht im Gewebe ein Sauerstoffmangel (Hypoxie). Als oberster, bei kurzzeitiger Einwirkung noch nicht gesundheitsschädlicher Grenzwert wird eine Konzentration von 0,1 % in der Atemluft angesehen.

Im **Anfangsstadium** der Vergiftung bestehen Kopfschmerzen, Herzklopfen, Kurzatmigkeit, Übelkeit, Schwindel, mitunter Erbrechen, Ohrensausen und Flimmern vor den Augen. Rausch- und Erregungszustände signalisieren eine bereits **zunehmende Vergiftung** des zentralen Nervensystems (Gehirn).

Ohne scharfe Grenzziehung schließt sich daran das Lähmungsstadium an, das durch wechselnde Pupillenweite, Blutdruckabfall und Pulsbeschleunigung, Bewußtlosigkeit, Lungenödem und schließlich Übergang der Atemstörung in eine Atemlähmung mit hellroter Hautfarbe gekennzeichnet ist („Inneres Ersticken").

Beim Tauchen kann eine Kohlenmonoxidvergiftung auftreten, wenn das Tauchgerät mit kohlenmonoxidhaltiger Luft gefüllt wird. Dieser Fall kann dann eintreten, wenn Auspuffgase des (mit einem Verbrennungsmotor angetriebenen) Kompressors oder Luft von einer stark befahrenen Straße über den Luftschlauch angesaugt werden.

Die Behandlung der Kohlenmonoxidvergiftung muß schnell erfolgen. In erster Linie ist Sauerstoffzufuhr notwendig. Die Entfernung des Kohlenmonoxids aus dem Körper erfolgt in Abhängigkeit vom Partialdruck des Sauerstoffs in der Atemluft.

Bei normaler Luftatmung (1 bar, 21 % Sauerstoff) beträgt die Halbwertzeit der Kohlenmonoxid-Hämoglobin-Verbindung 4 h, d.h. nach 4 h ist die Hälfte des Kohlenmonoxids aus dem Hämoglobin entfernt.

Bei hundertprozentiger Sauerstoffgabe unter normalen Bedingungen (1 bar) reduziert sich die Halbwertzeit auf 40 min.

Am günstigsten wäre eine Sauerstoff-Überdruckbehandlung in einer Druckkammer, wodurch sich die Halbwertzeit auf 20 min verringern läßt.

Auf jeden Fall ist eine ärztliche Behandlung notwendig.

3.5.2 Sauerstoffvergiftung

Selbst der lebensnotwendige Sauerstoff kann in Abhängigkeit von der Höhe des Partialdrucks und der Einwirkdauer giftig werden.

Als Grenzwert wird ein Partialdruck von 1,7 bar und eine Einwirkungsdauer von ca. 1 h angesehen.

Beim Tauchen mit Drucklufttauchgerät würde ein so hoher Partialdruck erst in einer Tiefe von ca. 71 m erreicht werden. Da eine Tauchzeit von 1 h in dieser Tiefe von einem Sporttaucher nie durchgehalten wird (Luftverbrauch, Kälte, Deko-Zeit, Tiefenrausch) besteht diesbezüglich für uns nur die theoretische Möglichkeit einer O_2-Vergiftung.

Bei der Verwendung von Kreislaufgeräten, die nur mit Sauerstoff betrieben werden, ist dieser kritische Partialdruck jedoch schon in einer Tiefe von 7 m erreicht.

Die Toleranzzeit nimmt mit zunehmender Tiefe ab. Bei der Behandlung von Tauchunfällen wird deshalb die reine Sauerstoffatmung unter erhöhtem Druck nur kurzzeitig, dafür wiederholt mit längeren Pausen, eingesetzt. Mit der Verwendung von reinem Sauerstoff wird zwar erreicht, daß 100 % des Hämoglobins mit Sauerstoff angereichert werden, aber diese Steigerung ist unwesentlich, da bei normaler Luftatmung das Hämoglobin bereits zu 97 % mit Sauerstoff gesättigt ist. Die Bedeutung dieser Behandlungsmethode liegt deshalb vielmehr in der physikalischen Lösung des Sauerstoffs im Blutplasma und in der Lymphflüssigkeit (vergleiche Gasgesetz von Henry). Durch Anreicherung des Blutplasmas mit Sauerstoff können Gewebebezirke besser versorgt werden, zu denen die roten Blutkörperchen – z.B. auf Grund von Gefäßverengung oder Embolien – nicht mehr vorstoßen können.

Die Vergiftungserscheinungen beginnen mit Flimmern vor den Augen, Übelkeit, dann treten Muskelzuckungen auf, die sich zu allgemeinen epilepsieähnlichen Muskelkrämpfen steigern, und schließlich tritt Bewußtlosigkeit ein. Für den Gerätetaucher würde dies den sicheren Tod durch Ertrinken bedeuten, da wegen der Muskelkrämpfe das Mundstück nicht festgehalten werden kann.

Unter atmosphärischen Bedingungen (1 bar Umgebungsdruck) ist eine Atmung von 100%igem Sauerstoff auch über mehrere Stunden unschädlich. Bei längerer Dauerbeatmung (z.B. Tage) muß der Anteil des Sauerstoffs jedoch auf 40 bis 60 % gesenkt werden, weil es sonst zu einer Zerstörung der dünnen Lipoidschicht (fettähnliche Schicht) auf der Innenseite der Lungenbläschen kommt. Ist diese Schutzschicht beschädigt, schwellen die Lungenbläschen an, aus ihren Blutgefäßen strömt Flüssigkeit aus (Lungenödem), und schließlich entstehen Bezirke von zusammengefallenen Lungenbläschen. Aus diesem Zustand folgt eine verminderte Fähigkeit zum Gasaustausch und damit ein Sauerstoffmangel im Gewebe.

3.5.3 Kohlendioxidvergiftung

Kohlendioxid ist ein geruch- und geschmackloses Gas, das als Verbrennungsprodukt bei der vollständigen technischen und bei der biologischen Verbrennung anfällt.

Für den Organismus stellt es den stärksten Atemreiz dar.

Normalerweise enthält die Luft nur geringe Mengen von Kohlendioxid (ca. 0,03 %). Bei unsachgemäßem Füllen (z.B. Ansaugen von Kompressorauspuffgasen) steigt der CO_2-Gehalt der Atemluft im SCUBA. Unter erhöhtem Umgebungsdruck kann jetzt die Giftigkeitsgrenze überschritten werden.

Beim Atmen aus der Taucherweste wird der Sauerstoffvorrat der hierin abgeschlossenen Luftmenge mit jedem Atemzug verringert, und beim Ausatmen in die Taucherweste steigt der Kohlendioxidgehalt entsprechend.

Bei dieser Pendelatmung werden schnell giftige Konzentrationen von Kohlendioxid erreicht.

Eine oberflächliche Atmung mit Rückatmung der Ausatemluft aus dem überlangen Schnorchel (Totraumatmung) und eine verbrauchte oder defekte Atemkalkpatrone bei Sauerstoff-Tauchgeräten können ebenfalls zu einer Vergiftung führen.

Anzeichen sind Lufthunger, Schweißausbrüche und Kopfschmerzen, Schwindelgefühl verbunden mit Übelkeit und Bewußtseinstrübungen mit allen Folgen unter Wasser.

Bei Auftreten der Symptome ist der Tauchgang zu beenden, bei einem bewußtlosen Taucher ist eine Beatmung mit Sauerstoff durchzuführen.

Kopfschmerzen nach Beendigung eines Tauchgangs haben zwar meist andere Gründe (Kälte, unzureichend durchgeführter Druckausgleich in den Schädelhöhlen), sie können aber auch Folge einer länger durchgeführten Sparatmung mit Kohlendioxidanreicherung im Gewebe sein.

Essoufflement

Die wichtigste Kohlendioxidvergiftung ist das sog. Essoufflement. Der Begriff stammt aus dem Französischen und bedeutet „außer Atem geraten". Die eigentliche Ursache ist eine Ermüdung der Atemmuskulatur. Mit zunehmender Tauchtiefe und wachsendem Umgebungsdruck steigt auch die Dichte der Atemluft, so daß Turbulenzen entstehen. Der Atemwiderstand steigt an, und die Atemmuskulatur wird stärker belastet. Als Folge treten Ermüdungserscheinungen auf, die Atmung wird flacher und schneller. Dabei verschiebt sich die Atmung in den Bereich der inspiratorischen Reserve, also den Bereich, der zwischen normaler und tiefster Atmung liegt.

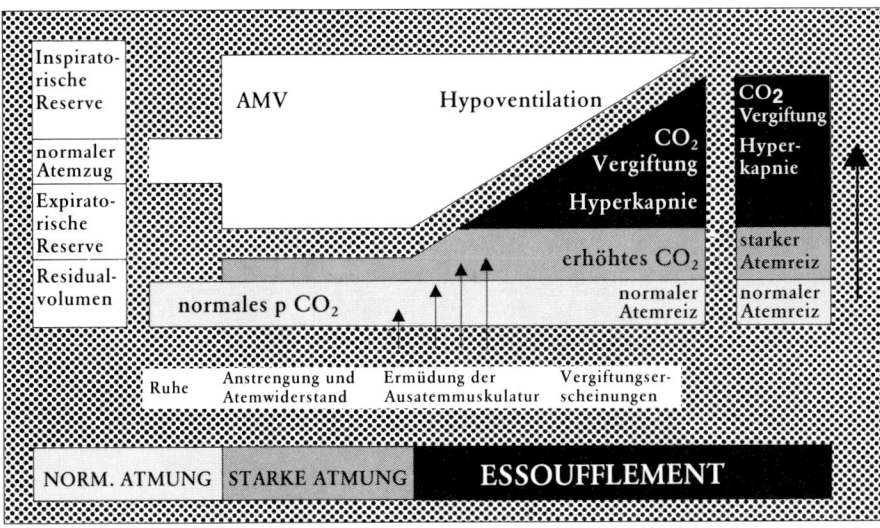

Entstehung des „Essoufflement"

Durch die hechelnde Atmung ist die Sauerstoffaufnahme reduziert, und gleichzeitig steigt die CO_2-Konzentration im Blut an. Es kommt zu Vergiftungserscheinungen: Kopfschmerzen, Lufthunger, später Schwindel, Übelkeit und Bewußtseinstrübungen, zuletzt Bewußtlosigkeit.

Dem Taucher wird diese Störung nicht immer bewußt. Er steht unter dem Gefühl des absoluten Lufthungers, gegen das kein noch so häufiges Atmen, auch nicht die Wechselatmung, hilft. Der Betroffene ist in solchen Gefahrensituationen sehr auf die richtige Reaktion seines Tauchpartners angewiesen, da er selbst fast immer eine Bewußtseinstrübung hat. Zu erkennen ist das „Essoufflement" an übertriebener Hektik, flacher, schneller Atmung und Luftnot. Stellt man solche Symptome fest, sollte mit dem Partner sofort höher getaucht werden um den Atemwiderstand zu senken. Die Störung kann aber auch dem Betroffenen durch Luftnot selbst bewußt werden. Wenn er in dieser Phase nicht mehr fähig ist, die Luft über 30 s. anzuhalten, wird er sich wahrscheinlich schon in der ersten Phase der CO_2-Vergiftung befinden.

Körperliche Anstrengungen, z.B. das Anschwimmen gegen die Strömung, sind zu meiden oder, wenn möglich, dem Partner abzunehmen. Noch besser ist es natürlich, dem Essoufflement vorzubeugen: Neben Erkennen der Symptomatik und des entsprechenden Unterwasserzeichens (siehe Zeichnung) bleiben ausreichendes Training und das Beherrschen der richtigen Atemtechnik die beste Methode, mit den erhöhten Atemwiderständen zurechtzukommen.

Das UW-Zeichen für Essoufflement: Gegenläufiges Wedeln der abgewinkelten Unterarme in Höhe des Rippenbogens (Merkhilfe: Diese Bewegung symbolisiert die Bewegung der Lungenflügel beim Ein- und Ausatmen).

3.5.4 Stickstoffvergiftung – Tiefenrausch

Unter Tiefenrausch versteht man einen Zustand eingeschränkter Wahrnehmungsfähigkeit, gestörten Urteilvermögens und – möglicherweise daraus resultierenden – unlogischen Reaktionsverhaltens, ausgelöst beim Tauchen mit Drucklufttauchgerät durch den Druck des Atemgases.

Unter normalen atmosphärischen Verhältnissen kommen dem Stickstoff sowie den Edelgasen die wichtigen Aufgaben von Füllgasen zu, welche den Sauerstoff auf einen für den menschlichen Organismus verträglichen Anteil von ca. 21 % verdünnen und damit ein Zusammenfallen der Lungenbläschen verhindern (Vergleiche dazu Sauerstoffvergiftung, Abschnitt 3.5.2).

Für den Atmungsvorgang bzw. den Stoffwechsel spielen der Stickstoff und die Edelgase in der Luft keine Rolle, da sie keine chemischen Reaktionen im Körper eingehen. Werden Stickstoff und Edelgase aber unter erhöhtem Druck geatmet, so daß dabei der Partialdruck von 4 bar überschritten wird, muß mit dem Auftreten von Vergiftungserscheinungen gerechnet werden.

Im Gegensatz zum Black-out meldet sich der Tiefenrausch beim Taucher an, d.h. es verbleibt eine Zeitspanne, in der noch verstandesmäßig ein Mißverhältnis zwischen einer Wahrnehmung (z.B. metallischer Geschmack) und dem logisch erwarteten Wahrheitsgehalt dieser Wahrnehmung erfaßt wird. Als Symptome des Tiefenrausches werden verschiedenste optische (z.B. Röhrenblick, Farbsehen) oder akustische Sinnestäuschungen berichtet. Aber auch Empfindungsstörungen, wie plötzlich gesteigertes Wohlbefinden (Euphorie) oder aufkommendes Beklemmungsgefühl (Angst) oder Kritiklosigkeit (was sich z.B. in weiterem forschen Abtauchen zeigt) sind Ausdruck eines beginnenden oder schon voll eingetretenen Tiefenrausches. Schließlich wird auch die Stickstoffvergiftung in einer Bewußtlosigkeit enden.

Das Erkennen eines Tiefenrausches beim Tauchpartner ist sehr schwer. Unter den entsprechenden Umständen (Tiefe) ist aus dem Verhalten (Nichtreagieren auf UW-Zeichen oder überbetonte Beantwortung des OK-Zeichens) auf einen Tiefenrausch zu schließen.

Wie es zu den Funktionsstörungen der Gehirnzellen kommt, ist letztlich noch nicht bekannt. Nach dem heutigen Erkenntnisstand nimmt man an, daß sich der Stickstoff in der Zellwand der Gehirnzellen einlagert und dort z.B. an den Synapsen die Freisetzung von Übertragungsstoffen verzögert oder blockiert. Sicher spielt hierbei die Lipoidlöslichkeit (Lösungsfähigkeit in Fett oder fettähnlichen Geweben) des Stickstoffs eine entscheidende Rolle. Die Edelgase wirken ebenfalls, zum Teil sogar erheblich stärker als der Stickstoff, auf die Gehirnzellen, verlieren jedoch wegen ihres geringen Anteils (gesamt ca. 1 %) an Bedeutung für die Auslösung des Tiefenrausches.

157

Eine definitive Tiefenangabe, von der an mit einem Tiefenrausch zu rechnen ist, kann nicht gegeben werden. Ebensowenig gibt es feste individuelle Grenzen (Tagesform). Empfindliche Taucher müssen vielleicht schon ab 30 m Wassertiefe damit rechnen, während normalerweise die Grenze bei 40 m angesetzt wird. Ab 60 m Wassertiefe ist mit Sicherheit jeder gefährdet. Die Gefahr der Auslösung eines Tiefenrausches verstärkt sich durch alle diejenigen Substanzen, die auf das zentrale Nervensystem (Gehirn) wirken, wie z.B. Alkohol (auch Restalkohol vom Vortag!), Beruhigungs- u. Schlafmittel usw. Ferner wirken Müdigkeit, Angst (meist verbunden mit Kälteeinwirkung und Dunkelheit), körperliche Arbeit unter Wasser, häufiger Lagewechsel (z.B. beim Kontrollieren einer Gruppe durch ständiges Umschauen) und frühere Schädelverletzungen (z.B. Gehirnerschütterung) fördernd auf das Auftreten des Tiefenrausches. Beim Auftreten der ersten Anzeichen muß sofort höher getaucht werden (meist genügen 10-20 Meter), bis die Erscheinungen wieder verschwinden. Anschließend ist der Tauchgang unter Einhaltung evtl. notwendiger Dekompressionszeiten zu beenden.

Zur Vorbeugung eines Tiefenrauschunfalls soll man nie allein tauchen, beim Tauchgang sich gegenseitig beobachten, bei der Gruppe bleiben und von Beginn der Tauchausbildung an Partnerhilfe üben.

3.6 Verletzung durch Meerestiere

3.6.1 Vergiftung durch Meerestiere

Bei einem Kontakt mit einem giftigen Meerestier werden meist mehrere Gifte übertragen, d.h. mehrere chemische Substanzen, die mehrere Systeme des menschlichen Organismus angreifen.

Man unterscheidet

a) neurotoxische (am Nervensystem angreifende) und

b) hämolytische (feste Bestandteile des Blutes auflösende)

Gifte.

Dabei handelt es sich um Eiweißsubstanzen, die sämtlich hitzeempfindlich sind, d.h. bei Temperaturen über 50 °C zerstört werden.

Hieraus lassen sich schon die notwendigen Gegenmaßnahmen erkennen.

3.6.1.1 Behandlungsmaßnahmen bei Vergiftungen

Jede Behandlungsmaßname bei einem solchen Unfall muß darauf ausgerichtet sein,

1. die Ausbreitung der Giftstoffe im Organismus zu verhindern bzw. aufgenommene Gifte zu entfernen,

2. die Auswirkung bereits ausgebreiteter Gifte im Organismus möglichst gering zu halten, d.h.

   a) Schmerzbekämpfung,
   b) Unterstützung der Atmung,
   c) Unterstützung von Herz und Kreislauf,
   d) Erhaltung der Nierenfunktion und
   e) Verhütung von Sekundärinfektionen.

Spezifische Gegengifte gibt es meist nicht. Ausnahme: Steinfischserum, das in Melbourne (Commonwealth Serum Laboratories, Parkville) hergestellt wird. Die Schwierigkeit der Beschaffung, des Transports, die kurze Haltbarkeit des Serums, die hohen Kosten und die Anwendungsart (intravenöse Verabreichung) gestalten den Einsatz im Notfall jedoch sehr problematisch.

Bei Verletzungen durch Giftstachel oder Giftzähne von Fischen, Schlangen oder Kegelschnecken bleibt deshalb für den Ersthelfer meist nur die **Heißwasserbehandlungsmethode.** Dabei werden auf die Verletzungsstelle heiße Kompressen aufgelegt oder die verletzten Gliedmaßen in 50 bis 70 °C heißem Wasser gebadet. Auf Grund der Tatsache, daß diese biologischen Gifte auf Eiweißbasis aufgebaut sind, tritt durch die Hitzeeinwirkung eine Denaturierung (Zerstörung der Eiweißstruktur) und damit Verlust der Gifteinwirkung ein.

Ferner müssen sämtliche Maßnahmen zur Verhinderung der Aufnahme und der Verbreitung der Gifte im Körper ergriffen werden.

Eine sehr heroische Methode wäre das Erweitern der Wunde (ausbluten lassen) durch Einschnitte. Besser ist jedoch, eine Stauung oberhalb der Verletzungsstelle, d.h. zwischen Verletzungsstelle und Herz, anzulegen. Eine solche Stauung sollte möglichst breitflächig erfolgen, um eine Druckschädigung der Nerven zu vermeiden.

Das A u s s a u g e n der Wunde ist in jedem Fall zu unterlassen, da über kleine Hautrisse im Mundbereich das Gift wieder aufgenommen werden kann bzw. für den Helfer Vergiftungsgefahr besteht.

Unter Notfallbedingungen kann das Auswaschen der Wunde mit Salzwasser große Mengen des Giftes aus dem Verletzungsbereich entfernen.
Damit sind unter Notfallbedingungen die Behandlungsmethoden für den Laien erschöpft.
Eine medikamentöse Behandlung sollte möglichst frühzeitig einsetzen, erfordert aber entsprechende pharmakologische und medizinische Kenntnisse.
Nur stark wirksame Schmerzmittel führen zu einer Linderung. Die Anwendung vom Antihistaminika (Medikamente gegen Allergien) sind angezeigt bei allen allergischen Reaktionen; gegebenenfalls auch hochdosierte Gaben von Cortison bei Anzeichen eines Schocks. Bei auftretenden Muskelkrämpfen empfiehlt sich Calcium-Gluconat.

Ist es zu einem Hautkontakt mit Nesselgiften von Korallen oder Quallen gekommen, sollte man die Verletzungsstelle abtrocknen lassen oder vorsichtig mit Alkohol, Formalin oder Salmiakgeist beträufeln, denn meist liegen in dem Schleimfilm auf der Haut noch viele nicht abgeschossene Nesselkapseln, die sich beim Abwischen entladen und den Befund dadurch verschlimmern würden. Zur Behandlung leichterer Verletzungen genügt anschließend die Anwendung von Hautschutzsalben. In seltenen Fällen (z.B. bei einigen Quallenarten) treten Kreislaufstörungen, aber auch Schockzustände auf. Tödlich verlaufen dagegen meist Berührungen von Chironek-Arten (Seewespen genannte Quallen) im Indischen und Pazifischen Ozean.

3.6.2 Verletzung durch Stromschläge

Einige Arten von Rochen und Aalen besitzen ein elektrisches Organ, mit dem diese Tiere Stromschläge austeilen. Da die Stromstärken nur gering sind, können sie bei gesunden Menschen wohl kaum wesentliche Verletzungen verursachen. Die Schreckwirkung allerdings kann panikartige Fluchtreaktionen auslösen und damit zu Verletzungen an Korallen oder Felsen führen.

3.6.3 Bißwunden durch Meerestiere

Haie, Muränen und andere Meerestiere können schwere Bißverletzungen verursachen, bei denen ein hoher Blutverlust mit Schockwirkung auftreten kann.

3.6.3.1 Behandlung von Bißwunden
(siehe 3.4.1 Erste Hilfe bei Blutungen und 3.3.7 Schock)

Bei vielen Biß-, Riß- und Stichverletzungen durch Meerestiere besteht keine zusätzliche Vergiftung, oder die Giftwirkung ist auf Grund des Alters des Tieres sehr stark reduziert. Dabei können jedoch auch größere Wunden (z.B. durch Stachelrochen, Drückerfische, Doktorfische) entstehen, die mit den entsprechenden Erste-Hilfe-Maßnahmen (steriler Verband, gegebenenfalls Druckverband) versorgt werden müssen. In seltenen Fällen muß die Wunde chirurgisch (Naht) versorgt werden.

3.6.4 Stichverletzungen durch Meerestiere

Nicht selten bleiben nach dem Kontakt mit stechenden Meerestieren Teile dieser Stacheln in der Haut zurück. Dies ist nicht nur (vorübergehend) schmerzhaft, sondern kann zu Entzündungen und knotenförmigen Abkapselungen (Fremdkörpergranulomen) führen.
Typisch dafür sind die Verletzungen an Seeigeln. Zwar werden Seeigelstacheln in der Haut normalerweise aufgelöst, größere Stachelreste sollten aber trotzdem mit einer sterilen Nadel entfernt werden.
Zudem fördert das Beträufeln der Stichkanäle mit Zitronensaft (Auflösung der Kalkstruktur) die Abheilung.

3.6.5 Vermeiden von Verletzungen durch Meerestiere

Bestimmt können viele der Verletzungen vermieden werden, wenn man bei der Annäherung an die Meerestiere die notwendige Vorsicht walten läßt. Die wenigsten Tiere greifen den Taucher an, sondern stechen oder beißen nur dann, wenn sie berührt werden (z.B. Kegelschnecken). Besondere Bedeutung erlangen allerdings Verletzungen unter Wasser, weil der Taucher dadurch in weitere Gefahren geraten kann, z.B. durch Nichteinhalten notwendiger Deko-Stops oder durch Panik, Übelkeit, Ohnmacht u.a.m.

4   Dekompression

Warum darf nicht beliebig rasch aufgetaucht werden?

Gase lösen sich in Flüssigkeiten (siehe Abschnitt 2.5.5). Bei Atmosphärendruck sind in einem menschlichen Körper (75 kg) ca. 1,2 bar l Stickstoff gelöst. Nach einem längeren Tauchgang in 30-40 m sind durchaus noch 1-2 bar l dazu gekommen. Läßt beim Aufstieg der Druck langsam nach, wird die überschüssige Menge in umgekehrter Weise, wie sie in den Körper gelangt ist, nämlich über Blutkreislauf und Lunge, wieder ausgeschieden. Bei zu raschem Aufstieg kann jedoch der Blutkreislauf die freiwerdende Menge nicht mehr schnell genug zur Lunge transportieren. Dann bilden sich im Blut und in Körpergeweben Gasbläschen. Diese N_2- Bläschen selbst und an deren Oberfläche gebildetes Blutgerinnsel können Adern in lebenswichtigen Organen (z.B. Gehirn) verstopfen und so Dekompressionskrankheiten (siehe Abschnitt 3.3.2) auslösen. Diese Risiken werden fast vollständig vermieden, wenn

1. oberhalb 25 m Tiefe – auch zwischen Austauchstufen – nie schneller als mit 10 m/min aufgestiegen wird und

2. die Austauchpausen, Austauchstufen und Anwendungsvorschriften der Dekompressionstabellen streng beachtet werden.

4.1   Begriffserklärungen

Bei Ablesung der Dekompressionstabellen gelten die folgenden Begriffsbestimmungen:

Austauchen ist ein durch Regeln festgelegter Aufstieg.

Tiefe ist die größte während eines Tauchgangs aufgesuchte Wassertiefe nach Anzeige des Tiefenmessers (Nicht Seil!).

(Für die Dekompression ist der Druck, nicht eigentlich die Tiefe maßgebend. In Meerwasser ist die wahre Tiefe ca. 1 % kleiner, in Süßwasser ca. 2 % größer als die Anzeige eines auf 1 bar/10 m geeichten, präzisen Tiefenmessers).

Grundzeit ist der Zeitraum vom Verlassen der Wasseroberfläche beim Abtauchen bis zum Beginn des Austauchens.

Tauchzeit ist die gesamte bei einem Tauchgang unter Wasser verbrachte Zeit.

Nullzeit ist diejenige Grundzeit, die gerade noch keine Austauchpausen erforderlich macht.

Austauchpausen (Dekopausen) sind die Zeiten, die gemäß Tabelle auf den Austauchstufen zu verbringen sind.

Austauchzeit ist die Summe eventueller Austauchpausen und den Zeiten für die Aufstiege mit 10 m/min.

Austauchstufen (Dekostufen) sind die Wassertiefen, in denen die Austauchpausen verbracht werden müssen.

Wiederholungstauchgänge sind alle Tauchgänge, für die sich ein Zeitzuschlag zur Grundzeit ergibt.

Oberflächenpause ist die zwischen zwei Tauchgängen nicht unter Wasser verbrachte Zeit.

Wiederholungsgruppen sind Buchstabenkennzeichen, die zur Bestimmung des Zeitzuschlags zur Grundzeit bei Wiederholungstauchgängen dienen.

Zeitzuschläge werden zur tatsächlichen Grundzeit von Wiederholungstauchgängen hinzugezählt, um die für Tabellenablesung maßgebende Grundzeit zu erhalten.

4.2 Grundlagen der Dekompressionstabellen

Die nachfolgend wiedergegebenen Dekompressionstabellen wurden von Dr. Max Hahn neu berechnet aufgrund einer statistischen Risikoanalyse der bisherigen Bühlmann/Hahn-Tabellen. Dabei wurden sowohl wissenschaftliche Erkenntnisse als auch Daten aus dem Bereich beruflichen Tauchens der Jahre 1984-91 verwendet. Im Modell des Wiederholungssystems wurde auch die – je nach Bläschenanfall des vorausgegangenen Tauchgangs – zeitweilig verzögerte Entsättigung erfaßt. Die Wartezeiten bis zum Flug wurden den Empfehlungen der Undersea and Hyperbaric Medical Society (UHMS Publications # 77, FLYDIV, Dec. '89) s. auch CAISSON Jg. 6/Nr. 2, S. 74 und Sporttaucher 1/92 angenähert.

Die Tabelle für 701 – 1500 m ü. NN. berücksichtigt auch, daß Taucher i. A. nicht auf dieser Höhe, sondern im Flachland wohnen und oft die Höhe des Gewässers erst kurz vor dem Tauchgang erreichen.

Es wird vorausgesetzt, daß die Tauchtiefen mit genormten Tiefenmessern festgestellt werden.

4.3 Dekompressionstabellen

Die Tabellen 4-2 und 4-3 sind nach Tauchtiefen geordnet, denen praxisbezogene Grundzeiten gruppenweise zugeordnet wurden. Diesen Grundzeiten sind dann, sofern erforderlich, die Dekopausen auf den Austauchstufen 3 m, 6 m, 9 m, 12 m und 15 m und die Wiederholungsgruppen angegliedert.

Die Tabelle 4-4 ist nach Wiederholungsgruppen geordnet, denen Oberflächenpausen und Tiefen eines Wiederholungstauchgangs zugeordnet sind. Entsprechend der Wiederholungsgruppe des vorangegangenen Tauchgangs, der Oberflächenpause zwischen den zwei Tauchgängen und der Tiefe des nachfolgenden Tauchgangs kann der Zeitzuschlag für den Wiederholungstauchgang ermittelt werden.

Ergibt sich kein Zeitzuschlag für den nachfolgenden Tauchgang, so ist dieser kein Wiederholungstauchgang.

Tabelle 4-2: Dekompressionstabelle für Meere und Gewässer bis 700 m ü. NN

Tabelle 4-3: Dekompressionstabelle für Gewässer über 700 bis 1500 m ü. N.N

Tabelle 4-4: Zeitzuschlagtabelle für Wiederholungstauchgänge

4.4 Gebrauchsanleitung der Tabellen

In der folgenden Anleitung bedeuten:

Großbuchstabe $\hat{=}$ Regel   Kleinbuchstabe $\hat{=}$ Beispiel
(Die Beispiele beziehen sich auf Tab. 4-2)

A) Ist die Grundzeit kürzer oder gleichlang wie die angegebene Nullzeit, kann ohne Austauchpausen ausgetaucht werden. Es wird empfohlen, die Auftauchgeschwindigkeit von 10 m/min einzuhalten.

a) Abstieg in 1 min auf 30 m, Aufenthalt dort 13 min.
Grundzeit: (1 + 13) min = 14 min.
Austauchen: In 3 min bis zur Oberfläche.

B) Ist die Grundzeit länger als die Nullzeit, müssen Austauchpausen eingehalten werden.

b) Abstieg in 2 min auf 39 m, Aufenthalt dort 8 min.
   Grundzeit: (2 + 8) min = 10 min.
   Austauchen: In 3 min 36 s auf 3 m, dort 1 min warten, dann in 18 s zur Oberfläche.

C) Liegt die Grundzeit zwischen zwei Zeiten der Tabelle, wird unter der längeren Zeit abgelesen.

c) Abstieg in 2 min auf 24 m, Aufenthalt dort 26 min.
   Grundzeit: (2 + 26) min = 28 min.
   Ablesung der Tabelle bei 24 m, 30 min Grundzeit.
   Austauchen: In 2 min 6 s auf 3 m, dort 4 min warten, dann in 18 s zur Oberfläche.

D) Liegt die Tiefe zwischen zwei Tiefen der Tabelle, wird unter der größeren Tiefe abgelesen.

d) Abstieg in 2 min auf 34 m, Aufenthalt dort 12 min.
   Grundzeit: (2 + 12) min = 14 min.
   Ablesung der Tabelle bei 36 m, 14 min Grundzeit.
   Austauchen: In 3 min 6 s auf 3 m, dort 3 min warten, dann in 18 s zur Oberfläche.

E) Bei kurzer, starker Anstrengung oder sehr kaltem Wasser wird die nächsthöhere Zeitstufe abgelesen.

e) Abstieg in 1 min auf 37 m. Dort 4 min Aufenthalt mit starker Anstrengung beim Lösen eines im Fels verklemmten Ankers.
   Grundzeit: (1 + 4) min = 5 min.
   Ablesung der Tabelle bei 39 m, 10 min Grundzeit.
   Austauchen: In 3 min 24s auf 3 m, dort 1 min warten, dann in 18 s zur Oberfläche.

F) Bei längerer, starker Anstrengung müssen 50% zur Grundzeit zugeschlagen werden.

f) Beispiel: 45 m Tiefe; 12 min Grundzeit, dabei kräftiges Schwimmen (Kamera, Lampen, Weste fast voll, Strömung).
   Ablesung nicht nach E unter 15 min, sondern bei 1,5 x 12 = 18 min Grundzeit! Der erhöhte Luftbedarf für die wesentlich längere Dekompression muß eingeplant sein!

G) Wiederholungstauchgänge:
   In der Tabelle 4-4 werden in der Zeile mit der Wiederholungsgruppe des vorangegangenen Tauchgangs die Spalten gesucht, zwischen denen die Oberflächenpause liegt. Die Trennlinie weist in die passende Spalte der

Zeitzuschlag-Tabelle. Dort wird der Zeitzuschlag in der Zeile abgelesen, an deren Anfang die Tiefe des Wiederholungstauchgangs steht. Der so gefundene Zuschlag wird zur tatsächlichen Grundzeit des Wiederholungstauchgangs zugezählt. Mit dieser erhöhten Grundzeit wird der Dekompressionsplan nach den Regeln A-F in der Dekompressionstabelle ermittelt.

g) Erster Tauchgang wie d (14 min auf 34 m), Wiederholungsgruppe E.
Oberflächenpause: 2 h.
Zweiter Tauchgang: Abstieg in 1 min auf 33 m, Aufenthalt dort 10 min.
Zeitzuschlag: 6 min. Grundzeit: (1 + 10 + 6) min = 17 min.
Ablesung der Tabelle bei 33 m, 18 min Grundzeit.
Austauchen: In 3 min auf 3 m, dort 4 min warten, dann in 18 s zur Oberfläche.

H) Liegt die Tiefe des Wiederholungstauchgangs zwischen zwei Werten der Tabelle, wird in der Zeitzuschlag-Tabelle die Zeile mit der nächst kleineren Tiefe abgelesen. Ausgetaucht wird (s. Regel D) nach der Tabelle mit der nächst größeren Tiefe.

h) Erster Tauchgang und Oberflächenpause wie g (auf 34 m, 14 min Grundzeit, Wiederholungsgruppe E, 2 h).
Zweiter Tauchgang: Abstieg in 1 min auf 34 m, Aufenhalt dort 10 min.
Zeitzuschlag: 6 min. Grundzeit: (1 + 10 + 6) min = 17 min.
Ablesung der Tabelle bei 36 m, 18 min Grundzeit.
Austauchen: In 2 min 48 s auf 6 m, dort 1 min warten, in 18 s auf 3 m, dort 6 min warten, dann in 18 s zur Oberfläche.

I) Ist die Oberflächenpause gleich einer der Zeiten in der Oberflächenpausen-Tabelle, gilt die Spalte links von dieser Zahl.

i) Tauchgänge wie h (erster Tauchgang auf 34 m, 14 min Grundzeit; zweiter Tauchgang auf 34 m, 11 min Grundzeit), jedoch 1 h Oberflächenpause.
Zeitzuschlag: 9 min. Grundzeit (11 + 9) min = 20 min.
Ablesung der Tabelle bei 36 m, 21 min Grundzeit.
Austauchen: In 2 min 48 s auf 6 m, dort 3 min warten, in 18 s auf 3 m, dort 8 min warten, dann in 18 s zur Oberfläche.

J) Ist die Oberflächenpause gleich oder kürzer als die kleinste Zeitangabe in der maßgebenden Zeile der Tabelle 4-4, dann gelten die Tauchgänge als ununterbrochen, die Grundzeiten müssen addiert und die größte Tauchtiefe angesetzt werden.

j) Erster Tauchgang wie d (auf 34 m, 14 min Grundzeit), Oberflächenpause 5 min.

Zweiter Tauchgang, 32 m, 4 min (Anker klemmt!)

Ablesung: 36 m, 18 min, also 1 min in 6 m, und 6 min in 3 m dekomprimieren.

Dies erscheint lang, die gerade nach solchen, kurz aufeinanderfolgenden Tauchgängen häufig beobachteten Symptome erfordern diese Vorsicht.

K) Nach Ende eines Wiederholungstauchgangs gilt die Wiederholungsgruppe, die sich für den letzten Tauchgang aus der Tabellenablesung ergibt.

k) Zweiter Tauchgang wie h (auf 34 m, 17 min Grundzeit). Tabellenablesung: 36 m, 18 min Grundzeit.
Die Wiederholungsgruppe für einen dritten Tauchgang ist F.

L) Geflogen werden darf erst nach Ablauf der in der letzten Spalte der Oberflächenpausentabelle unter dem Flugzeugsymbol angegebenen Wartezeit.

l) Tauchgänge wie i (erster Tauchgang auf 34 m, 14 min Grundzeit, 1 h Oberflächenpause, zweiter Tauchgang auf 34 m, 11 min Grundzeit). Wiederholungsgruppe F nach dem letzten Tauchgang. Frühestens 30 h nach diesem darf geflogen werden.

M) Wartezeiten, die vor einem Tauchgang noch bestehen, werden zu den nach L ermittelten Zeiten hinzugezählt.

m) 1. Tauchgang mit Wiederholungsgruppe E. Nach 5 Stunden Oberflächenpause ein Tauchgang mit Wiederholungsgruppe D. Flugwartezeit $24 - 5 + 18 = 37$ Stunden.

Auch bei korrektem Gebrauch der Tabellen bleiben kleine Restrisiken einer Dekompressionserkrankung (s. S. 169). Diese steigen mit der alphabetischen Reihenfolge der Wiederholungsgruppen und der Summe der bei Wiederholungstauchgängen aufgesuchten Tiefen.

Für die im Abschnitt 4.4 gebrachten Beispiele wurden Tauchgänge nach Tabelle 4-2 zugrunde gelegt. Die Regeln gelten auch für Tauchgänge nach Tabelle 4-3. Für Gewässer über 1500 m Höhenlage müssen Bergsee-Dekompressionstabellen verwendet werden, z.B. die Bühlmann-Tabelle 700-2500 m des SUSV (Schweizerischer Unterwasser Sportverband).

Die sekundengenauen Angaben für Austauchzeiten ergeben sich zwar aus der einzuhaltenden Aufstiegsgeschwindigkeit von 10 m/min, kleinere Abweichungen sind aber weder vermeidbar noch gefährlich. Aus größerer Tiefe kann bis 25 m auch rascher aufgestiegen werden; dadurch werden Stickstoff-Aufnahme und Luftbedarf etwas vermindert. Wird langsamer als mit 10 m/min aufgestiegen, muß die Aufstiegszeit zur Grundzeit gerechnet werden. Ein Aufstieg mit 10 m/min ist (gem. 4.1) Austauchen, die Aufstiegszeit ist nicht zur Grundzeit zu rechnen.

Wegen der festgestellten Risiken wird von Wiederholungstauchgängen, die tiefer als der vorausgegangene Tauchgang gehen, dringend abgeraten.

Können in einem Notfall die vorgeschriebenen Dekompressionszeiten nicht eingehalten werden, sollten die Dekozeiten, gemäß ihrem Anteil an der Gesamtdekozeit verkürzt werden. Als Sofortmaßnahme bis zum Abtransport zur Druckkammerbehandlung ist Sauerstoff-Atmung geboten.

Statistiken zeigen, daß ein kleiner Prozentsatz der Menschen wesentlich stärker auf Dekompression reagiert, als der Rest. Wer schon einmal Symptome der Dekompressionskrankheit hatte, sollte grundsätzlich nach Regel E austauchen, d.h. eine Zeitstufe höher als regulär ablesen.

Bei Anwendung der hier wiedergegebenen Tabellen und Regeln sind Dekompressionsunfälle äußerst unwahrscheinlich, aber (wie bei allen Tabellen) nicht völlig unmöglich. Eine Haftung von Herausgeber und Autoren ist deshalb ausgeschlossen.

Tabelle 4-2

Column group 1

Tauchtiefe(m) / Nullzeit(min)	Grundzeit(min)	Dekopausen 6	Dekopausen 3	Wiederholungsgr.
9 415'	25			B
	50			D
	75			E
	100			F
12 142'	18			B
	36			D
	54			E
	72			F
	90			G
15 72'	16			C
	32			E
	48			F
	64			F
	80		3	G
18 44'	10			B
	20			D
	30			E
	40			F
	50		2	F
	60		6	G
	70		11	G
	80		16	G
21 31'	6			B
	12			C
	18			D
	24			E
	30			E
	36		3	F
	42		5	F
	48		9	G
	54		12	G
	60		16	G
24 23'	5			B
	10			C
	15			D
	20			E
	25		1	E
	30		4	F
	35		7	F
	40		10	F
	45	2	13	G
	50	3	16	G
	55	5	19	G

Column group 2

Tauchtiefe(m) / Nullzeit(min)	Grundzeit(min)	9	6	3	Wiederholungsgr.
27 18'	5				B
	10				C
	15				D
	20			1	E
	25			4	F
	30			8	F
	35		2	11	G
	40		4	14	G
	45		6	18	G
	50		9	20	G
30 14'	6				B
	10				D
	14				D
	18			2	E
	22			5	F
	26		1	8	F
	30		3	10	F
	33		5	12	G
	36		6	14	G
	39	1	7	17	G
	42	1	9	19	G
33 12'	6				C
	10				D
	14			1	E
	18			4	E
	21		1	7	F
	24		3	8	F
	27		4	11	F
	30	1	6	13	G
	33	2	6	16	G
	36	3	8	18	G
36 10'	6				C
	10				D
	14			3	E
	18		1	6	F
	21		3	8	F
	24	1	4	11	F
	27	2	6	13	G
	30	3	7	16	G
	33	4	9	19	G

Austauchtabelle DECO '92
Autor: Dr.Max Hahn

Column group 3

Tauchtiefe(m) / Nullzeit(min)	Grundzeit(min)	12	9	6	3	Wiederholungsgr.
39 8'	6					C
	10				1	D
	14			1	4	E
	18			3	7	F
	21		1	4	10	F
	24		3	6	12	G
	26		4	6	15	G
	28		4	8	17	G
42 7'	6					C
	9				1	D
	12			1	4	D
	15			3	6	F
	18		1	4	9	F
	20		2	5	11	F
	22		3	6	13	G
	24	1	4	7	15	G
45 6'	6					D
	8				1	D
	10				3	E
	12			2	4	E
	14			3	7	F
	16		1	4	9	F
	18		2	5	11	F
	20	1	3	6	13	G
	22	1	4	7	15	G
48 5'	6					D
	8				2	E
	10			1	4	E
	12			3	6	F
	14		1	4	7	F
	16		3	4	10	F
	18	1	3	6	12	G
	20	2	4	7	15	G
51 4'	6					D
	8				3	E
	10			2	5	E
	12		1	3	7	F
	14		3	4	9	F
	16	1	3	6	11	G
	18	2	4	7	14	G

0-700 m ü. N.N.
Aufstiegsgeschwindigkeit 10m/min

Tabelle 4-2

Tauchtiefe 54 m / Nullzeit 4'

Grundzeit(min)	15	12	9	6	3	Wiederholungsgr.
6					2	D
8				1	4	E
10			1	2	6	E
12			2	4	8	F
14		1	3	5	10	F
16		2	4	6	13	G

Tauchtiefe 60 m / Nullzeit 3'

Grundzeit(min)	15	12	9	6	3	Wiederholungsgr.
6				1	3	E
8			1	2	5	E
10			2	4	6	F
12		2	2	5	11	F
13		2	3	6	12	G
14	1	2	4	6	14	G

Tauchtiefe 57 m / Nullzeit 3'

Grundzeit(min)	15	12	9	6	3	Wiederholungsgr.
6					2	D
8				2	4	E
10			1	3	7	F
12		1	2	4	10	F
14		2	3	6	12	G
16	1	2	4	7	15	G

Tauchtiefe 63 m / Nullzeit 2'

Grundzeit(min)	15	12	9	6	3	Wiederholungsgr.
6				1	4	E
8			1	3	6	F
10		1	2	4	9	F
11		2	2	5	10	F
12	1	2	3	6	12	G
13	1	2	4	6	14	G

Tabelle 4-4

Tabelle für Oberflächenpausen und Wiederholungstauchgänge

Wiederholungs-gruppe	Oberflächenpause (h.min.) 							
G	.15	.30	1.00	2.00	3.00	4.00	6.00	36 h
F		.15	.30	1.30	2.15	3.00	4.00	30 h
E			.15	.30	1.00	2.00	3.00	24 h
D				.15	.30	1.00	2.00	18 h
C					.15	.45	2.00	12 h
B						.30	1.30	6 h

Tiefe des Wiederholungstauchgangs (m)	163	158	149	134	103	70
9	163	158	149	134	103	70
12	80	79	75	56	28	19
15	61	50	47	32	13	10
18	39	37	34	22	11	8
21	31	29	27	17	9	7
24	26	24	23	14	8	6
27	23	21	19	12	8	5
30	20	18	17	10	7	5
33	18	16	15	9	6	4
36	16	15	13	7	5	4
39	14	13	12	6	5	3
42	13	12	11	5	5	3
45	12	11	10	5	4	3
48	11	10	9	4	4	3
51	11	9	8	3	3	2
54	10	8	7	3	3	2
57	9	7	6	2	2	2
60	8	7	6	2	2	2
63	7	6	5	2	2	2

Zeitzuschlag zur Grundzeit (min.)

Tabelle 4-3

Tauchtiefe 9–24 m (Dekopausen 6, 3)

Tauchtiefe (m) / Nullzeit (min)	Grundzeit (min)	6	3	Wiederholungsgr.
9 314'	25			B
	50			D
	75			E
	100			F
12 116'	18			B
	36			D
	54			E
	72			F
	90			G
15 61'	16			C
	32			E
	48			F
	64	1		F
	80	7		G
18 39'	10			B
	20			D
	30			E
	40		1	F
	50		5	F
	60		10	G
	70		16	G
	80		23	G
21 27'	6			B
	12			C
	18			D
	24			E
	30		1	E
	36		4	F
	42		8	F
	48		12	G
	54		17	G
	60	2	20	G
24 20'	5			B
	10			C
	15			D
	20			E
	25		2	E
	30		6	F
	35		10	F
	40	1	13	F
	45	3	17	G
	50	5	20	G
	55	7	25	G

Tauchtiefe 27–36 m (Dekopausen 9, 6, 3)

Tauchtiefe (m) / Nullzeit (min)	Grundzeit (min)	9	6	3	Wiederholungsgr.
27 16'	5				B
	10				C
	15				D
	20			2	E
	25			6	F
	30		1	10	F
	35		3	14	F
	40		6	17	G
	45		8	22	G
	50	1	10	27	G
30 13'	6				B
	10				D
	14			1	D
	18			3	E
	22			7	F
	26		2	10	F
	30		4	13	F
	33		6	16	G
	36	1	7	19	G
	39	1	9	21	G
	42	2	10	25	G
33 11'	6				C
	10				D
	14			2	E
	18			6	E
	21		2	8	F
	24		4	10	F
	27		6	13	F
	30	1	7	16	G
	33	2	9	19	G
	36	4	9	24	G
36 9'	6				C
	10				D
	14			4	E
	18		2	7	F
	21		4	10	F
	24	1	6	13	F
	27	3	6	17	G
	30	4	8	20	G
	33	5	10	25	G

Tauchtiefe 39–51 m (Dekopausen 12, 9, 6, 3)

Tauchtiefe (m) / Nullzeit (min)	Grundzeit (min)	12	9	6	3	Wiederholungsgr.
39 7'	6					C
	10				1	D
	14			1	5	E
	18			4	9	F
	21		2	5	12	F
	24		3	7	16	G
	26		4	8	19	G
	28	1	4	10	21	G
42 6'	6					C
	9				1	D
	12			1	4	E
	15			3	7	E
	18		2	4	11	F
	20		3	6	13	F
	22		4	7	16	G
	24	1	4	9	19	G
45 5'	6					D
	8				2	D
	10				4	E
	12			2	6	E
	14		1	3	8	F
	16		2	4	10	F
	18		3	6	13	F
	20	1	4	7	16	G
	22	2	4	8	20	G
48 4'	6					D
	8				2	E
	10			1	5	E
	12			3	7	F
	14		2	4	9	F
	16		3	5	12	F
	18	1	4	6	16	G
	20	2	4	9	19	G
51 4'	6					D
	8				4	E
	10			2	6	E
	12		1	4	8	F
	14		3	4	11	F
	16	1	4	6	14	G
	18	3	4	7	19	G

Austauchtabelle DECO '92
Autor: Dr.Max Hahn

701-1500 m ü. N.N.
Aufstiegsgeschwindigkeit 10m/min

173

Tabelle 4-3

Tauchtiefe(m) Nullzeit (min)	Grundzeit(min)	Dekopausen 15	12	9	6	3	Wiederholungsgr.
54 3'	6					2	D
	8				1	4	E
	10			1	2	7	E
	12			2	4	10	F
	14		1	3	6	13	F
	16		3	3	7	17	G

Tauchtiefe(m) Nullzeit (min)	Grundzeit(min)	Dekopausen 15	12	9	6	3	Wiederholungsgr.
60 2'	6					4	E
	8			1	2	6	E
	10			2	4	9	F
	12		2	3	5	13	F
	13		2	4	6	15	G
	14	1	2	4	7	17	G

Tauchtiefe(m) Nullzeit (min)	Grundzeit(min)	Dekopausen 15	12	9	6	3	Wiederholungsgr.
57 2'	6					3	D
	8				2	5	E
	10			1	4	7	F
	12		1	2	5	11	F
	14		2	4	6	15	G
	16	1	3	4	9	19	G

Tauchtiefe(m) Nullzeit (min)	Grundzeit(min)	Dekopausen 15	12	9	6	3	Wiederholungsgr.
63 1'	6				1	4	E
	8			1	3	7	F
	10		1	2	5	10	F
	11		2	3	5	12	F
	12	1	2	3	7	14	G
	13	1	2	4	7	17	G

Tabelle 4-4

Tabelle für Oberflächenpausen und Wiederholungstauchgänge

Wiederholungs-gruppe	Oberflächenpause (h.min.)							
G	.15	.30	1.00	2.00	3.00	4.00	6.00	36 h
F		.15	.30	1.30	2.15	3.00	4.00	30 h
E			.15	.30	1.00	2.00	3.00	24 h
D				.15	.30	1.00	2.00	18 h
C					.15	.45	2.00	12 h
B						.30	1.30	6 h

Tiefe des Wiederholungstauchgangs (m)						
9	163	158	149	134	103	70
12	80	79	75	56	28	19
15	61	50	47	32	13	10
18	39	37	34	22	11	8
21	31	29	27	17	9	7
24	26	24	23	14	8	6
27	23	21	19	12	8	5
30	20	18	17	10	7	5
33	18	16	15	9	6	4
36	16	15	13	7	5	4
39	14	13	12	6	5	3
42	13	12	11	5	5	3
45	12	11	10	5	4	3
48	11	10	9	4	4	3
51	11	9	8	3	3	2
54	10	8	7	3	3	2
57	9	7	6	2	2	2
60	8	7	6	2	2	2
63	7	6	5	2	2	2

Zeitzuschlag zur Grundzeit (min.)

Barakuda

Entwurf

5   Tauchausrüstung

Ziel der theoretischen Ausbildung in der Gerätekunde soll sein, den Taucher zu befähigen:

— seine Tauchausrüstung unter dem Gesichtspunkt der Tauchsicherheit zu beurteilen,

— die Grenzen der Leistungsfähigkeit dieser Ausrüstung zu erkennen,

— die Funktion wichtiger Ausrüstungsteile zu kennen und

— neue, auf dem Markt erhältliche Ausrüstungsteile danach zu beurteilen, ob sie den Anforderungen eines sicherheitsbewußten Sporttauchers entsprechen.

Dazu werden in den folgenden Abschnitten die einzelnen Geräte bzw. Ausrüstungsteile in ihrer Funktion erläutert und die Anforderungen aufgezählt. Es werden hierbei möglichst alle Teile erfaßt, die zu einer „normalen" Ausrüstung gehören.

Auf Zahlen und Daten wird weitgehend verzichtet, um die Gültigkeit der Ausführungen, auch bei technischen Weiterentwicklungen oder Änderungen von Bestimmungen, zu erhalten.

Andererseits werden bestehende Vorschriften weitgehend eingearbeitet, wenn sie sicherheitstechnische Anforderungen enthalten.

5.1   ABC-Ausrüstung

5.1.1   Schnorchel

Ausstattung

Rohr, Mundstück, Haltevorrichtung, Sicherheitsfarbstreifen, keine Klappen oder Ventile, die die Luftzufuhr unterbrechen können. Faltenschläuche als Verbindung zwischen Mundstück und Rohr sind nicht empfehlenswert.

Länge

Max. 35 cm (zwischen Mundstück und Lufteintritt).

Innendurchmesser

Für Kinder 15-18 mm.
Für Erwachsene 18-25 mm.

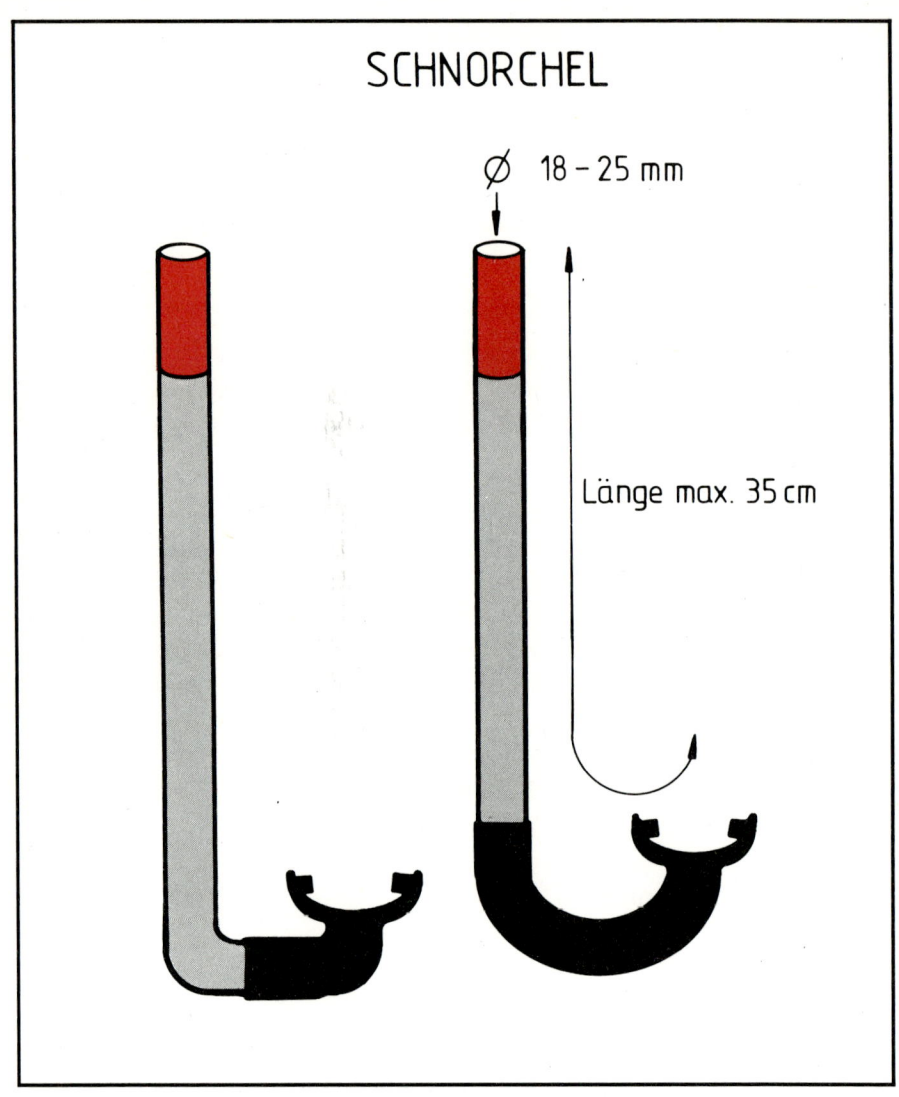

Abbildung 5-1

Mundstück

Es muß anatomisch geformt sein. Kanten müssen mit einem Radius von mindestens 1 mm gerundet sein.

178

5.1.2 Tauchmaske

Weil das menschliche Auge nicht dafür geschaffen ist, unter Wasser scharf zu sehen, wird mit Hilfe der Tauchmaske ein Luftraum vor den Augen geschaffen. Wir unterscheiden einfenstrige Tauchmasken und zweifenstrige Tauchmasken.

Ausstattung

Maskenkörper mit doppeltem Dichtrand; Sichtscheibe(n) müssen zuverlässig und dicht am Maskenkörper befestigt sein und müssen eine angemessene mechanische Festigkeit haben, auch dürfen sie die Sicht nicht verzerren. Auswechselbares, verstellbares Kopfband, Druckausgleichseinrichtung (Nasenerker), die auch mit Handschuhen zu betätigen sein muß. Ein Schnorchel darf nicht mit in die Maske eingebaut sein!

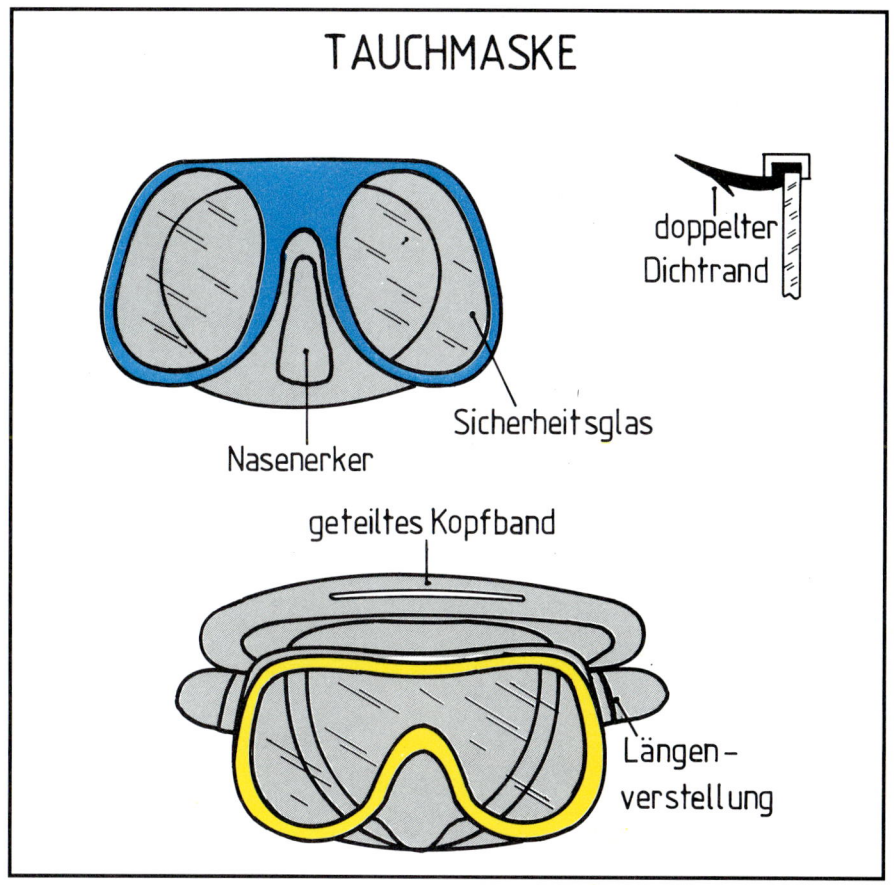

Abbildung 5-2

5.1.3 Flossen

Blattgröße

Größe und Härte des Blattes (und damit die auftretenden Kräfte) sollten der Konstitution des Benutzers angepaßt sein.

Ausstattung

Die Flosse soll durch Leitlinien (verstärkte Kanten, Düsen o.ä.) eine ausreichende Richtungsstabilität besitzen; das Flossenblatt soll leicht nach unten abgewinkelt sein; Flossen mit Fersenband sollten nur in Verbindung mit Füßlingen getragen werden.

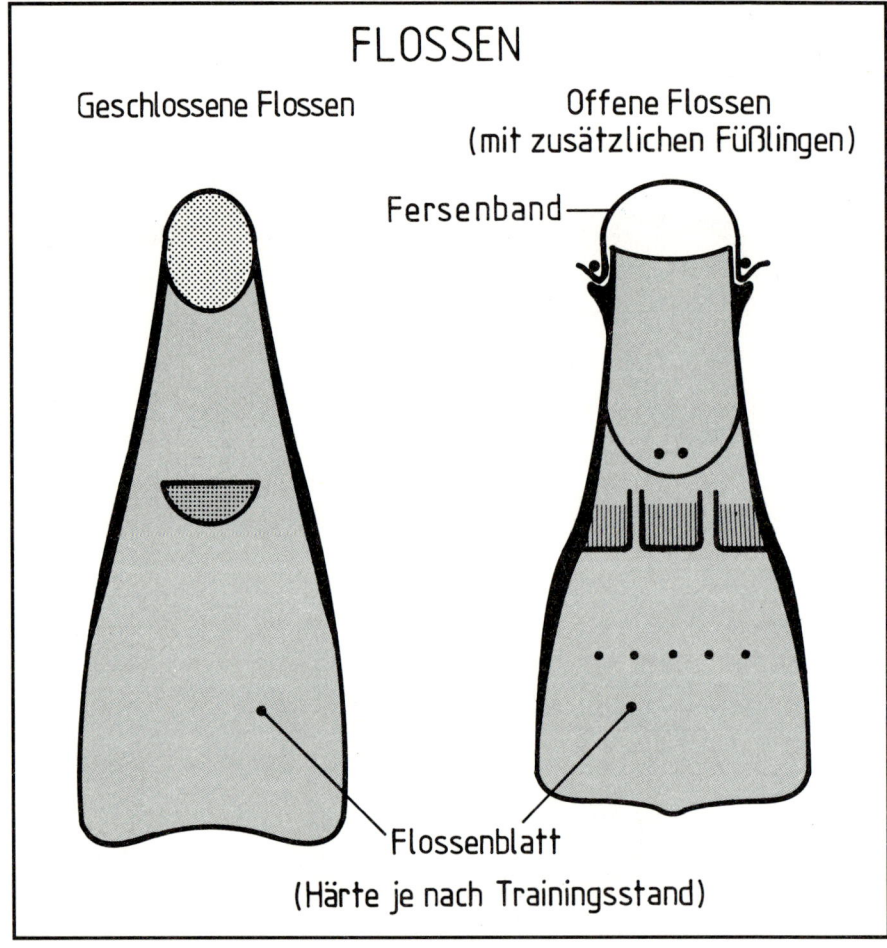

Abbildung 5-3

5.2 Autonomes Leichttauchgerät mit Druckluft mit offenem Kreislauf (SCUBA)

SCUBA (Self-Contained Underwater Breathing Apparatus = in sich geschlossenes, autonomes Unterwasser-Atmungs-Gerät) ist die international gebräuchliche Abkürzung für das Tauchgerät.

Das SCUBA muß mindestens folgende angegebene Bestandteile aufweisen:

- Atemgesteuerte Dosiereinrichtung (5.2.1)
- Druckluftflasche(n) (5.2.2)
- Tragegestell oder Flaschenhalterung mit Befestigungs- möglichkeit für Tragevorrichtung
- Tragevorrichtung (5.2.2.3)
- Sicherheitseinrichtung (5.2.2.4, 5.2.2.5)
- Atemanschluß: Mundstückgarnitur oder Vollmaske oder Tauchhelm

Offener Kreislauf bedeutet, daß die Ausatemluft ohne Rückführung von der Dosiereinrichtung über das Ausatemventil in das umgebende Wasser entweicht.

Das Gerät muß mit wenigstens einer der folgenden Sicherheitseinrichtungen ausgestattet sein:

a) Druckmesser/Manometer (5.2.2.4)
b) Reserveventil (5.2.2.5)
c) Aktive Warneinrichtung (5.2.2.5)

5.2.1 Atemgesteuerte Dosiereinrichtung

Eine atemgesteuerte Dosiereinrichtung muß aus einem Druckminderer (1. Stufe) und einem Lungenautomat (2. Stufe) bestehen. Sie hat die Aufgabe, den Druck der Druckluftflasche auf den Umgebungsdruck zu reduzieren. Dieses wird in zwei getrennten Stufen erreicht. Bei diesem Prinzip reduziert die erste Stufe (Druckminderer) den Flaschendruck auf einen konstanten Mitteldruck, der 4-15 bar über dem Umgebungsdruck liegt. Erst die zweite Stufe, die über einen Verbindungsschlauch (Mitteldruckschlauch) von mindestens 65 cm Länge mit der ersten Stufe verbunden ist, reduziert den Mitteldruck auf den Umgebungsdruck.

Am Druckminderer der atemgesteuerten Dosiereinrichtung muß jede einstellbare Mitteldruckstufe zuverlässig gegen zufälliges Verstellen geschützt und angemessen verplombt sein, so daß jedes unbefugte Verstellen erkannt werden kann.

Der Druckminderer muß dauerhaft mit einer Fabrikationsnummer gekenn-zeichnet sein. Anhand der Kennzeichnung muß das Baujahr ermittelt werden können. Zusätzlich muß die Möglichkeit bestehen, Prüfzeichen anzubringen

Atemgesteuerte Dosiereinrichtungen

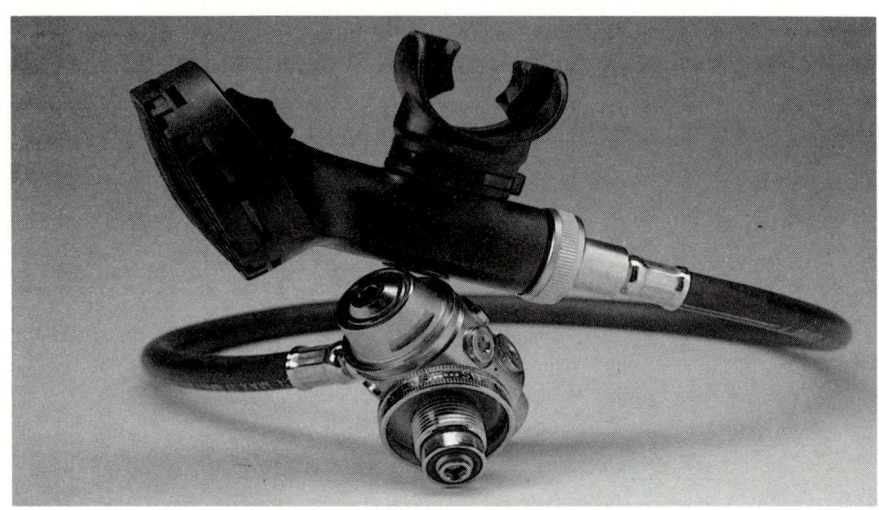

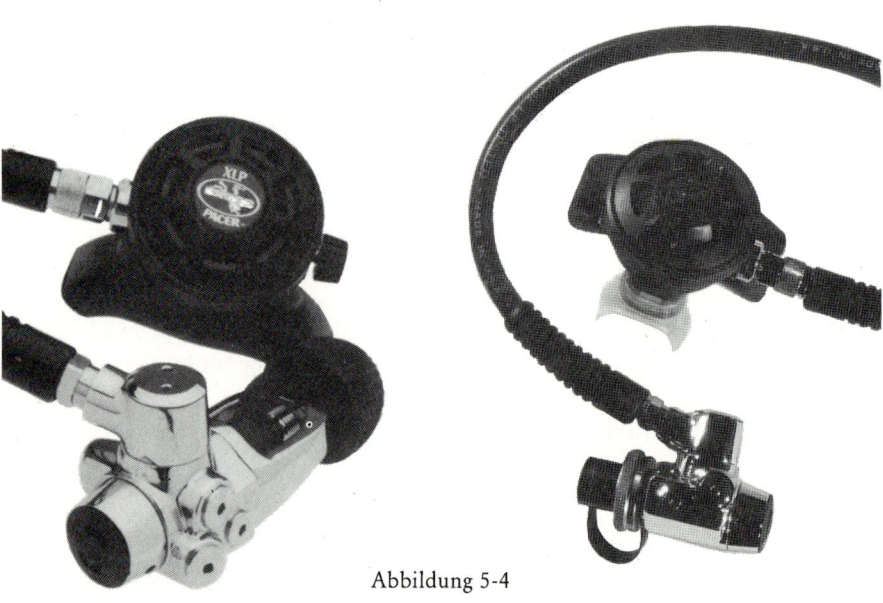

Abbildung 5-4

Funktion

Abbildung 5-5 zeigt schematisch den Aufbau einer zweistufigen atemge-steuerten Dosiereinrichtung. Die erste Stufe, deren Aufgabe es ist, den Fla-schendruck auf den Mitteldruck zu reduzieren, wird mit der Anschlußver-schraubung (8) mit dem Flaschenventil verbunden. Für die Dichtigkeit dieser Verbindung sorgt der Dichtring (9), der auch als O-Ring bezeichnet wird. Die Feder (14) und der zusätzlich auf die Membran (13) wirkende Wasserdruck bewirken über den Schließbolzen (12) eine Öffnung des Ventils (11) solange, bis sich hinter dem Kolben ein Mitteldruck aufgebaut hat, der im Kräfte-gleichgewicht zum Feder-plus Wasserdruck steht. Der Mitteldruck wird vom Anschluß (15), der oft mit LP (low pressure) bezeichnet ist, über den Mittel-druckschlauch (7) zur zweiten Stufe übertragen. Am Anschluß (16), der mit HP (high pressure $\triangleq$ Hochdruck) bezeichnet ist, kann ein UW-Manometer angeschlossen werden.

In der zweiten Stufe wird beim Einatmen durch den relativen Unterdruck im System gegenüber dem Umgebungsdruck über eine mit dieser Druckdifferenz belastete Membran (2) ein Ventil (5) geöffnet. Dazu wird die Bewegung der Membran (2) über einen Kipphebel (3) und den Schließbolzen (4) übertragen. Das Ventil schließt sich automatisch, sobald der Unterdruck durch die nach-strömende Luft ausgeglichen ist. Die Ausatemluft entweicht über das Aus-atemventil (6) bei geringfügigem Überdruck beim Ausatmen. Mit einem Druck auf den Luftduschenknopf kann das Ventil der zweiten Stufe auch von Hand geöffnet werden.

Speziell hingewiesen sei noch auf die beiden in diesem Beispiel gezeigten Ventilkonstruktionen. In der ersten Stufe finden wir nämlich ein Ventil, das sich gegen den Druck öffnet und daher als up-stream-Ventil bezeichnet wird, während in der zweiten Stufe ein Ventil gezeigt ist, das sich mit dem Druck öffnet, ein down-stream-Ventil. Aus Sicherheitsgründen hat sich diese Kombination weitgehend durchgesetzt, weil beispielsweise ein down-stream-Ventil in der zweiten Stufe gleichzeitig als Sicherheitsventil für einen bei fehlerhafter erster Stufe überhöhten Mitteldruck dient, indem es in einem solchen Fall vom Mitteldruck aufgedrückt wird. Ein up-stream-Ventil in der zweiten Stufe bedingt dagegen ein zusätzliches Sicherheitsventil.

2. Stufe
Lungenautomat

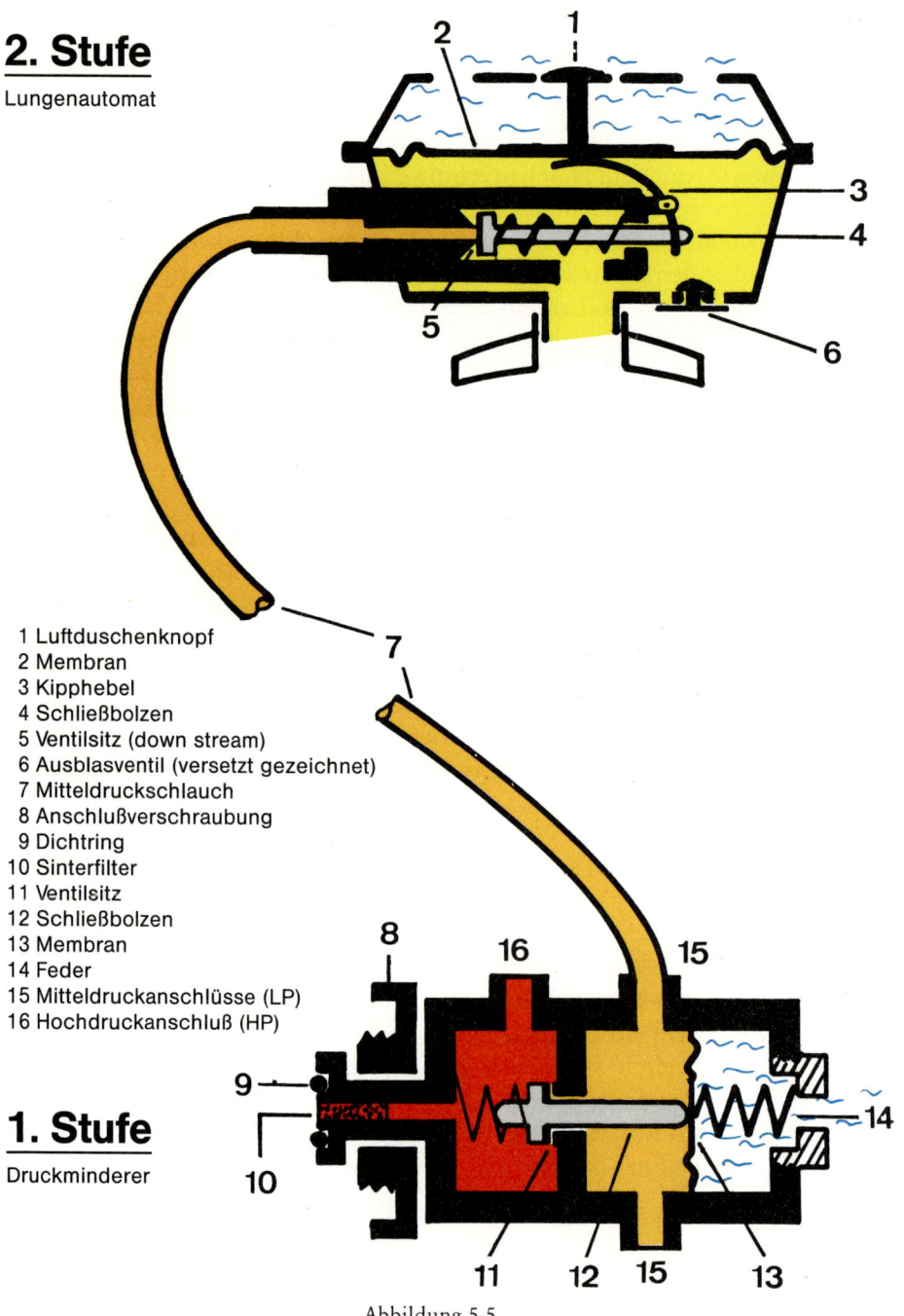

1 Luftduschenknopf
2 Membran
3 Kipphebel
4 Schließbolzen
5 Ventilsitz (down stream)
6 Ausblasventil (versetzt gezeichnet)
7 Mitteldruckschlauch
8 Anschlußverschraubung
9 Dichtring
10 Sinterfilter
11 Ventilsitz
12 Schließbolzen
13 Membran
14 Feder
15 Mitteldruckanschlüsse (LP)
16 Hochdruckanschluß (HP)

1. Stufe
Druckminderer

Abbildung 5-5

184

5.2.2 Druckluftflaschen

Die Druckluftflaschen müssen den entsprechenden nationalen oder europäischen Verordnungen entsprechen. Sie müssen für einen Fülldruck von mindestens 200 bar zugelassen sein. Druckluftflaschen über 220 cm^3 Inhalt müssen bauartzugelassen und vom TÜV geprüft sein.
Für den Tauchsport kennt man 200-bar-Geräte und (weniger verbreitete) 300-bar-Geräte. Der Prüfdruck beträgt das 1,5fache des zulässigen Fülldrucks. Die Überprüfung von Drucklufttauchgeräten durch den TÜV muß z.Zt. erfolgen:

    für Stahlflaschen alle 2 Jahre,
    für Alu-Flaschen alle 6 Jahre.

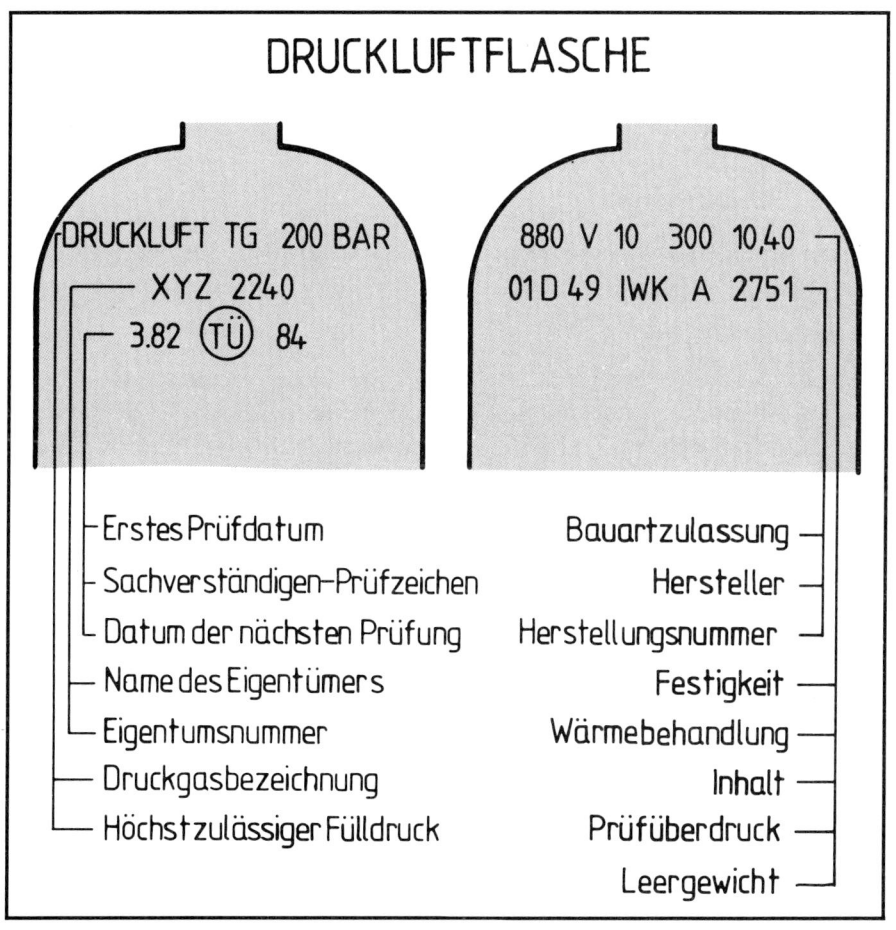

Abbildung 5-6

185

Nach deutscher Verordnung muß die Druckluftflasche oder zumindest ihr oberer Teil (Schulter) grau lackiert sein und die Aufschrift „Druckluft TG" oder „Preßluft TG" tragen.

Flaschenpaket

Ein Flaschenpaket muß aus einer oder mehreren Druckluft-Flaschen mit Tragesystem bestehen.

Es sollen nur Flaschen gleichen Typs verbunden werden; die Verbindung soll so gestaltet sein, daß sich die Flaschen selbständig oder unbeabsichtigt nicht voneinander lösen können; die Flascheninhalte sollen über eine Verbindungsbrücke miteinander verbunden sein.

Wichtig ist, bei der Zusammenstellung von Flaschenpaketen auf die gültigen Vorschriften zu achten.

Im Falle mehrerer untereinander verbundener Flaschen muß sichergestellt werden, daß der Druckausgleich zwischen geöffneten Flaschenventilen und/oder offenen Reserveventilen nicht behindert wird.

5.2.2.1 Flaschenventil

Flaschenventile müssen den entsprechenden nationalen oder europäischen Vorschriften genügen und für den nominellen Betriebsdruck zugelassen sein.

Ausstattung (Abb. 5-7)

Das Ventil wird über den Einschraubstutzen des Gehäuses mit der Druckluftflasche verbunden. Die Betätigung erfolgt von Hand. Durch Rechtsdrehung wird das Ventil geschlossen, durch Linksdrehung geöffnet. Man öffnet das Ventil vollkommen und dreht es dann ca. eine halbe Umdrehung in Richtung „zu". Es müssen mindestens zwei Umdrehungen von der vollen Offen-Stellung bis zur Geschlossen-Stellung notwendig sein.

Die Drehbewegung am Drehgriff wird über die Oberspindel und das Kupplungsstück auf die Unterspindel übertragen und in einen Hub zum Öffnen oder Schließen des Ventils umgesetzt. Ein Sinterfilter verhindert das Mitreißen von Schmutz aus der Flasche, das anschließende Wasserschutzrohr verhindert das Eindringen von Wasser in die nachfolgenden Armaturen bei Überkopfstellung. Geschlossen wird das Ventil, indem man nur leicht bis zum Anschlag dreht. Automaten lassen sich erst nach der Druckentlastung abschrauben. Diese Druckentlastung erreicht man durch Saugen am Mundstück oder Drücken der Luftdusche.

Andere Bauteile eines SCUBA wie Warneinrichtung, Manometer, Tragevorrichtung und Bänderung können entweder mit dem Flaschenpaket oder der Dosiereinrichtung verbunden sein.

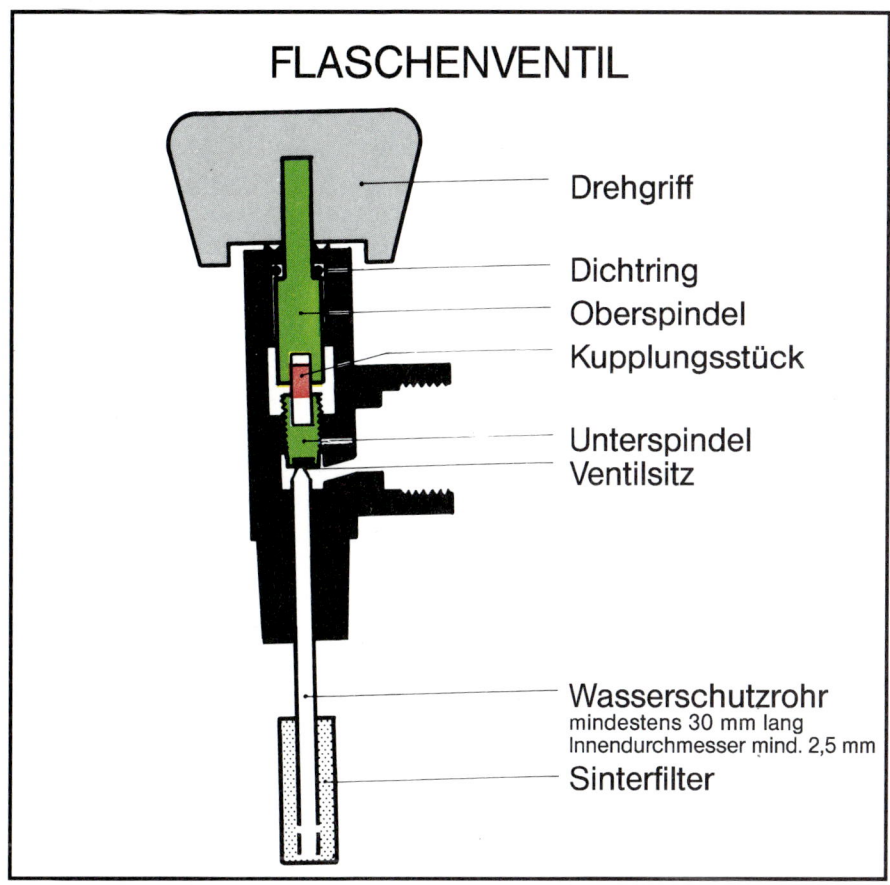

FLASCHENVENTIL

Drehgriff

Dichtring
Oberspindel
Kupplungsstück

Unterspindel
Ventilsitz

Wasserschutzrohr
mindestens 30 mm lang
Innendurchmesser mind. 2,5 mm
Sinterfilter

Abbildung 5-7

5.2.2.2 Bänderung

Die Bänderung soll das SCUBA auf dem Rücken so fixieren, daß es sich während des Tauchens nicht verschieben oder lösen kann. Sie sollte aus Schulter- und Bauchgurten oder Schulter- und Schrittgurten bestehen. Eine einhandbedienbare Schnellabwurfschnalle ist erforderlich. Zentralgurtverschlüsse, die bei Betätigung die Gesamtbegurtung vom Taucher lösen, sind nicht zulässig.

5.2.2.3 Tragevorrichtung

Die Tragevorrichtung muß so mit den Flaschen verbunden sein, daß sich die Verbindung nicht unbeabsichtigt (z. B. durch Ziehen an der Reservezugstange) lösen kann.

5.2.2.4 UW-Manometer / Druckmesser

Das UW-Manometer (oft auch Finimeter genannt) (Abb. 5-10) ist ein Meßinstrument, das dem Taucher den momentanen Druck der Druckluftflasche anzeigt. Es wird mittels eines Hochdruckschlauches an den Atemregler (HP-Anschluß) angeschlossen. Der direkte Anschluß an das Flaschenventil ist nicht empfehlenswert, da hierbei durch unvorsichtigen Flaschentransport das UW-Manometer sehr leicht beschädigt werden kann.

Mindestanforderungen
Gut ablesbare Anzeige, die bei 50 bar eine deutlich sichtbare Markierung besitzen soll. Am oberen Ende des Hochdruckschlauches soll eine Drosseldüse eingebaut sein, die bei einer Beschädigung des Schlauches die abströmende Luftmenge auf 40 barl (bei 200 bar Flaschendruck) begrenzt. Der Anzeigebereich des Manometers muß von der Nullmarke bis zu einem Wert reichen, der 20% über dem nominellen Arbeitsdruck der Druckluftflasche liegt.
Der Skalenteilungswert darf höchstens 10 bar betragen. Der Bereich unter 50 bar muß klar differenziert sein, um den niedrigen Luftvorrat zu betonen.

5.2.2.5 Reserveventil

Das SCUBA sollte zur eigenen Sicherheit mit einer manuell zu betätigenden Reserveventil ausgerüstet sein, die dem Taucher das Zuendegehen des Atemluftvorrates signalisiert.

Die Funktionen eines Reserveventils sind:

— einen Anstieg des Einatemwiderstands durch ein Absperrventil hervorzurufen, wenn der Atemluftvorrat unter eine vorgegebene Druckgrenze fällt und

— diesen Effekt durch eine Auslösevorrichtung wieder vollständig rückgängig zu machen.

Wenn das SCUBA mit einer aktiven Warneinrichtung ausgestattet ist, muß diese dem Taucher unmißverständlich das Zuendegehen des Atemluftvorrats anzeigen, wenn der Luftvorrat auf nicht unter 50 bar gefallen ist. Solche Einrichtungen müssen spätestens dann automatisch in Funktion sein, wenn das Gerät untergetaucht ist.
Ein Reserveventil (Abb. 5-8) besteht üblicherweise aus einem federbelasteten Ventil, das die weitere Luftzufuhr zunächst unterbricht, wenn der Luftvorrat auf nicht unter 50 bar gefallen ist. Von Hand wird dann über eine Zugstange oder ein Zugseil, die vom Taucher leicht erreichbar sein müssen, das Reserveventil geöffnet.

RESERVEVENTIL

1. Flaschendruck größer
   als Reservedruck:
   Reserveventil durch
   Flaschendruck geöffnet

zum ↑ Automaten

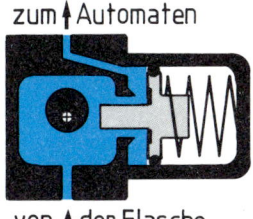

von ↑ der Flasche

2. Flaschendruck kleiner
   als Reservedruck:
   Reserveventil durch
   Federkraft geschlossen

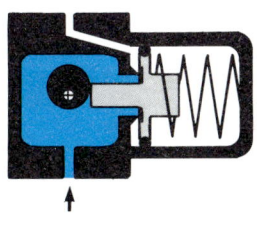

3. Flaschendruck kleiner
   als Reservedruck:
   Reserveventil durch
   Exzenter geöffnet

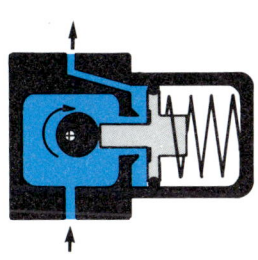

Abbildung 5-8

Beim Öffnen der Flaschenventile wird das Reserveventil je nach Konstruktion entweder von Hand oder automatisch in Funktion gesetzt. Die Stellung des Reserveventils muß jederzeit kontrollierbar sein.

Abbildung 5-9 zeigt den prinzipiellen Aufbau eines automatischen Reserveventils. Beim Betriebszustand A herrscht in der Druckluftflasche ein höherer Druck p als der Reservedruck. Über das Ventil (6) gelangt dieser Druck in das Reservegehäuse und drückt den Schließkolben (2) gegen die Kraft der Reservefeder (3) vom Ventilsitz weg, so daß die Luft durch die Ausgangsbohrung zum Lungenautomaten gelangen kann. Eine Arretiervorrichtung (5), die durch den an dieser Stelle geschlitzten Schließkolben führt, ist in diesem Betriebszu-

189

Prinzip eines automatischen Reserveventils

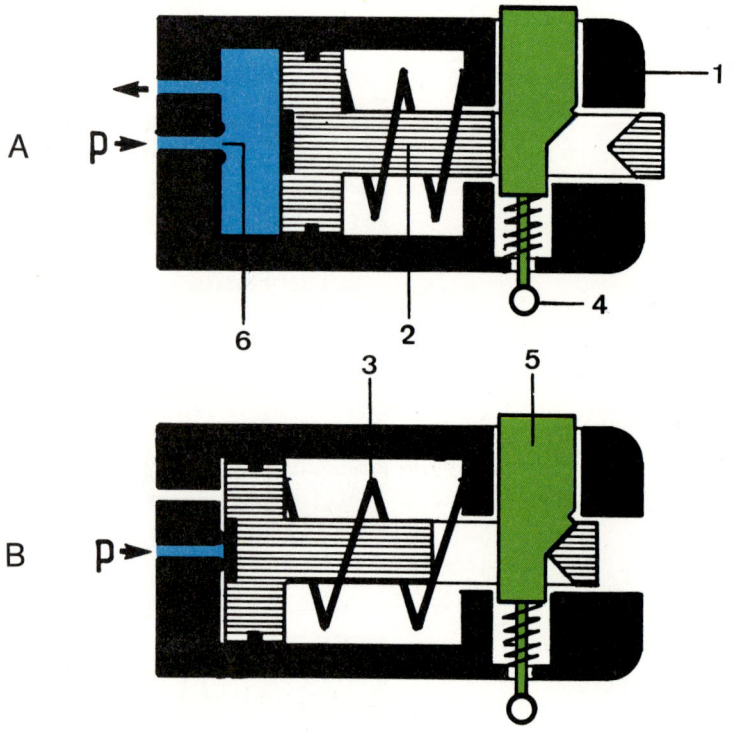

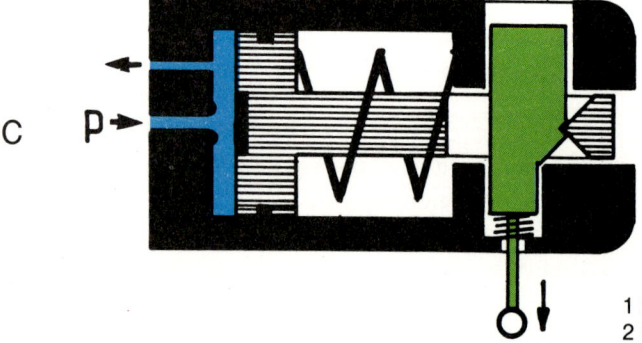

1 Reserveventilgehäuse
2 Schließkolben
3 Reservefeder
4 Zugbetätigung
5 Arretierungseinrichtung
6 Ventil

Abbildung 5-9

stand frei beweglich, d.h. sie kann nicht einrasten, was beim Betätigen der Reserve deutlich spürbar ist. Durch diese Funktion wird verhindert, daß das Reserveventil bereits vor Erreichen der Widerstandswarnung eingeschaltet werden kann.

Beim Erreichen des Reservedrucks (B) schließt die entsprechend eingestellte Feder (3) das Reserveventil (6) und unterbricht zunächst die weitere Luftzufuhr. Jetzt kann durch Ziehen an der Reservebetätigung der Schließkolben wieder vom Ventilsitz abgehoben werden (C), indem ihn die Arretiervorrichtung über eine schräge Rampe wegdrückt und schließlich durch Einrasten einer Nase am Ende des Schließkolbens fixiert.

Im Ausland wird oft mit gezogener oder sogar ohne Reserve getaucht. Hierüber sollten sich alle Taucher einer Gruppe vor dem Tauchgang verständigen.

5.3   Meßinstrumente

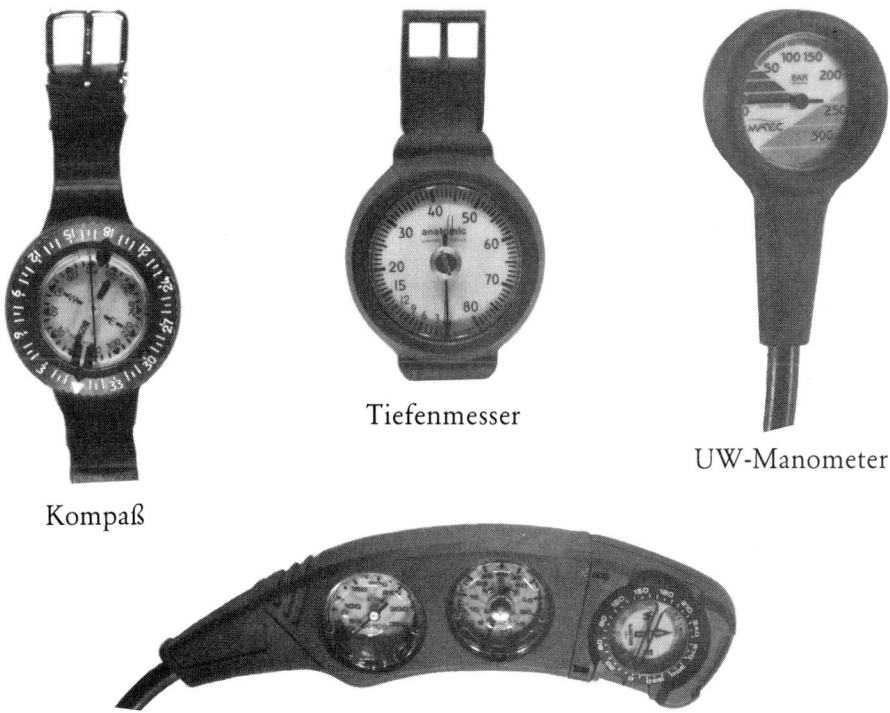

Tiefenmesser

UW-Manometer

Kompaß

Konsole mit Tiefenmesser, UW-Manometer und Kompaß

Abbildung 5-10

5.3.1 Uhr

Ausstattung

Einstellbarer Tauchzeitring, der bei jeder Einstellung einrastet und nur entgegen dem Uhrzeigersinn verdrehbar sein sollte; er muß auch mit Tauchhandschuhen zu betätigen sein. Druckfeste Automatik- oder Quarzuhr; gute Ablesbarkeit; kratzfestes Glas; Leuchtzifferblatt; verstellbares oder elastisches Armband. Bei batteriebetriebenen Uhren besteht die Gefahr, daß während eines Urlaubs die Uhr ausfällt.

5.3.2 Tiefenmesser

Ausstattung

Vor allem im Bereich der Dekompressionsstufen gute Ablesbarkeit; möglichst gespreizte Skala; maximaler Anzeigefehler in allen Bereichen 5 %; Schleppzeiger (zusätzlicher Zeiger, der auf der größten erreichten Tiefe stehen bleibt) ist empfehlenswert; Leuchtzifferblatt.

Konstruktionsprinzipien

Boyle-Mariottescher Tiefenmesser (Abb. 5-11)
Ein kreisförmig gebogenes, einseitig offenes, luftgefülltes Röhrchen füllt sich unter dem zunehmenden Wasserdruck mit Wasser. Aufgrund des Boyle-Mariotteschen Gesetzes ergibt sich eine Tiefenanzeige, die in geringen Tiefenbereichen recht genau ist.

Rohrfedertiefenmesser (Abb. 5-11)
Ein bogenförmiges Röhrchen aus federndem Metall (Bourdon-Rohr) wird je nach Konstruktion entweder von innen oder von außen mit dem herrschenden Wasserdruck belastet. Dadurch streckt oder krümmt sich das Rohr. Diese Bewegung wird auf einen Zeiger übertragen.
Gute Genauigkeit, besonders in der Tiefe.

Membrantiefenmesser (Abb. 5-11)
Der Druck wirkt auf eine flexible Metalldose, deren Bewegung auf einen Zeiger übertragen wird. Sehr gute Genauigkeit, gerade in geringen Tiefen.

5.3.3 Kompaß

Ausstattung

Übersichtliche, in 360° unterteilte Skala; leichtes Verkanten darf nicht zu einem „Hängen" der Kompaßnadel führen; ein drehbarer, einrastender Außenring mit Nullmarkierung erleichtert das Markieren bestimmter Kurse. Außerdem sollte eine Peileinrichtung (ähnlich Kimme und Korn) vorhanden sein.

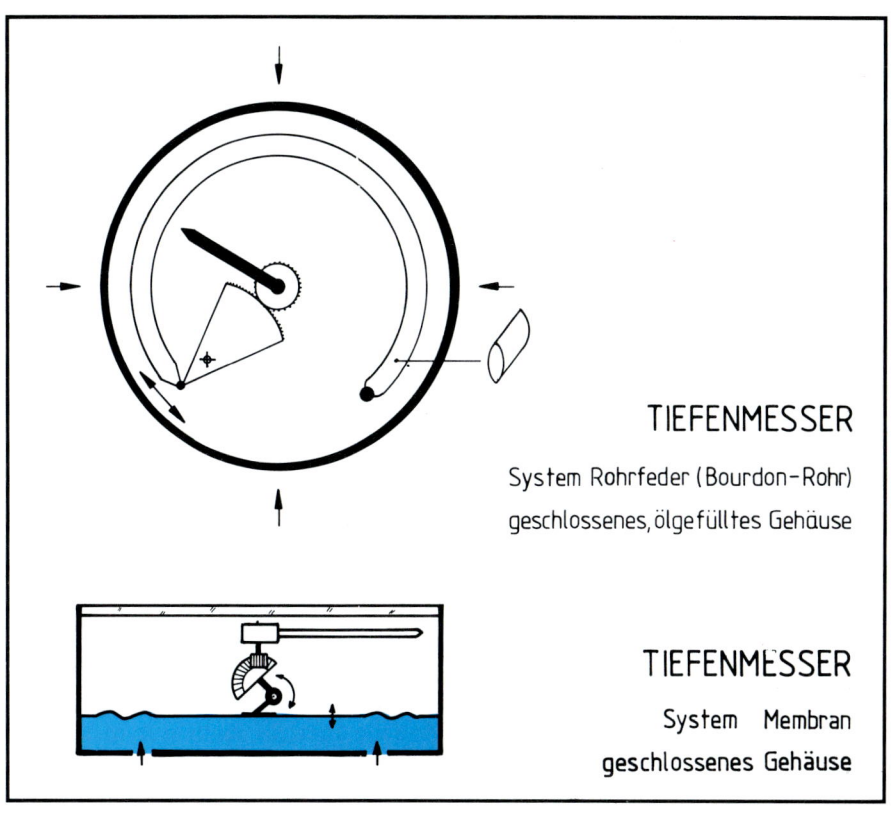

TIEFENMESSER

System Rohrfeder (Bourdon–Rohr)

geschlossenes, ölgefülltes Gehäuse

TIEFENMESSER

System Membran

geschlossenes Gehäuse

Abbildung 5-11

5.3.4 Dekompressiometer

Elektronische Dekompressiometer, sogenannte Decomputer, führen mit Hilfe von Mikroprozessoren eine ständige Analyse des Tauchgangprofils durch und errechnen daraus ein optimales Dekompressionsprogramm für den Sporttaucher mit Drucklufttauchgerät.

Sie zeigen die aktuelle Tauchtiefe und Tauchzeit an und die Maximaltiefe dann, wenn diese größer ist als die aktuelle Tiefe (Schleppzeigerfunktion).

Die Nullzeit wird solange angezeigt, bis eine Dekompression erforderlich wird. Ist die Nullzeit abgelaufen, informiert der Decomputer den Taucher durch eine auffallende Anzeige und bietet einen Austauchplan an, z. B. die Tiefe der tiefsten Dekompressionsstufe, zu der dann unter Berücksichtigung einer maximalen Aufstiegsgeschwindigkeit aufgetaucht werden kann. Diese Dekompressionstiefe kann vergrößert werden, dann dauert jedoch die Dekompression entsprechend länger.

Wird die errechnete Dekompressionstiefe verkleinert, besteht die Gefahr eines Dekompressionsunfalles. Es erscheint eine Warnanzeige und die Aufforderung, auf die erforderliche Dekompressionsstufe abzutauchen. Moderne elektronische Dekompressiometer sind deshalb eine wertvolle Hilfe bei der Planung und Durchführung von Tauchgängen, zumal, wenn noch weitere Funktionen, wie z.B. Flugverbot nach Tauchgängen, Nullzeitprognose im Oberflächenintervall, Adaptionszeit für das Tauchen in Bergseen und ein Logbuch der vorhergegangenen Tauchgänge angeboten werden.

Da auch Decomputer ausfallen können, sollten sie stets in Verbindung mit Uhr, Tiefenmesser und Dekotabelle verwendet werden.

Zur neuen Generation gehören Tauchcomputer, die laufend die Daten des Tauchganges mit denen des individuellen Verhaltens des Tauchers verarbeiten und u.a. auch die Arbeitsbelastung, die Abkühlung und den Luftverbrauch berücksichtigen. Da sich die Durchblutung der Organe in Abhängigkeit auch von der Temperatur und der Arbeitsleistung des Tauchers verändert und eine Durchblutungsänderung auch eine Änderung der Übersättigungstoleranz bewirkt, weisen neue Rechenmodelle variable Halbwertszeiten und Übersättigungstoleranzen besonders der Haut- und Muskel-Kompartimente auf und passen dadurch die notwendigen Dekompressionszeiten abhängig von der Abkühlung der Haut und von der vorangegangenen Arbeitsleistung des Tauchers an.

Weiterhin berücksichtigen die neuen Modelle Inertgas nicht nur in gelöster Phase, sondern auch in gasförmigem Zustand (Mikrogasblasen) und gewährleisten dadurch, daß sich das Gewebe auch dann genügend entsättigt, wenn Mikrogasblasen lokal die Durchblutung behindern.

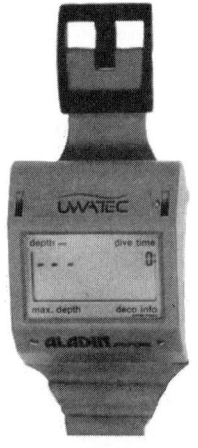

Dekompressiometer

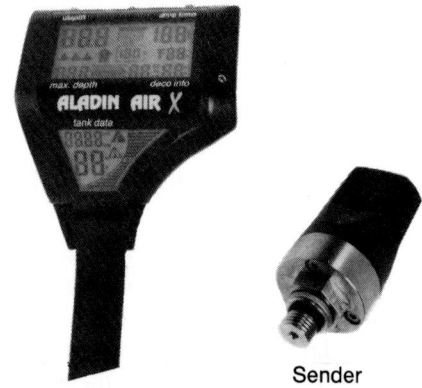

Sender

Dekompressiometer der neuen Generation mit Sender am Druckminderer (1. Stufe) zum „schlauchlosen" Melden des Luftverbrauchs

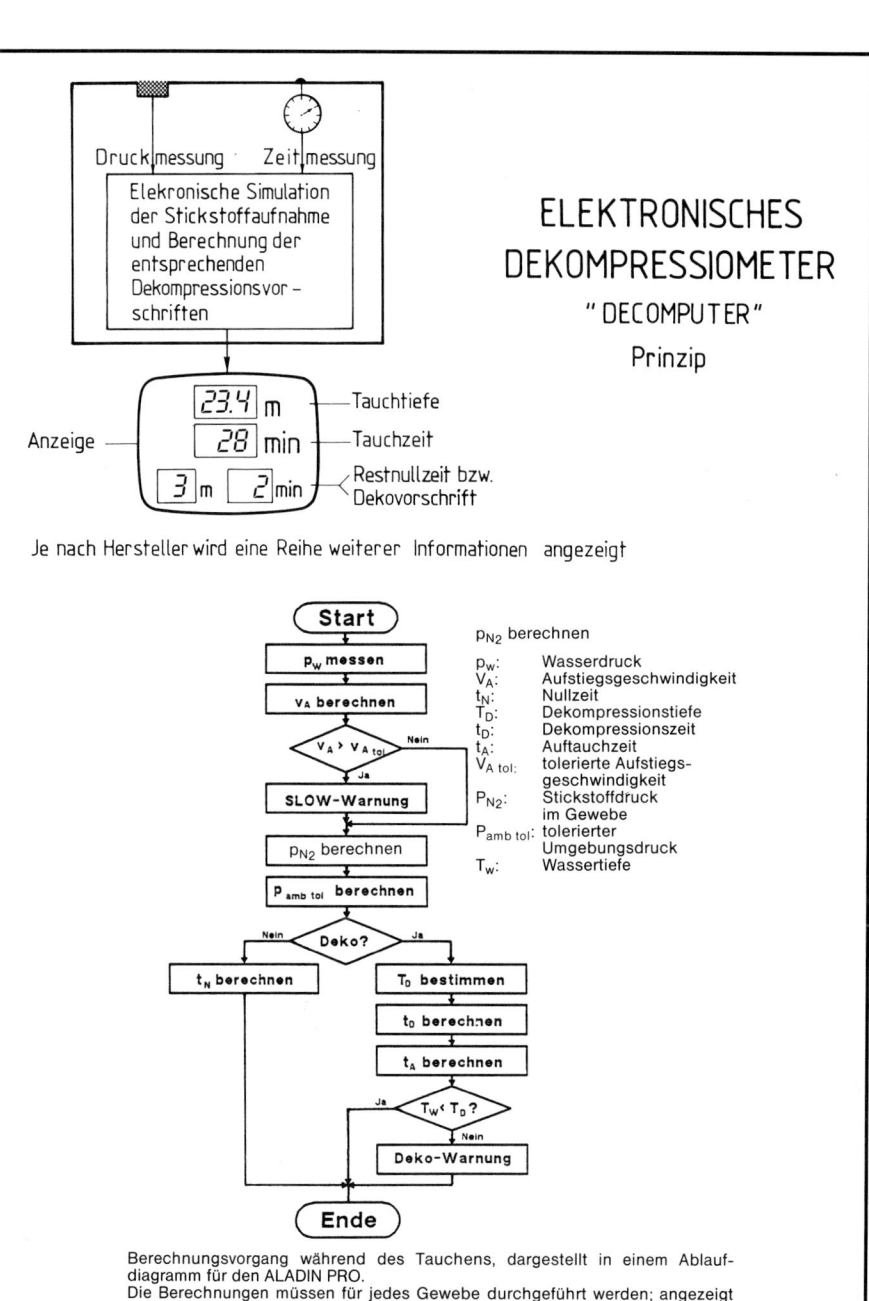

ELEKTRONISCHES
DEKOMPRESSIOMETER
" DECOMPUTER"
Prinzip

Druckmessung   Zeitmessung

Elekronische Simulation
der Stickstoffaufnahme
und Berechnung der
entsprechenden
Dekompressionsvor –
schriften

Anzeige

$\mathit{23.4}$ m ——— Tauchtiefe
$\mathit{28}$ min ——— Tauchzeit
$\mathit{3}$ m $\mathit{2}$ min ——— Restnullzeit bzw.
Dekovorschrift

Je nach Hersteller wird eine Reihe weiterer Informationen angezeigt

Start

p_w messen

v_A berechnen

$V_A > V_{A\,tol}$ Nein

SLOW-Warnung

p_{N2} berechnen

$P_{amb\,tol}$ berechnen

Deko?   Nein   Ja

t_N berechnen

T_D bestimmen

t_D berechnen

t_A berechnen

$T_W < T_D$?   Ja   Nein

Deko-Warnung

Ende

p_{N2} berechnen

p_w:	Wasserdruck
V_A:	Aufstiegsgeschwindigkeit
t_N:	Nullzeit
T_D:	Dekompressionstiefe
t_D:	Dekompressionszeit
t_A:	Auftauchzeit
$V_{A\,tol}$:	tolerierte Aufstiegs-geschwindigkeit
p_{N2}:	Stickstoffdruck im Gewebe
$P_{amb\,tol}$:	tolerierter Umgebungsdruck
T_w:	Wassertiefe

Berechnungsvorgang während des Tauchens, dargestellt in einem Ablauf-
diagramm für den ALADIN PRO.
Die Berechnungen müssen für jedes Gewebe durchgeführt werden; angezeigt
werden allerdings immer nur die Ergebnisse für die Führungsgewebe.

Abbildung 5-12

5.4 Taucherweste
(Abb. 5-14)

Die Taucherweste dient dem Taucher
— zur Tarierung unter Wasser,
— im Notfall zum raschen Erreichen der Oberfläche,
— als Schwimmhilfe,
— als Bergungshilfe.

5.4.1 Westenkörper

Einschalige oder zweischalige Bauweise mit einem Volumen von mindestens 15 l; entsprechend ca. 150 N Auftrieb. Der Westenkörper muß mit einer Signalfarbe (rot, orangerot oder gelb) eingefärbt sein.
Weitere Forderungen: Farbechtheit, Knickbeständigkeit, beständig gegen Mikroorganismen, Seewasser, Chlorwasser, Chemikalien.
Der Westenkörper muß so ausgebildet sein, daß er den Taucher in einer vor dem Ertrinken sicheren Lage an der Wasseroberfläche hält.

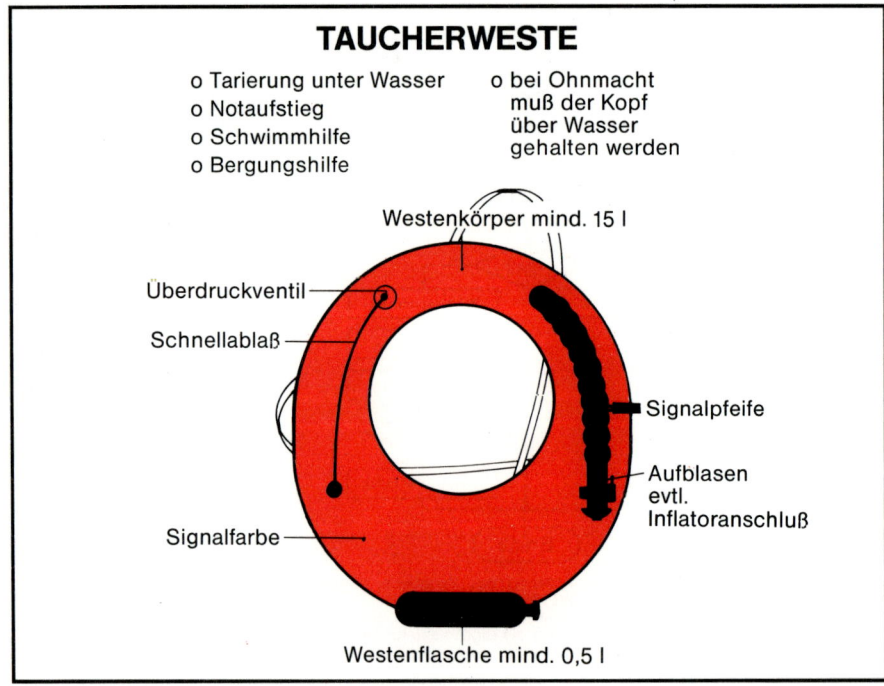

Abbildung 5-14

5.4.2 Bänderung

Die Taucherweste **muß** mit einer Bänderung versehen sein, die einen sicheren Sitz am Taucher gewährleistet. Eine Kreuzbänderung ist am besten geeignet.

5.4.3 Schnellablaß

Die Taucherweste **muß** mit einem Schnellablaß ausgerüstet sein, der so hoch angeordnet sein muß, daß die Taucherweste weitestgehend entlüftet werden kann. Die Entlüftung muß ausreichend schnell erfolgen können. Die Zugschnur muß am Westenkörper so fixiert sein, daß sie jederzeit ohne Suchen griffbereit und auch mit Neoprenhandschuhen bedienbar ist.

5.4.4 Überdruckventil

Die Taucherweste **muß** mit einem Überdruckventil ausgestattet sein, das bei einem Überdruck im Westenkörper von 100 bis 130 mbar anspricht. Das Überdruckventil kann Bestandteil des Schnellablasses sein.

5.4.5 Automatische Befülleinrichtung

Die Taucherweste **muß** eine „automatische" Befülleinrichtung besitzen. Diese dient zum raschen Füllen der Weste im Notfall.
Geeignete Befülleinrichtungen sind z. B.
- eine Druckluftflasche aus Stahl oder Aluminium mit mindestens 0,5 l Volumen. Sie muß TÜV-abgenommen sein und ein bauartzugelassenes Ventil besitzen. Am Anschluß zur Weste soll ein Rückschlagventil eingebaut sein, das das Eindringen von Wasser in die leere Westenflasche verhindert.
- ein Inflatoranschluß zum Füllen der Weste aus dem Luftvorrat des SCUBA (siehe 5.4.9).

5.4.6 Mundaufblasvorrichtung

Die Taucherweste **muß** eine Vorrichtung haben, die es dem Taucher ermöglicht, die Weste mit dem Mund aufzublasen. Sie muß einhändig erreichbar und zum Mund führbar sein. Sie muß das Atmen aus der Taucherweste ausschließen.

5.4.7 Signalpfeife

Jede Taucherweste **muß** mit einer Signalpfeife ausgestattet sein.

5.4.8 Westentasche

Eine Westentasche kann nützlich sein, um Kleinteile wie Dekotabelle, einen kleinen Leuchtstab usw. beim Tauchen mitzuführen.

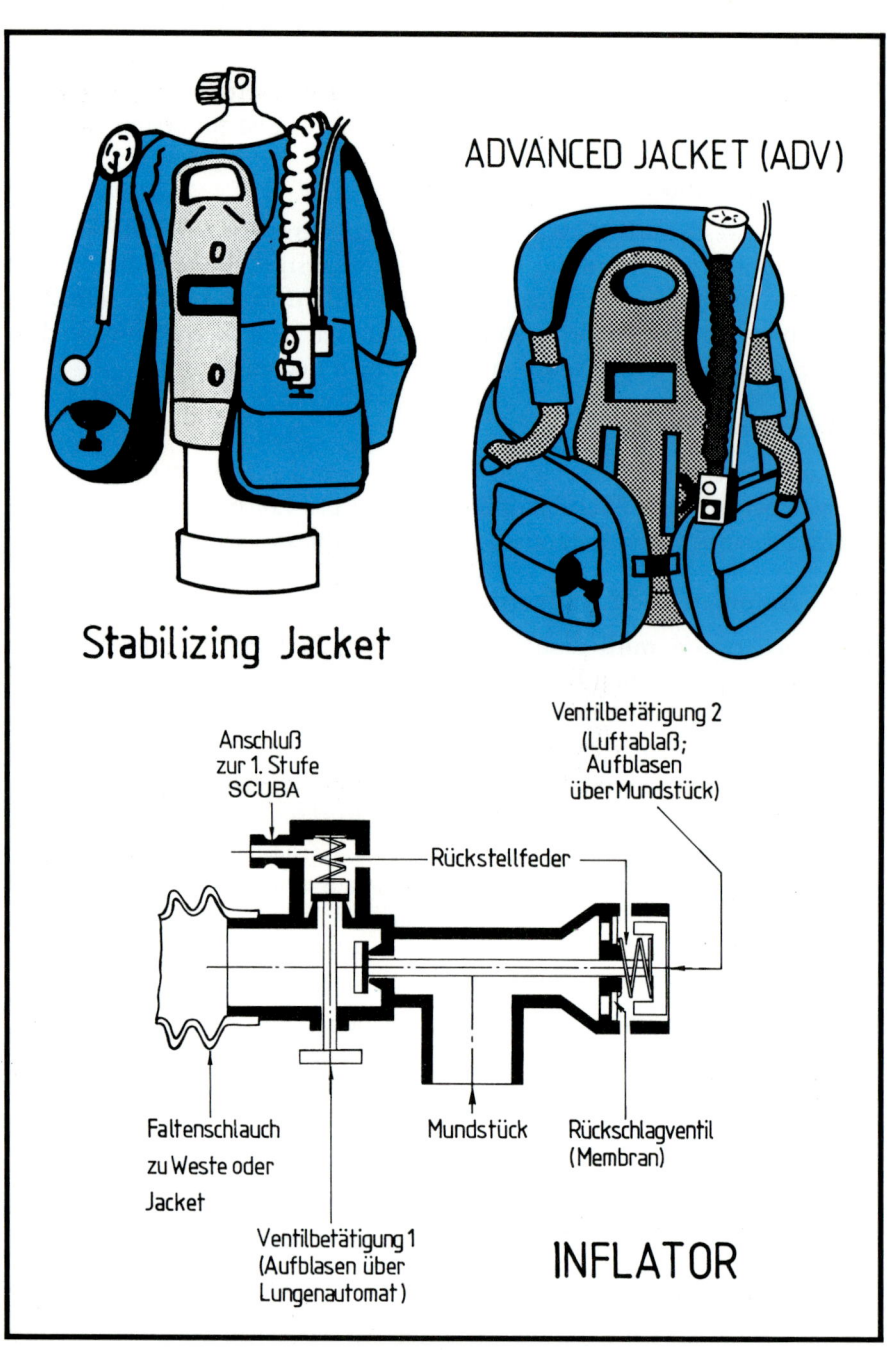

ADVANCED JACKET (ADV)

Stabilizing Jacket

Anschluß
zur 1. Stufe
SCUBA

Ventilbetätigung 2
(Luftablaß;
Aufblasen
über Mundstück)

Rückstellfeder

Faltenschlauch
zu Weste oder
Jacket

Mundstück

Rückschlagventil
(Membran)

Ventilbetätigung 1
(Aufblasen über
Lungenautomat)

INFLATOR

Abbildung 5-16

5.4.9 Inflator

Der Inflator erlaubt das Aufblasen der Taucherweste aus dem Luftvorrat des SCUBA (Abb. 5-16).

Anschluß meist an den Mitteldruckabgang (LP) des Druckminderers. Der Inflatorschlauch muß mit einer einhandbedienbaren Schnellkupplung mit der Weste verbunden werden können, die auch unter Druck lösbar ist. Die einströmende Luftmenge muß so gut dosierbar sein, daß es unbeabsichtigt nicht zu einem Notaufstieg kommen kann.

5.4.10 Jackets

Eine neue Generation von Tarier-, Schwimm- und Bergungshilfen sind die Jackets (Abb. 5-16). Sie bieten ein hohes Maß an Bedienungskomfort. Auch Jackets müssen eine automatische Befülleinrichtung besitzen (siehe 5.4.5).

5.5 Taucherbekleidung (Kälteschutz)

5.5.1 Naßtauchanzug

Naßtauchanzüge bestehen aus geblähtem Neopren, d.h. aus einem gummiähnlichen Material mit Gaseinschlüssen. Gase besitzen eine weitaus geringere Wärmeleitfähigkeit als Wasser, woraus die Wärmedämmwirkung des Naßtauchanzugs resultiert.

Es gibt unterschiedliche Oberflächen (glatt, gerastert, nylon- oder lycrakaschiert).

Die Dicke des Materials soll 3 bis 8 mm betragen. Für unsere Gewässer sind 6 bis 7 mm empfehlenswert.

Jacke

An der Jacke sollte die Kopfhaube fest angesetzt sein. Ein diagonal durchgehender Reißverschluß erleichtert das Anziehen, ebenso Reißverschlüsse an den Ärmeln. Ein Schrittlatz verhindert das Verrutschen der Jacke.

Die Jacke soll, ohne die Atmung zu behindern, möglichst eng sitzen, um eine optimale Wärmedämmung zu gewährleisten.

Hose

Die Hose sollte den Oberkörper mit umschließen (sog. Long John); Reißverschlüsse an den Beinen erleichtern das Anziehen.

Overall

Neben den zweiteiligen gibt es auch einteilige Ausführungen, die eine geringere Dämmwirkung haben.

Eingearbeitete Taucherweste

Eine in den Taucheranzug eingearbeitete Weste kann die Taucherweste (siehe 5.4) dann ersetzen, wenn sie mindestens eine „automatische" Befülleinrichtung wie unter 5.4.5 beschrieben besitzt.

5.5.2 Trockentauchanzug

Geeignet sind nur Konstantvolumenanzüge, d.h. Anzüge, bei denen das Volumen durch Einblasen von Luft beim Tauchen (unabhängig von der Tiefe) konstant gehalten werden kann.

Material: Neopren

Die Dicke beträgt meistens 7 mm, mit dem Vorteil der guten Wärmedämmung.
Schlechte Beweglichkeit, großer Auftrieb, schwierige Reparatur sind die Nachteile.
Zur Schweißaufnahme empfiehlt sich, dünne Unterwäsche zu tragen.

Material: Gummi

Die Dicke des gummibeschichteten Stretch-Gewebes beträgt 1 mm, mit dem Vorteil der guten Beweglichkeit, des leichten An- und Ausziehens, geringeren Auftriebs und der Reparaturfreundlichkeit (Fahrradflicken).
Geringe Wärmedämmung, infolgedessen dicke wärmende Unterziehwäsche und Empfindlichkeit gegen Beschädigungen sind von Nachteil.

Ausstattung

Lufteinlaßventil mit Inflatorschlauch, Luftauslaßventil, Dichtmanschetten an Hals (Gesicht) und Handgelenken, Füßlinge (Stiefel) fest mit dem Anzug verbunden, gasdichter Reißverschluß.

Ventile

Lufteinlaßventil: Es soll so dimensioniert sein, daß einerseits ein zu schneller Abstieg wirkungsvoll gebremst, andererseits durch gute Dosierbarkeit ein zu schnelles Aufsteigen verhindert werden kann. Anbringung des Ventils so, daß eine Verbindung mit dem SCUBA problemlos möglich ist und das Ventil auch ohne Hände (z.B. mit Ellenbogen) betätigt werden kann.
Luftauslaßventil: Es soll so dimensioniert sein, daß sich auch ein sehr schneller Aufstieg durch genügende Luftabgabe bremsen läßt. Anbringung des Ventils möglichst hoch (Brust oder Kopf). Es muß mit der Hand gut erreichbar sein.

Paßform

Trockentauchanzüge sollen eng sitzen, wobei das Tragen von Unterziehwäsche berücksichtigt werden muß. Vor allem die Hosenbeine sollen so eng
geschnitten sein, daß sich in ihnen nicht übermäßig viel Luft ansammeln und
den Taucher zu einem unfreiwilligen Kopfstand zwingen kann.

Reißverschluß

Der Reißverschluß sollte gasdicht und so angeordnet sein, daß der Taucher
den Anzug ohne fremde Hilfe an- und ausziehen kann.

Besonderheiten

Beim Tauchen mit einem Trockentauchanzug muß das Tragen einer Taucherweste möglich sein, wobei die Tarierung nur über den Anzug erfolgen darf.

5.5.3 Handschuhe

Drei- oder Fünf-Fingerhandschuhe mit oder ohne Greifnoppen aus 3 bis
7 mm dickem Neopren.

5.5.4 Füßlinge

Die Füßlinge bzw. Taucherstiefel aus 5 bis 7 mm Neopren sollten mit einer
stabilen Laufsohle zum Schutz gegen Verletzungen versehen sein.

5.6 Kompressor

Atemluftkompressoren dienen zum Füllen von Druckluftflaschen. Sie erzeugen einen Druck von 200 bis 350 bar. Man unterscheidet 3- und 4stufige
Ausführungen. Der Antrieb erfolgt über Benzin-, Diesel- oder Elektromotore.

5.6.1 Prinzip eines Kompressors

Am Beispiel eines 3-stufigen Kompressors soll das Prinzip beschrieben werden
(Abb. 5-17).
Die angesaugte Luft gelangt durch ein Saugventil in die 1. Stufe, wird auf ca.
5 bar komprimiert, verläßt die 1. Stufe durch ein Druckventil, durchläuft die
2. Stufe, in der sie auf ca. 40 bar komprimiert wird und erhält in der 3. Stufe
ihren Maximaldruck von 225 bar, der durch ein Überdruckventil begrenzt
wird.

5.6.2 Kühlung

Der Kompressor ist durch ein Axialgebläse luftgekühlt. Zwischenkühler
befinden sich nach der 1. und 2. Stufe sowie ein Nachkühler nach der 3. Stufe.

5.6.3 Luftfilterung

Atemluftqualität kann nur durch mehrfache Filterung der angesaugten Luft erreicht werden:

— Grobfilter am Ansaugschlauch,
— Mikronik-Filter vor dem Saugventil der 1. Stufe,
— Öl- und Wasserabscheider zwischen der 2. und 3. Stufe,
— Öl- und Wasserabscheider nach der 3. Stufe,
— Feinnachreiniger mit Aktivkohle nach dem Öl- und Wasserabscheider.

5.6.4 Wartung

— Kondensatablaßhähne nur langsam öffnen,
— Wärmeentwicklung an den Ventilköpfen überprüfen:
  Ansaugleitungen müssen handwarm, die Abgangsleitungen heiß sein,
— nach jeweils 50 m^3 Luftförderung Aktivkohlefilter erneuern (Kontrolle anhand des geführten Kompressorbuches),
— entsprechend der Betriebsanleitung Ölwechsel etc. vornehmen.

5.6.5 Aufstellung und Betrieb

Bei der Aufstellung von Kompressoren mit Antrieb durch Verbrennungs-motore im Freien ist vor allem darauf zu achten, daß keine Auspuffgase angesaugt werden können. **Achtung: Lebensgefahr durch Kohlenmonoxid-Vergiftung (CO-Vergiftung!)**

Das Ansaugfilter muß daher in der Richtung angebracht werden, aus der der Wind bläst. Die Entfernung des Filters sollte mindestens 3 m und die Höhe mindestens 2 m zum Kompressor betragen (Abb. 5-17).

— Vor Inbetriebnahme sind sämtliche Ölstände zu kontrollieren (Motor und Kompressor),
— Kondensatablaßhähne öffnen, damit der Motor entlastet anlaufen kann,
— sobald der Motor auf vollen Touren läuft, Kondensatablaßhähne schlie-ßen,
— Kompressor auf Maximaldruck pumpen lassen, damit die Funktion des Überdruckventils kontrolliert werden kann.

Arbeitsprinzip, Kühlung, Luftfilterung, Inbetriebnahme sowie vorgeschrie-bene Wartung und Pflege des speziellen Kompressors sind den entsprechen-den Betriebsanleitungen zu entnehmen.

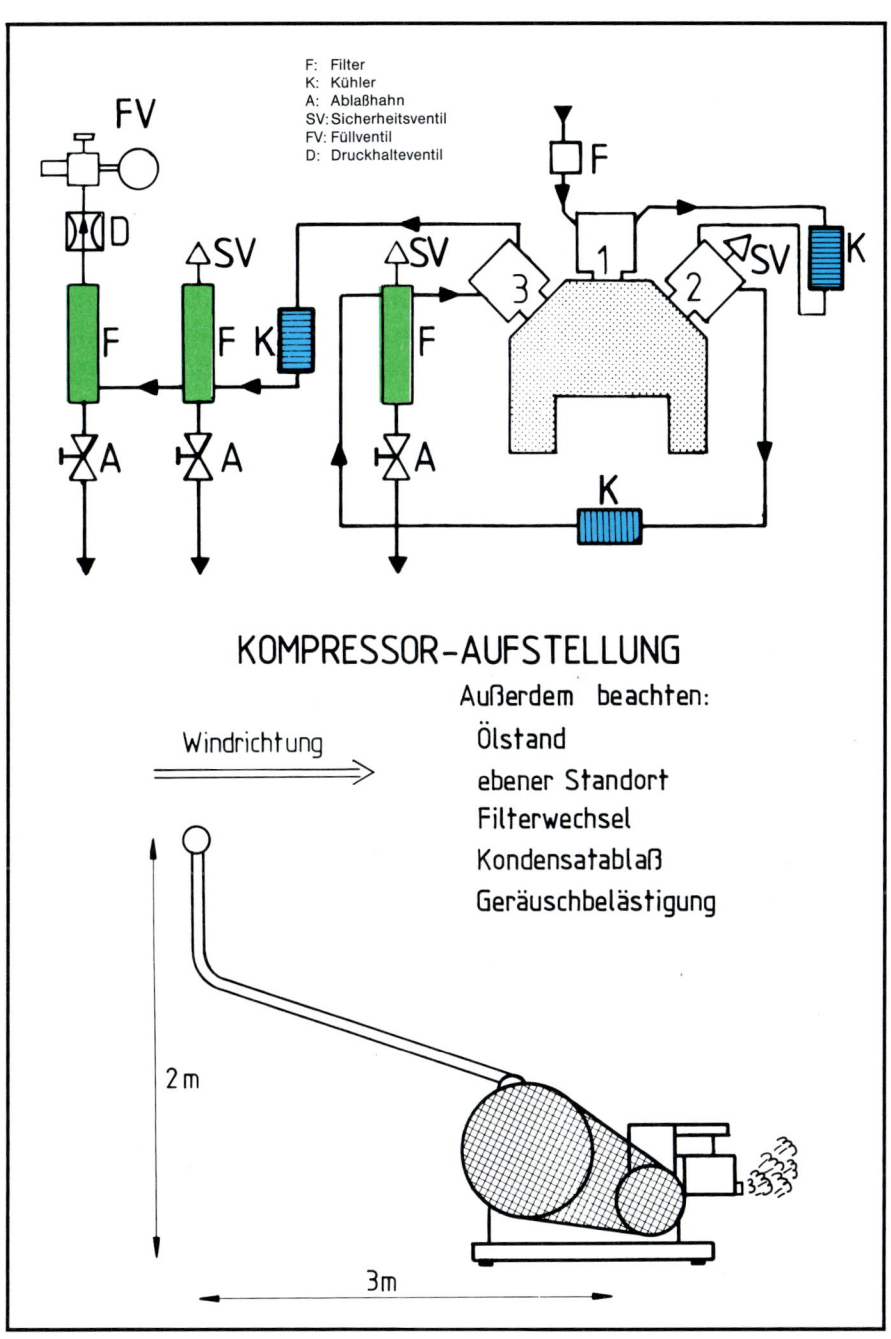

F: Filter
K: Kühler
A: Ablaßhahn
SV: Sicherheitsventil
FV: Füllventil
D: Druckhalteventil

KOMPRESSOR-AUFSTELLUNG

Außerdem beachten:

Ölstand

ebener Standort

Filterwechsel

Kondensatablaß

Geräuschbelästigung

Windrichtung

2 m

3m

Abbildung 5-17

5.7 Messer

Verletzungs- und verlustsichere Beinscheide, stabile rostfreie Klinge mit einer scharfen Schneide und einem Stück Wellenschliff. Weil das Messer vorwiegend als Werkzeug verwendet wird, soll die Materialdicke der Klinge im Griff gleich bleiben.

5.8 Bleigurt mit Gewichtsstücken

Der Bleigurt dient zum Ausgleich des Auftriebs, den der Taucher durch seinen Tauchanzug erfährt. Der Gurt muß mit einer einhandbedienbaren Schnellabwurfschnalle versehen sein und sollte aus einem undehnbaren Material bestehen. Die Gewichtsstücke befinden sich symmetrisch, rutschfest und gegen Verlust gesichert am Gurt.

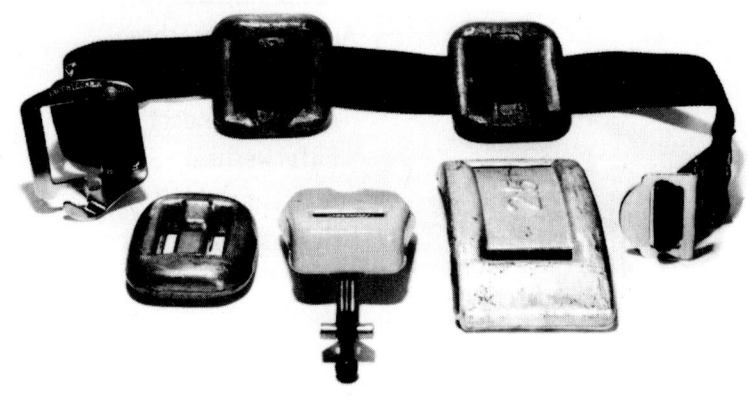

Abbildung 5-18

5.9 Verbindungsleine (Buddy-Leine)

Unter besonderen Umständen kann eine Leinenverbindung zwischen zwei Tauchpartnern zweckmäßig sein (z.B. sehr schlechte Sicht).
Die ca. 1 m lange, reißfeste Leine muß an beiden Enden mit einer nicht zuziehenden Schlaufe versehen sein.

5.10 Taucherflagge

Taucherflaggen dienen zur Absicherung der im Wasser befindlichen Taucher und zur rechtzeitigen Warnung der Schiffahrt.

International wurde die Flagge „A" des internationalen Flaggenalphabetes vorgeschlagen (Abb. 5-19). Dieser Regelung haben sich viele Nationen angeschlossen, jedoch sind auch andere nationale Vorschriften in Kraft. Der Taucher muß sich also im Ausland immer bei den entsprechenden Schifffahrtsbehörden erkundigen, welche nationalen Vorschriften für die Absicherung von Tauchern gelten.

Die Flagge sollte mindestens 30 x 40 cm groß sein und entweder am Tauchschiff oder an einer Taucherboje gut sichtbar geführt werden.

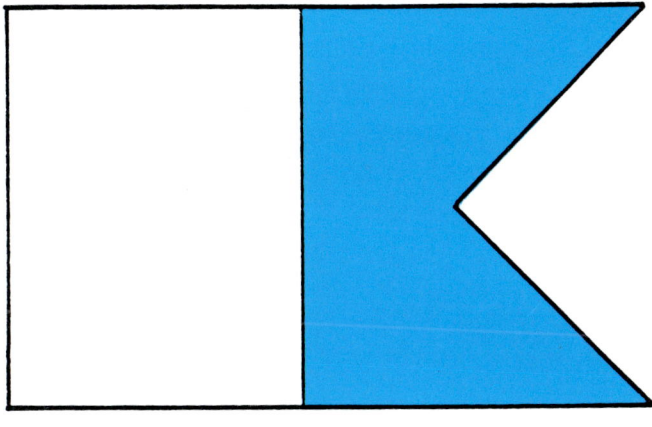

Abbildung 5-19

5.11 Dekompressionstabelle

Im Bereich des VDST sind nur die Tabellen entsprechend Kapitel 4 zulässig.

Die Tabelle sollte übersichtlich und gut ablesbar sein. Sie soll unzerbrechlich und so beschaffen sein, daß sie beim Tauchgang mitgeführt werden kann.

Unterwasserzeichensprache

6.1 Pflichtzeichen

Die CMAS schreibt acht Zeichen als bindend vor.

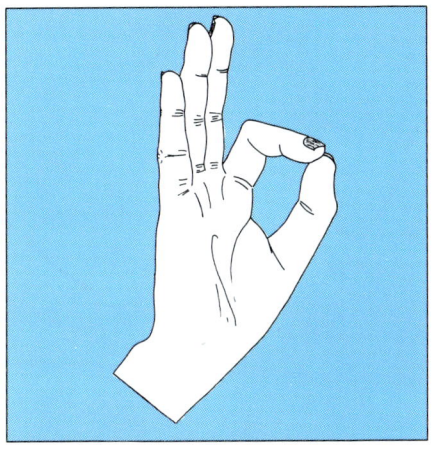

1. Pflichtzeichen
„Alles in Ordnung" oder „Ist alles in Ordnung?" oder „Verstanden"

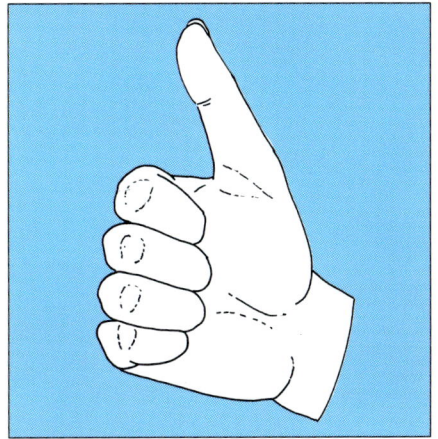

2. Pflichtzeichen
„Ich tauche auf" oder „Taucht auf"

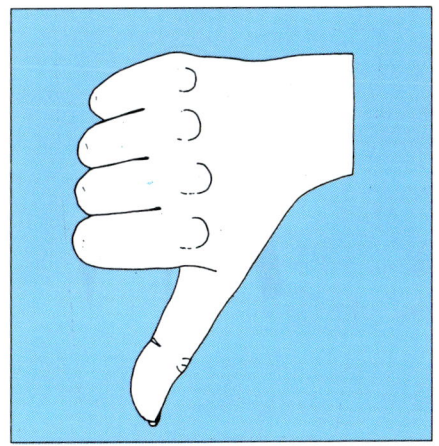

3. Pflichtzeichen
„Ich tauche ab" oder „Taucht ab"

4. Pflichtzeichen
„Ich habe meine Reserve geöffnet"

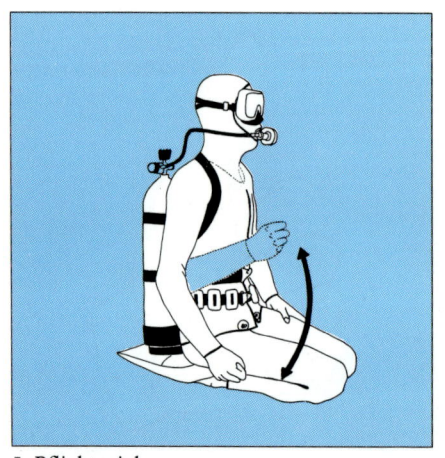

5. Pflichtzeichen
„Ich kann meine Reserve nicht öffnen" oder
„Öffnet meine Reserve"

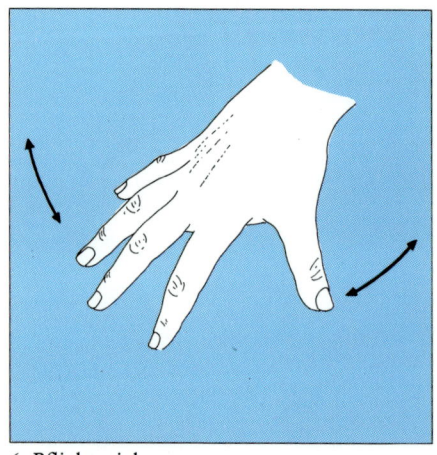

6. Pflichtzeichen
„Irgend etwas stimmt nicht"

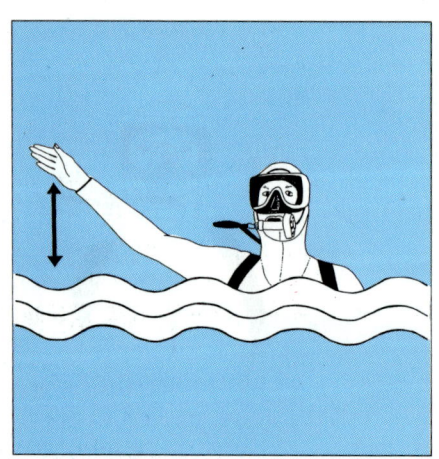

7. Pflichtzeichen
„Notzustand" (Heftige Handbewegung unter
Wasser oder an der Oberfläche)

8. Pflichtzeichen
„Ich habe keine Luft mehr"

Neben diesen Zeichen sind noch folgende zwei Lichtsignale als Pflicht-zeichen vorgeschrieben:

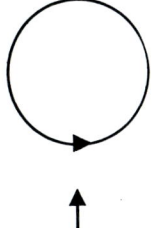

„Alles in Ordnung"
(Kreisende Bewegung mit der Lampe)

„Irgend etwas stimmt nicht", „Not", „Gefahr"
(Auf und ab mit der Lampe)

Diese Taucher-Lichtsignale werden vorwiegend bei Nacht unter Wasser sowie in unsichtigen Gewässern gegeben.

Achtung: Tauchpartner nicht durch Anleuchten blenden.

6.2 Zusatzzeichen

Neben den zehn Pflichtzeichen muß der Sporttaucher die folgenden elf Zusatzzeichen beherrschen.

1 „Hinweis"
(Faust geschlossen, Zeigefinger zeigt auf das Objekt).

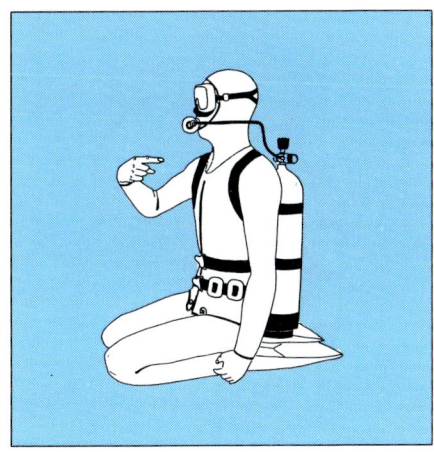

1. a Zusatzzeichen
„ich„

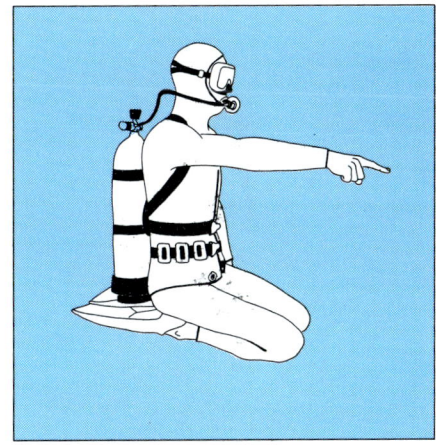

1. b Zusatzzeichen
„du" oder „da"

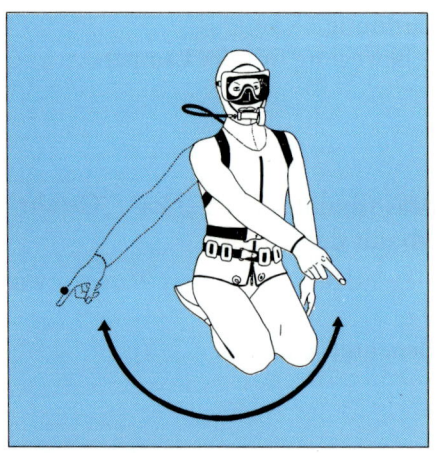

1. c Zusatzzeichen
„da und da . . . . ."
Langsam bewegen, wenn es sich um mehrere
Gegenstände handelt.

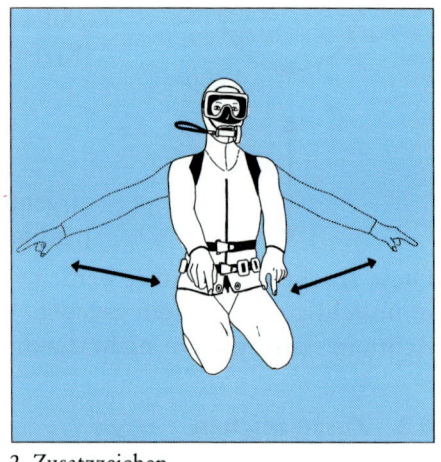

2. Zusatzzeichen
„Versammeln" oder „Zusammenkommen"
(Beide Fäuste geschlossen, Zeigefinger ausgestreckt, die beiden Arme gehen mehrmals
auseinander und kommen immer wieder
zusammen).

3. Zusatzzeichen
„Halt" oder „Achtung"
(Offene Hand, Finger beisammen, Arm hoch-
gestreckt).

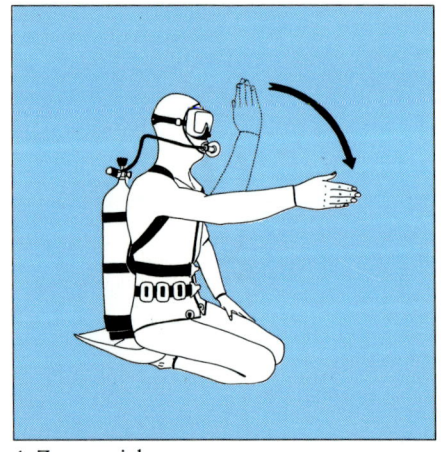

4. Zusatzzeichen
„Richtung"
(Offene Hand, Finger zusammen, durch
Heben und Senken des Armes wird die Rich-
tung angezeigt).

210

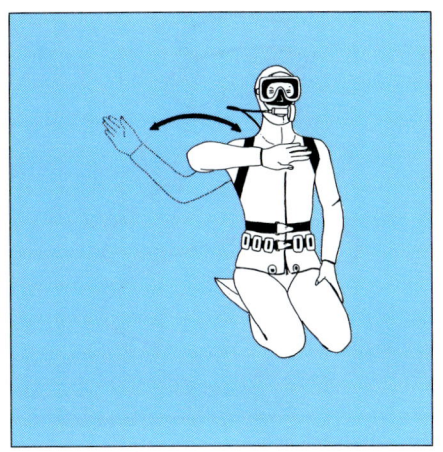

5. Zusatzzeichen
„Nein"
(Offene Hand, Finger beisammen, der Arm
geht vor dem Körper von rechts nach links).

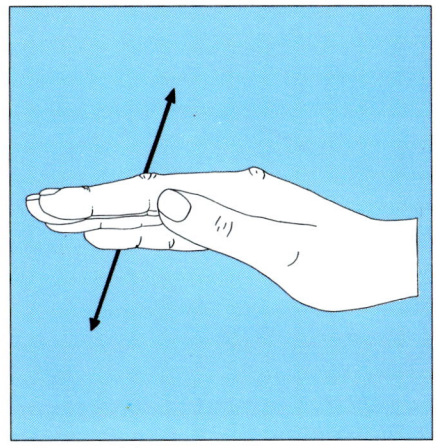

6. Zusatzzeichen
„Langsam"
(Offene Hand, Handfläche nach unten, Arm
geht vor dem Körper langsam, waagerecht auf
und ab).

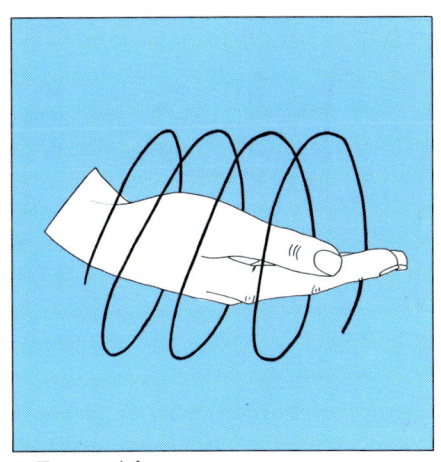

7. Zusatzzeichen
„Schnell"
(Offene Hand, Handfläche nach oben, der
Arm beschreibt vor dem Körper schnelle
Kreise um eine horizontale Achse).

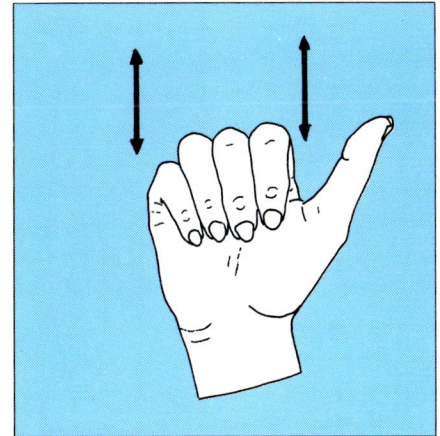

8. Zusatzzeichen
„Druckausgleich funktioniert nicht"
(Handfläche dem Partner zugewandt, der
Daumen abgespreizt, die Finger öffnen und
schließen sich).

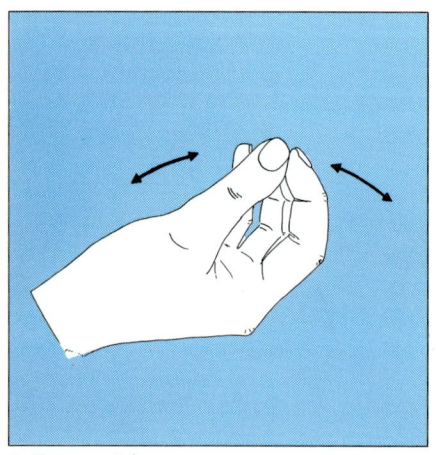

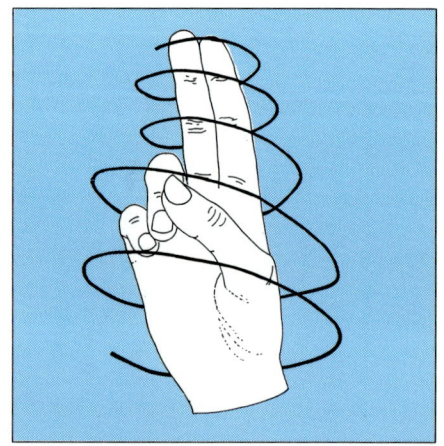

9. Zusatzzeichen
„Nicht verstanden"
(Handfläche nach oben, die Finger schließen
und öffnen sich).

10. Zusatzzeichen
„Schwindel, Unwohlsein"
(Zeige- und Mittelfinger ausgestreckt, die
anderen Finger auf der Hand geschlossen. Der
Arm beschreibt Kreise um eine vertikale
Achse).

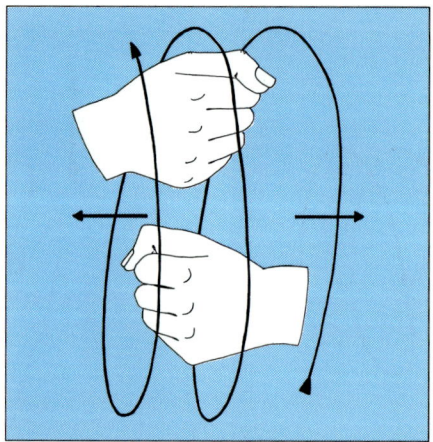

11. Zusatzzeichen
„Anbinden" oder „Festmachen"
(Die beiden Hände geschlossen, die Arme
drehen sich horizontal vor dem Körper um-
einander, dann gehen sie mit einem Ruck auseinander).

7

Tauchen und Umwelt

Taucher können durch unsachgemäße Ausübung ihres Sports die Umweltbedingungen in einem Tauchgewässer und seiner Umgebung verändern und
damit das eingespielte ökologische Gleichgewicht eines Sees oder eines
Küstenabschnitts stören. Wie bei vielen Umwelteinflüssen bestimmt die Zahl
und die Qualität der Eingriffe in das Ökosystem, ob der Eingriff gravierend
oder unbedeutend ist. Durch „richtiges", umweltbewußtes Verhalten über
und unter Wasser und die Berücksichtigung der Empfindlichkeit des jeweiligen Tauchgewässers können Taucher ihren Einfluß im Vergleich zu den
natürlichen und anderen durch den Menschen bedingten Einflüssen gering
halten. Wir alle sollten daher lernen, wie man „richtig", d.h. umwelt-
schonend, taucht, und das Gelernte konsequent anwenden.

7.1 Am Gewässer

Eine Tauchausfahrt sollte so geplant werden, daß sichergestellt ist, daß das
Gewässer in dem Zustand wieder verlassen wird, in dem es vorgefunden
wurde. Tauchgewässer werden über befestigte Wege angefahren und die aus-
gewiesenen Parkplätze genutzt; kann ein Gewässer nicht direkt mit dem Auto
erreicht werden, muß die Ausrüstung vom befestigten Parkplatz zum Gewässer getragen werden. Der Ort, an dem man sich für den Tauchgang vorbereitet, wird in ausreichender Entfernung vom Uferstreifen gewählt, um eine
Störung der Tierwelt zu vermeiden. Auch die nicht tauchenden Begleiter
sollten aufgefordert werden, den Uferbereich nicht zu betreten und sich am
Gewässer ruhig zu verhalten. Den Anweisungen der autorisierten Aufsichts-
personen und den berechtigten Wünschen der Anrainer muß im Interesse des
Tauchsports Folge geleistet werden.

Abfälle werden gesammelt und bei der Abfahrt mitgenommen; wird eine
Ausfahrt mit einer größeren Tauchergruppe (z.B. eine Clubfahrt) geplant,
sollte in der Planung auch die Beseitigung des anfallenden Abfalls berücksichtigt werden (z.B. Müllsäcke kaufen, Pfandflaschen benutzen). Für Wett-
kampf-und Großveranstaltungen sowie für die Freiwasser-Anfängerausbil-
dung und Prüfungstauchgänge sollten vornehmlich nicht-naturnahe Seen
ohne ausgeprägten Pflanzenbewuchs (z.B. bestimmte Talsperren und Bagger-
seen) genutzt werden. Kompressoren sollten nur an Orten betrieben werden,
an denen sichergestellt ist, daß sie niemanden stören oder belästigen.

UMWELTSCHUTZ

1. ZUFAHRT
    Nutze befestigte Wege
2. VOR DEM TAUCHGANG
    Schütze den Uferstreifen
    Sammle deine Abfälle
3. EINSTIEG
    Tauchgruppen: benutzt nur einen Ein- und Ausstieg
    Nutze befestigten Einstieg

7.2   Der Tauchgang

7.2.1   Einstieg in das Gewässer

Vorhandene Einstiegsmöglichkeiten wie Badestege, Bootsanleger und ausgewiesene Badezonen eignen sich am besten für den Einstieg. Der oftmals dichtbewachsene Uferstreifen eines Sees ist Brut-, Nist- und Rückzugsgebiet für eine große Anzahl von Wasservögeln, die durch das Eindringen des Menschen gestört werden. Weiterhin wird die Tier- und Pflanzenwelt durch Niedertrampeln von Schilf- und Wasserpflanzen beeinträchtigt. Daher sind unbedingt vorhandene Einstiege zu nutzen; es kann dem Taucher dabei zugemutet werden, zum Ort des Tauchabstiegs zu schnorcheln. Betauchen mehrere Tauchgruppen das Gewässer nacheinander, sollten sie stets denselben Einstieg benutzen. Sind keine befestigten Einstiegsmöglichkeiten vorhanden, sollte der Einstieg so gewählt werden, daß die Ufervegetation nicht geschädigt wird. Dieselben Auflagen gelten für das Verlassen des Gewässers.

Die negative Beeinflussung eines Gewässers nimmt mit der Anzahl der Sportler zu, die ihren Sport in dem und um das Gewässer ausüben. Daher sollte Vorsorge getroffen werden, daß ein Gewässer – auch langfristig, d. h. im Jahresdurchschnitt – nicht durch zu viele Taucher betaucht wird. Weiterhin kann es notwendig sein, in bestimmten Gewässerbereichen (z. B. Seeabschnitten mit besonders üppigem Pflanzenbewuchs) und/oder zu gewissen Jahreszeiten (z. B. Laichzeit) auf die Ausübung des Tauchsports freiwillig zu verzichten, um die Natur zu schonen. Tauchvereine und ihre Ausbilder sollen die Mitglieder über Laichgebiete und -zeiten in ihren Tauchgewässern informieren.

Schäden an der Bodenfauna durch den Aufprall der Anker von Tauchbooten treten insbesondere bei den Korallenformationen in vielbetauchten tropischen Meeresgebieten in der Nähe großer Tauchbasen auf. Durch die Installation dauerhafter Ankerbojen, die immer wieder verwendet werden können, werden diese Schäden auf ein Minimum reduziert. Taucher sollten die Basisbesitzer vor Ort auf die Schäden durch das Ankern aufmerksam machen und darauf drängen, daß Ankerbojen installiert werden, woimmer es die Frequentierung der Tauchgebiete erfordert und die Tauchsicherheit es zuläßt.

7.2.2   Verhalten beim Tauchgang

Berührt eine Flosse den Gewässerboden oder erzeugt sie eine starke Wasserströmung in seiner Nähe, wird Bodensediment aufgewirbelt, das sich mit der Zeit wieder auf dem Gewässerboden absetzt. Diesen Vorgang des Niederrieselns von aufgewirbeltem Schlamm und Sand nennt man **Sedimentation**. Das Aufwirbeln von Sediment kann verschiedene Auswirkungen haben. Vor allem im Süßwasser sind Nährstoff-Moleküle an kleine Partikel im Boden gebunden. Diese Nährstoffe lösen sich zum Teil von den Partikeln, wenn das Sediment aufgewirbelt wird, und stellen damit einen Nährstoffeintrag in das freie Wasser des Sees und somit eine kleinräumige, begrenzte Gewässerdüngung dar. Intensives Betauchen eines Sees kann, wenn dabei sehr viel Sediment aufgewühlt wird, zu erkennbaren Eutrophierungserscheinungen führen; insbesondere in kleineren Seen und wenn viele Taucher zur gleichen Zeit in einem See tauchen, kann diese Nährstofffreisetzung eine Verschiebung des ökologischen Gleichgewichts verursachen.

Wenn **im Bereich der Pflanzengürtel** getaucht wird, können zwei weitere negative Effekte durch das aufgewirbelte Sediment entstehen:
1. Das Sediment setzt sich auf den Wasserpflanzen ab, und die Sedimentschicht verringert den Zutritt von Sonnenlicht zur Blattoberfläche der Wasserpflanzen.
2. Je nachdem, ob der Gewässergrund aus sehr feinen oder eher gröberen Bodenteilchen besteht, sinkt das Sediment langsamer oder schneller zum Grund zurück. Es kann – vor allem in Seen mit sehr feinem Bodengrund – nach dem Aufwirbeln für Stunden (bis zu 2 Tagen) als „Schmutzfahne" im freien Wasser sichtbar bleiben.

Diese Wassertrübung sowie der Sedimentbelag auf den Pflanzen führen zu einer geringeren Photosyntheserate und einem verminderten Wachstum der Pflanzen. Natürliche Prozesse (z.B. Sedimentaufwirbelung durch Wind und Wellen oder die Ablagerung von Kalk auf den Wasserpflanzen) haben allerdings ähnliche Auswirkungen und relativieren in der Mehrzahl der einheimischen Gewässer den Einfluß der Taucher.

Auch **in Korallenriffen** kann man unter Umständen negative Auswirkungen durch Sedimentation beobachten. So benötigen Korallen mehrere Stunden, um sich von einer Sedimentschicht zu befreien. Korallen sind Tiere, die mit Algen in einer Lebensgemeinschaft leben; diese Algen benötigen wie alle Pflanzen Licht, um Photosynthese treiben zu können. Die Beschattung durch Sediment auf der Korallenoberfläche schränkt ihre Photosynthesefähigkeit ein, bis die Koralle das Sediment „fortgeräumt" hat. Auch kann die Koralle ihre Fangtentakel nicht ausfahren, wenn eine Sedimentschicht auf ihr liegt, so daß sie sich zunächst von dieser Auflage befreien muß, um fressen zu können. Ist die Sedimentationsrate hoch, z.B. durch viele Taucher, die schlecht tariert sind, müssen die Korallen unter Umständen so viel Zeit für ihre Reinigung aufwenden, daß sie nicht genügend Nahrung aufnehmen können und eventuell „verhungern".

Je größer der Abstand des Tauchers vom Grund ist, desto weniger Sediment wird aufgewirbelt. Besonders viel Sediment wird aufgewirbelt, wenn eine Flosse den Grund berührt; hält der Taucher einen Abstand von etwa 1 m zum Gewässerboden, verringert sich im Süßwasser bei ruhigem Flossenschlag die Sedimentaufwirbelung um ca. 90 %. Daher sollte auf eine **exakte Tarierung und einen Abstand von ca. 1 m vom Gewässergrund** sowie auf ruhigen, langsamen Flossenschlag geachtet werden. Ist ein Grundkontakt erforderlich, sollte vorsichtig und mit langsamen Bewegungen auf den Grund aufgesetzt und später wieder vom Grund abgehoben werden. Da in Seen mit feinkörnigen Sedimenten die Auswirkungen der Aufwirbelung größer sind, ist hier besonders auf Abstand und Flossenschlag zu achten; sehr kleine Seen mit äußerst feinem Sediment sind aus den oben genannten Gründen empfindlicher; sie sollten möglichst nicht zu Ausbildungszwecken herangezogen werden. Im Bereich von Korallenriffen und Wasserpflanzengürteln ist jeglicher Grundkontakt bzw. direkter Kontakt zu den Korallen zu vermeiden.

Während der Laichzeiten besteht die Möglichkeit, daß aufgewirbeltes Sediment sich auf den Laich absetzt und bakterielle Fäulnisprozesse und Verpilzungen in Gang gesetzt bzw. beschleunigt werden, so daß die Eier absterben. Besonders gefährdet ist in diesem Zusammenhang der Laich von Arten, die ihre Eier nicht an Wasserpflanzen anheften, sondern unmittelbar auf den Boden, Schlamm-freien Kiesflächen oder z.B. an Wurzeln ablegen (Barsch, Forelle, Saibling, Zander etc.). Ein Taucher sollte daher wissen, welche Arten in seinem Tauchgewässer vorkommen, wann sie laichen, wie ihr Laich aussieht und wie lange die Eier von der Ablage bis zum Schlüpfen der Brut benötigen (s.S. 218, Tabelle). So ist es möglich, Laichgebiete frühzeitig zu erkennen und durch Meidung dieser Gebiete jegliche Schädigung der Eier und damit der kommenden Generation von Fischen, Amphibien oder Wirbellosen durch den Tauchsport zu verhindern.

7.2.3 Schäden durch direkte Berührung

Viele Korallen, Laich und Pflanzen sind sehr empfindlich gegen **mechanische Belastung** (z.B. Tritte mit den Flossen). Geweih- und Tischkorallen sind trotz ihres oft sehr hohen Alters zerbrechliche Gebilde, die einem überbleiten oder unachtsamen Taucher eventuell nicht widerstehen und abbrechen können. Schäden durch mechanische Zerstörung können und müssen wie bei der Sedimentation durch eine exakte Tarierung und entsprechenden Abstand zum Bodengrund vermieden werden. Die Pflanzengürtel der Gewässer sind besonders individuen- und artenreiche Lebensräume, die

Tabelle: Laichzeiten und -orte häufiger einheimischer Fische und Amphibien.

Art	Laichzeit*	Dauer der Eientwicklung*	Laichort	Besonderheiten
Hecht	Febr. – Mai	10 – 30 Tage	verkrautete Uferzonen überschwemmte Wiesen	
Barsch	März – Juni	2 – 3 Wochen	Wasserpflanzen oder andere Gegenstände, bis 5 m Tiefe	Laichbänder (netzartige Gallertschleier)
Zander	April – Mai	1 Woche	flache Laichgruben in 1 – 3 m Tiefe, vereinzelt auch tiefer; auch an Steinen und Wurzeln	Männchen beschützt den Laich
Karpfen	Mai – Juli	3 – 5 Tage	an Pflanzen im flachen Uferbereich	
Schleie	Mai – Juli	3 Tage	Wasserpflanzenbewuchs	
Rotauge	April – Mai	4 – 10 Tage	in seichten Uferbereichen an Pflanzen, Wurzeln und Steinen	
Rotfeder	April – Juli	3 – 10 Tage	an Wasserpflanzen im flachen Ufer	
Bachforelle	Sept. – Dez.	4 – 10 Wochen	sauerstoffreiche, saubere Gewässer, auf Kiesgrund	
Regenbogenforelle	Dez. – Mai	4 – 10 Wochen	auf Kiesgrund	
Grasfrosch	Febr. – April	3 Wochen	sehr flache Uferzonen	Laichballen
Erdkröte	März – April	16 – 20 Tage	flache Uferzonen	doppelte Laichschnüre werden um Gegenstände, Wurzeln, Pflanzen etc. gewickelt
Molche	April – Juni	2 – 3 Wochen	bis in 2 – 3 m Tiefe	Eier werden mit den Hinterbeinen in Wasserpflanzenblätter eingerollt

* Richtwerte; durch Temperaturschwankungen können Verschiebungen der Laichzeiten und der Entwicklungsdauer eintreten.

zur Naturbeobachtung anregen. Ein Eindringen des Tauchers mit seinen gerätebedingten Kanten und Vorsprüngen kann jedoch zum Abreißen und damit eventuell zum Absterben der Pflanzen führen. Bestimmte Pflanzen, z. B. die Armleuchteralgen, sind durch Einlagerungen von Kieselsäurekristallen in ihrer Körperachse und Kalkauflagerungen im Vergleich zu anderen Wasserpflanzen spröde und relativ sensibel gegen starke mechanische Beeinträchtigungen (Flossenschlag, Gewicht eines Tauchers); derartige Belastungen lassen sie leicht abbrechen. Ein Taucher sollte diese Arten erkennen können und besonders sorgfältig auf ausreichenden Abstand zu den Pflanzen achten. Eine Beobachtung der Organismen des Pflanzengürtels sollte möglichst von der Peripherie aus oder mit mindestens 1 Meter Abstand zu den Pflanzen erfolgen. Anfänger, die sich noch nicht perfekt tarieren können, sollten in Gewässer mit sensiblem Pflanzenbewuchs und in unberührte Korallenriffe nicht mitgenommen werden. Auch sollten keine Geräteübungen in Gewässerbereichen mit dichtem Pflanzenbewuchs und in intakten Korallenriffen erfolgen. Unterwasserphotographen müssen trainieren, ihre Motive auch im schwebenden Zustand photographieren zu können, sie sollten nur in Ausnahmefällen einen festen Stand suchen.

7.2.4 Harpunieren, Füttern und Anfassen von Fischen und anderen Tieren

Seit Jahren richten sich die Taucher des VDST gegen den massiven Eingriff in die Lebensgemeinschaft der Küstenfische durch die extensive Unterwasserjagd. Ähnliche negative Einflüsse wie die Unterwasserjagd hat das Sammeln von Meeresorganismen wie z.B. Korallen und Schnecken. Taucher sollten daher das Harpunieren und Absammeln von Meerestieren unterlassen. Auch das Füttern von Fischen z.B. mit Brötchen, Eiern, anderen Lebensmitteln oder den Kadavern vor Ort getöteter Tiere (Seeigel) stellt einen Eingriff in den Lebensraum dar, der sowohl für die Fische als auch für die Taucher unerwünschte Auswirkungen haben kann. Das Anfüttern insbesondere von Haien z.B. auf den Malediven hat dazu geführt, daß diese Tiere sich an die Fütterung durch den Menschen gewöhnt haben. Die Fluchtdistanzen haben sich verringert, und einige Haie haben sogar ihren normalen Nahrungserwerb reduziert oder eingestellt: Sie warten auf ihre regelmäßige Futtergabe. Bleiben die Taucher z.B. aufgrund der Witterungsverhältnisse einige Tage aus, werden die hungernden Tiere zunehmend aggressiver, und es kann bei den nächsten Fütterungen zu Angriffen kommen. Auch die „Streichelmuränen" und die „Basis-Zackis" bleiben trotz scheinbarer Zutraulichkeit ungezähmte und prinzipiell unberechenbare Raubfische. Man sollte aus den angegebenen Gründen freilebende Fische weder füttern noch anfassen.

Viele Fische verbringen die Nächte oftmals „schlafend" auf dem Gewässergrund, in Höhlen oder Spalten; Taucher können sie in diesem Zustand leicht beobachten und photographieren. Werden die Fische jedoch gestört, schrecken sie auf und können sich bei der Flucht in ihrem „schlaftrunkenen" Zustand lebensbedrohlich verletzen. Eine Berührung der schlafenden Fische oder ein bewußtes „Aufwecken" (z. B. durch längeres Anleuchten mit einer grellen Unterwasserlampe) ist daher zu unterlassen.

7.3 Aktiver Umweltschutz

Der VDST bietet seit Jahren Seminare zu den Themenkreisen Umweltschutz, Meeresbiologie und Gewässerkunde an. Diese Lehrgänge sind allen Mitgliedern des VDST zugänglich und geben einen Einblick in die Zusammenhänge der Welt unter Wasser sowie über die Möglichkeiten und die Vorgehensweise bei der Gewässerbeurteilung, um Veränderungen in den Lebensräumen erkennen und ihnen entgegenwirken zu können. Denn wir Taucher sollten unsere Tauchgewässer kritisch beobachten, um Verschlechterungen der Wasserqualität erkennen und gegebenenfalls eine Meldung an die zuständige Behörde oder eine regionale Umweltschutzorganisation weiterleiten zu können. Oft sind nur Taucher in der Lage, frühzeitig Beobachtungen zu machen, die auf eine Veränderung der Lebensqualität in einem Gewässer hindeuten. Dabei ist es sinnvoll, ein Gewässer mehrere Jahre hindurch zu beobachten bzw. Beobachtungen von anderen Tauchern aus zurückliegenden Jahren zu sammeln und auszuwerten.

7.3.1 Gewässerbeobachtung – Gewässergüteabschätzung

Folgende Beobachtungen deuten auf eine Verschlechterung des Lebensraums hin:

1. Die Sichtweite im untersuchten Gewässer hat in den letzten Jahren zu denselben Jahreszeiten stark abgenommen.
2. Die qualitative und quantitative Zusammensetzung der Tier- und Pflanzenwelt hat sich drastisch verändert, z. B. treten in stärkerem Maße fädige Algen auf, die allmählich die Algenformen mit deutlich erkennbaren Blättern verdrängen.
3. Man sieht viele Fische mit zerfaserten Flossen, sichtbaren Hautparasiten oder Verpilzungen und bakteriellen Infektionen der Körperoberfläche (s. S. 222, Abb. 7, 8 und 9).

Diese Kriterien spiegeln allerdings nur die Veränderungen in einem See bei einer sehr starken Störung wider. Um Schäden frühzeitig erkennen zu können, benötigt man ein subtileres Anzeigersystem für Umweltschäden. Das derzeit beste Beurteilungssystem mit hoher Aussagekraft für die Nährstoffbelastung einheimischer Seen beruht auf der Kenntnis einiger häufiger Wasserpflanzen sowie der Wassertrübung durch Pflanzenplankton (s. S. 222, Abb. 1). Ist das Wasser sehr klar (Sichtweiten über 6 - 10 m) und trifft man auch in Tiefen unter 10 Metern noch Armleuchteralgen (Abb. 2), so handelt es sich um einen **sehr gering belasteten See**; andere Wasserpflanzen fehlen in diesen Seen meistens. Weist der See Sichtweiten zwischen 4 - 6 Metern und Armleuchteralgenbestände bis in etwa 8 - 10 Meter Tiefe auf, handelt es sich um ein **gering belastetes Gewässer**. Hier findet man manchmal auch andere Pflanzenarten wie das Grasartige und das Schmalblättrige Laichkraut. Das Ährige Tausendblatt (Abb. 5), der Wasserschlauch (Abb. 6) sowie das Durchwachsene Laichkraut (Abb. 4) sind charakteristisch für **mäßig belastete Gewässer**; auf dieser Belastungsstufe liegen die Sichtweiten meist unter 4 Meter; es treten bereits fädige Algen auf, und Armleuchteralgen sind auf den Flachwasserbereich beschränkt. In **stark belasteten Gewässern** fehlen Armleuchteralgen normalerweise; die Sichtweiten betragen weniger als 2 Meter. Typische Pflanzen dieses Bereichs sind die Wasserpest (Abb. 3), das Krause und das Kamm-Laichkraut sowie verschiedene Wasserhahnenfußgewächse; fädige Algen treten relativ häufig auf. In **sehr stark belasteten Seen** trifft man z. B. den Teichfaden sowie das Horn- und das Pfeilkraut an; windgeschützte Buchten sind mit „Entengrütze" bedeckt. Die Sichtweite ist geringer als 0,5 Meter, und die Fadenalgen erleben eine Massenvermehrung.

7.3.2 Gewässerreinigungsaktionen

Auch Seeputzaktionen können sinnvolle Umweltschutzmaßnahmen durch Taucher sein. Rigorose **Gewässerreinigungen** allerdings, wie sie in den letzten Jahren vereinzelt durchgeführt wurden, sind aus ökologischen Gründen abzulehnen. Denn Gegenstände, die ein Taucher als Müll ansieht, können Tieren und Pflanzen als Lebensraum, Versteck, Laichplatz oder Besiedlungsgrundlage dienen. Ihre Entfernung stellt eine Verringerung der besiedelbaren Lebensräume dar. Taucher sollten daher nur Gegenstände aus dem Gewässer entfernen, die ganz offensichtlich noch nicht als Lebensraum angenommen wurden, die giftige Stoffe abscheiden oder dem Gewässer einen direkten Schaden zufügen (z. B. Farbeimer, Chemikalienbehälter). Außerdem sollten Gewässerreinigungsaktionen nur von kleinen Tauchergruppen (maximal vier Taucher) und außerhalb der Laichzeiten durchgeführt werden.

7.3.3 Verhalten als Tourist

In Feriengebieten werden häufig **Tierpräparate** als Souvenirs angeboten. Touristen, die solche „Andenken" kaufen, tragen dazu bei, daß diese Tiere in großer Zahl gefangen und häufig auf grausame Art und Weise getötet werden. Nur ein Verzicht auf den Kauf derartiger Mitbringsel kann verhindern, daß weiterhin tropische Meere als Souvenirreservoir ausgeplündert werden. Als Tourist sollte man weiterhin den Menschen des Gastlandes und ihren Gebräuchen den nötigen Respekt entgegen bringen, indem man z. B. sakrale Handlungen nicht stört und Personen nicht gegen ihren Willen photographiert. Archäologische Objekte unter und über Wasser sollten nicht berührt, bewegt, mitgenommen oder zerstört werden.

Legenden zur Farbtafel Seite 222

1. Planktonalge (Ceratium)
2. Armleuchteralge
3. Wasserpest
4. Durchwachsenes Laichkraut
5. Ähriges Tausendblatt
6. Südlicher Wasserschlauch (Pfeile: Fangblasen)
7. Rückenflosse eines Flußbarsches mit Karpfenlaus (Pfeil)
8. Schleie mit Pilzerkrankung (Pfeile)
9. Flußbarsch mit Fischegel (Pfleil)

(Photos 1-6 und 8: Dr. Xylander/TBD, 7 und 9.: J. Depta)

Die zehn goldenen Verhaltensregeln für Sporttaucher

1. Sporttaucher benutzen Parkplätze und vorhandene Einstiege ins Gewässer!

2. Sporttaucher dringen nicht in Schilf- und Wasserpflanzenbestände ein!

3. Sporttaucher bleiben den Nist-, Laich- und Ruheplätzen fern!

4. Sporttaucher achten auf einen ausreichenden Abstand zum Gewässergrund und wirbeln kein Sediment auf!

5. Sporttaucher berühren und füttern keine wildlebenden Tiere!

6. Sporttaucher harpunieren nicht; sie kaufen und sammeln keine Tiersouvenirs!

7. Sporttaucher beobachten kritisch ihren See und halten die Tauchgewässer und ihre Uferzonen sauber!

8. Sporttaucher befolgen die Arten- und Naturschutzbestimmungen!

9. Sporttaucher lassen ihren Kompressor nur dort laufen, wo er niemanden stört!

10. Sporttaucher halten ihre Kameraden an, sich ebenfalls umweltbewußt zu verhalten!

Die hier für den bootsfahrenden Taucher aufgeführten wenigen Punkte und Tips können und sollen nicht den Bootsführerschein ersetzen. Hier sollen dem Bootsfahrer und seinen Begleitern lediglich gewisses Basiswissen über das Verhalten „auf See" vermittelt werden.

8.1   Allgemeine Vorschriften

Beim Befahren von Gewässern sind die nationalen und internationalen Schiffahrts- und Seeschiffahrts-Straßenordnungen zu beachten.

Wichtig: National geht vor International!

Entsprechend dem befahrenen Revier ist das Boot

a) anmeldungspflichtig,

b) kennzeichnungspflichtig.

Der Schiffsführer muß eine für das Schiff gültige Lizenz haben. Er ist bis zum Festmachen des Bootes ausweispflichtig.

Motorboote sind Seglern gegenüber ausweichpflichtig.
Ausnahme: Der Segler überholt.

8.2   Seemännische Empfehlungen

Eine neue oder berichtigte Seekarte oder Sonderkarte mit großem Maßstab sollte für das geplante Tauchgebiet vorhanden sein.

Bei Fahrten in Küstenbereichen, die Ebbe und Flut unterliegen, braucht man unbedingt einen Tidenkalender.

Nie zu nahe an ein größeres Schiff heranfahren, der Sog ist sehr gefährlich! Nähere Dich einer Hafen- oder sonstigen Einfahrt nur in langsamer Fahrt und in einem Winkel, daß Du das gesamte Fahrwasser überblicken kannst!

Bei Nachttauchgängen im Meer sind vorschriftsmäßige Sichtzeichen zu führen. Ein Kompaß ist zu empfehlen, das gilt auch für längere Tagesturns. Achtung: Stahl lenkt die Kompaßnadel bei zu naher Lagerung ab.

SEEKARTE

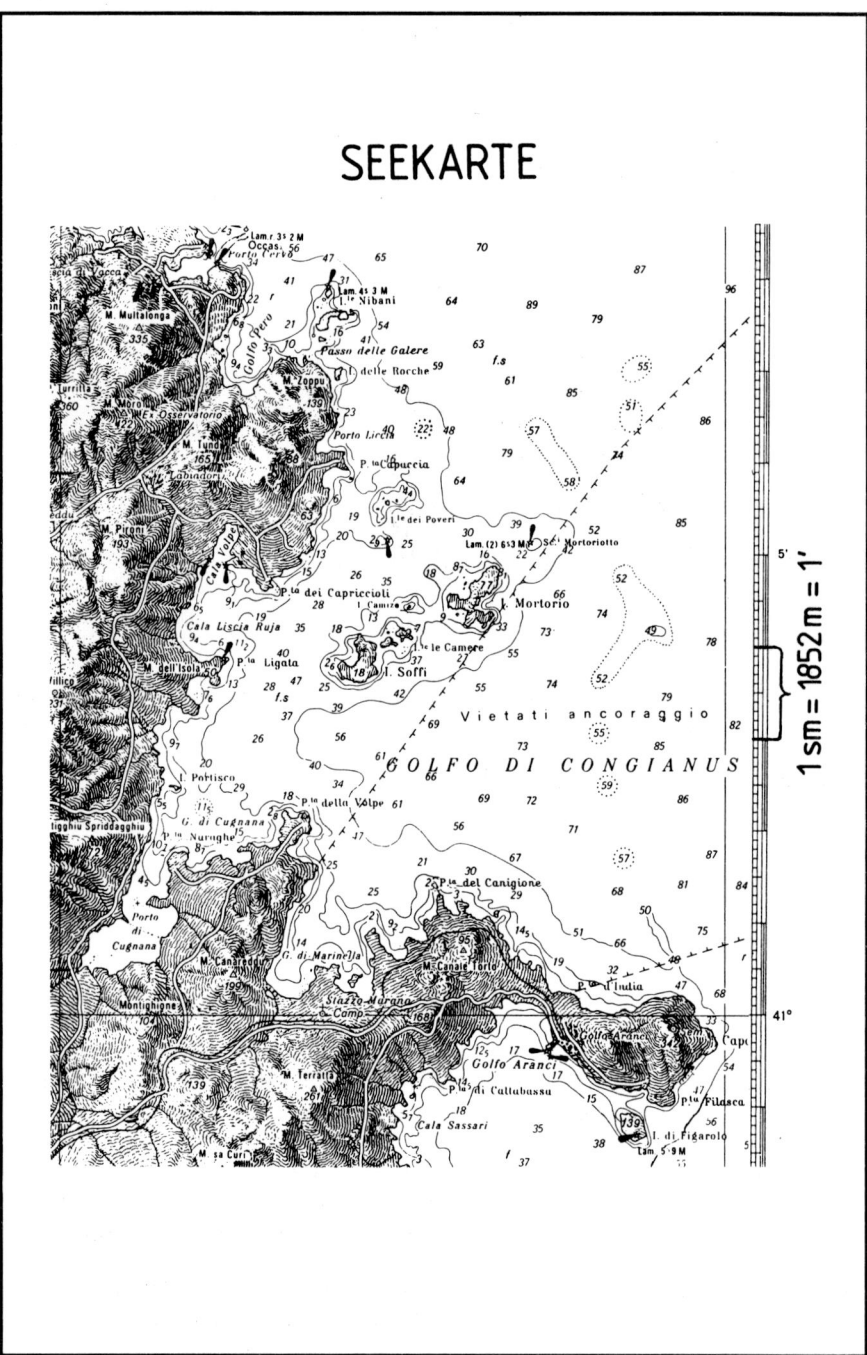

Das Gewicht des Ankers ist reichlich der Fahrzeuggröße anzupassen. Zwischen Anker und Ankerleine müssen mindestens 4 bis 5 m Ankervorfach entsprechender Stärke sein. Die Länge des ausgelegten Ankertaus sollte mindestens die dreifache Wassertiefe haben. Bedenke: Bei 40 m Wassertiefe sind das 120 m Ankertau.

Für festen Grund braucht man einen Faltklapp- oder Schirmanker; für weichen Grund einen Plattenanker.

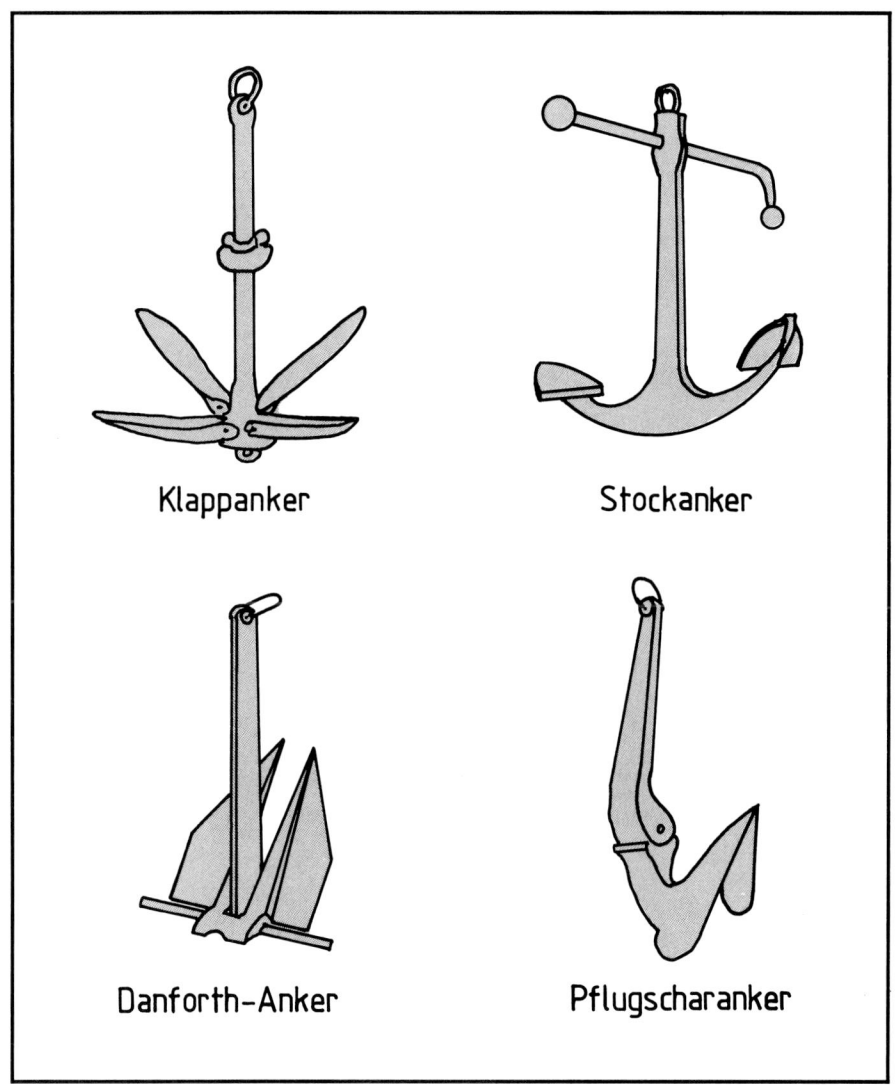

Klappanker

Stockanker

Danforth-Anker

Pflugscharanker

8.3 Knoten und Steke

Ein halber Schlag
Er ist der erste Handgriff für eine Anzahl Knoten und hält allein nicht.

Kreuzknoten
Dient zum Verbinden zweier gleich starker Enden.

Schotstek
Dient zum Verbinden zweier ungleich starker Enden.

Webleinstek (zwei halbe Schläge)
Dient zum vorübergehenden schnellen Belegen an einem Poller.

Palstek
Er zieht sich nicht zusammen, ist leicht lösbar und dient deshalb zum Überwerfen über Poller, Pfähle u.s.w. oder zum Festmachen an Ringen, aber auch zum Halten und Bergen von Menschen.

8.4 Grundausrüstung des Bootes

Die Sicherheits- und Grundausrüstung sollte bestehen aus:
— Anker mit Kettenvorläufer und Leine,
— Kompaß,
— Lenzpumpe, Eimer oder Ösfaß,
— Signalhorn oder Trillerpfeife,
— Notsignalen, Sturmstreichhölzern, (Schießstift),
— starker Taschenlampe,
— Riemen oder Paddeln,
— Erste-Hilfe-Kasten in wasserdichtem Behälter,
— Rettungswesten oder Taucherwesten,
— Wasserpumpenzange, Kerzenschlüssel, Ersatzkerzen, Isolierband,
— Ersatzscherstiften, Trinkwasser.

8.5 Zusatzausrüstung des Bootes

Als Zusatzausrüstung ist zu empfehlen:

— diverse „solide" kurze Tampen zum Zurren,
— bis zu 40 m Leine mit Endschwimmkörper (Strömungsleine),
— 6 m Tampen mit Endgewicht als Deko-Leine,
— 2 bis unter die Oberfläche reichende Tampen mit großen (!) Karabinerhaken, zur Erstaufnahme von Geräten (Einstiegserleichterung),
— feste, rutschsichere Ablage für Tauchgerät und Kamera.

8.6 Bootsfahrt

Vor dem Auslaufen: Wetterbericht einholen!
Brennstoff-/ Schmieröl-Überprüfung.
Mitfahrern feste Plätze und eventuell Job zuweisen.
Bei Wind und rauher See Tauchanzüge vorher anziehen; die Taucherweste nach dem Tauchgang weiterhin tragen.
An Land den geplanten Zielort, die voraussichtliche Zeit der Rückkehr und eine Teilnehmerliste hinterlassen.
Vor dem Verlassen des Ankerplatzes: Erst den Motor starten und dann den Anker einholen.

Merke: **Von** Bord ist erheblich leichter als
an Bord zu kommen!

NOTSIGNALE

Knallsignale in Minutenabstand	
Dauerton Nebelhorn	
SOS durch Licht- oder Schallsignale	
Heben und Senken der Arme	
Raketen oder Leuchtkugeln mit roten Sternen	
Rote Handfackeln	
Ball über oder unter einer Flagge	

8.8 Schleppleine

Die Länge einer Schleppleine bei starkem Seegang sollte mindestens die zwei-
bis dreifache Wellenlänge betragen.

LICHTERFÜHRUNG

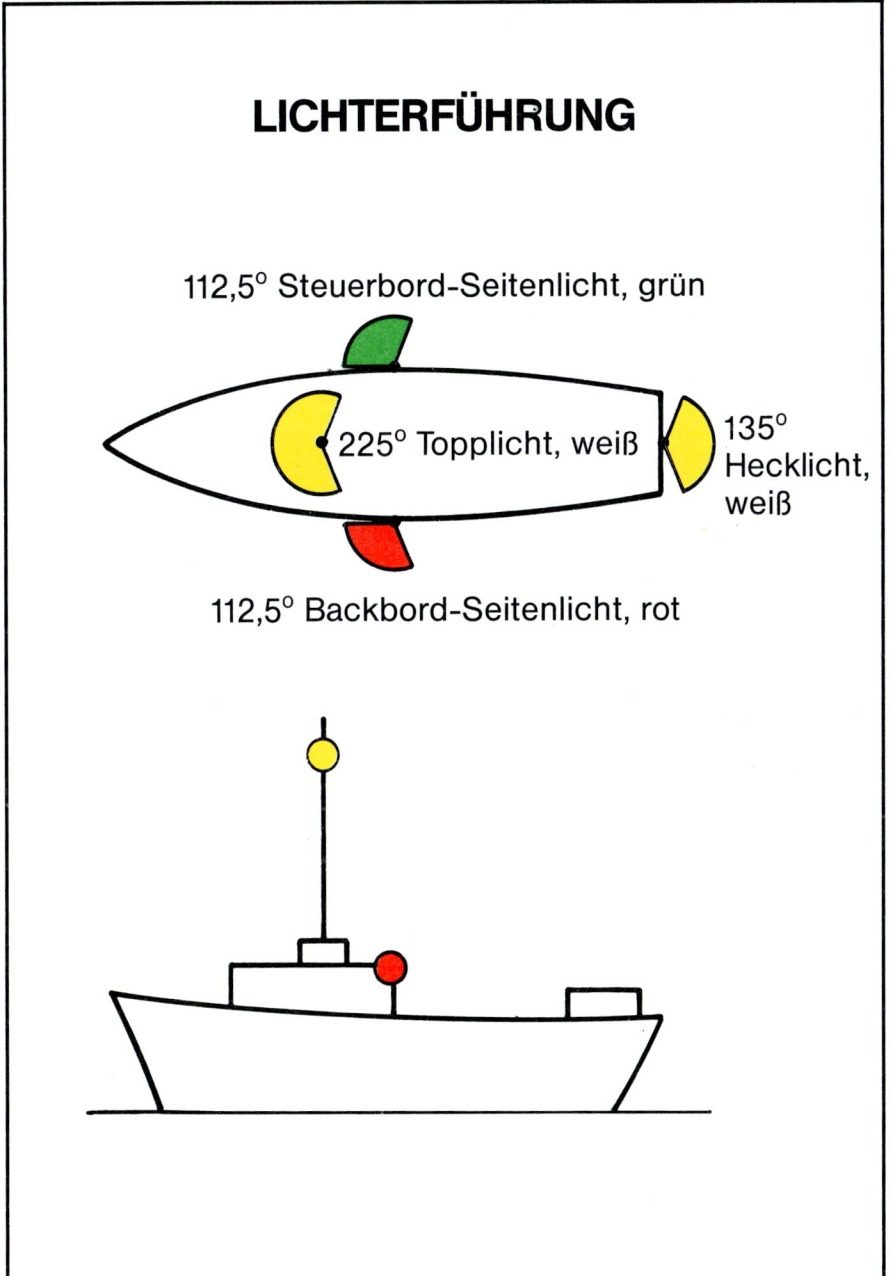

112,5° Steuerbord-Seitenlicht, grün

225° Topplicht, weiß

135° Hecklicht, weiß

112,5° Backbord-Seitenlicht, rot

Schwimmbadausbildung

9.1 Ausbildungsziel

Der Schüler soll im Schwimmbad mit einem gleichwertigen Partner ohne Beaufsichtigung sicher tauchen können. Die Ausbildungsinhalte werden so gehalten, daß sich ein möglichst nahtloser Anschluß zur Ausbildung im Freiwasser ergibt. Den Abschluß der Schwimmhallenausbildung bildet die Prüfung zum Grundtauchschein.

9.2 Voraussetzungen

1. Mindestalter 12 Jahre.
2. Ärztliche Tauchtauglichkeitsbescheinigung nach den Richtlinien des VDST. Diese darf nicht älter als zwei Jahre, bei Bewerbern unter 14 Jahren sowie über 40 Jahren nicht älter als ein Jahr sein.
3. Bei Minderjährigen ist eine Einverständniserklärung eines Erziehungsberechtigten erforderlich.
4. Die Fähigkeit, schwimmen zu können, ist durch entsprechende Zeugnisse zu belegen. Sind diese nicht vorhanden, muß der Tauchausbilder die Fähigkeit des Schülers prüfen, mindestens 15 min ununterbrochen schwimmen zu können.
5. Die Ausbildung muß durch begleitenden theoretischen Unterricht ergänzt werden. Lehrstoff-Minimum: Grundtauchschein, Wiederbelebung und Erste Hilfe.
6. Alle Übungen zu diesem Tauchschein sollten im Schwimmbad oder einem den Schwimmbadverhältnissen entsprechenden Freigewässer durchgeführt werden.

9.3 Ausbildungsempfehlungen

Jeder Ausbilder muß sich der Tatsache bewußt sein, daß seine Schüler in ihm ein Vorbild sehen. Sein Verhalten ist Grundlage einer guten Ausbildung. Einige pädagogische Grundregeln sind daher als ungeschriebene Gesetze auch für den sportlichen Ausbildungsbereich zu beachten:
— Die Tauchausbildung soll Spaß machen und die Fähigkeiten der Schüler gezielt steigern.
— Ausbildungsgruppen sollen klein gehalten werden: ABC-Ausbildung maximal 6 Schüler, Gerätegruppe maximal 3 Schüler.

- Ein Ausbilder sollte immer nur eine Gruppe im Wasser betreuen.
- Ein Ausbilder zeigt Geduld und Umsicht.
- Ein guter Ausbilder ist ein einfühlsamer Helfer.
- Beleidigende Kritiken haben in einer guten Ausbildung nichts zu suchen.
- Ein guter Ausbilder verweist ruhig und sachlich auf die Gefahren und vermeidet panikmachende Übertreibungen.
- Ein Ausbilder repräsentiert seine Sportart. Seine Schüler sind so gut, wie er sie ausbildet.
- Eigenes tauchsportliches Verhalten und Ausbildungsanspruch dürfen nicht voneinander abweichen, sonst macht der Ausbilder sich und seine Ausbildungsziele unglaubwürdig.

9.4 Hinweise

Wenn im vorausgegangenen und im folgenden vom Schüler oder Taucher gesprochen wird, dann sind damit weibliche und männliche Teilnehmer gemeint. Zwischen ihnen wie auch zwischen den verschiedenen Altersgruppen darf es keine Unterschiede hinsichtlich der Anforderungen bei der Ausbildung geben!

Die hier angestrebten Lernziele sind für den Ausbilder formuliert. Es kann wohl darauf verzichtet werden, Details über das Erlernen des Flossenschwimmens, Streckentauchens usw. aufzulisten.

Ausbilder-Definition: Vorzugsweise sollten Übungsleiter und Tauchlehrer eingesetzt werden. Im Bedarfsfall können zu ihrer Unterstützung bzw. Vertretung als erfahren geltende Taucher herangezogen werden.

9.5. Kenntnisse und Fertigkeiten

9.5.1 Ausbildung mit ABC-Ausrüstung

9.5.1.1 Maske abnehmen, aufsetzen und ausblasen

In der Tauchausbildung hat das Erlernen des Maske-Ausblasens vorrangige Bedeutung. Unbedingt anzustreben ist dabei die Entwicklung der Fähigkeit, die Maske automatisch (also ohne eine vorangehende Überlegung des technischen Ablaufes) und später mit einer Lungenfüllung 2-3mal ausblasen zu können.

Dabei haben sich folgende Übungsschritte bewährt:

a) Theoretische Erläuterung des Vorgangs.
b) Erste Versuche im flachen Wasser. Am Anfang genügt es, wenn der Kopf des Tauchers wenige Zentimeter unter Wasser ist. So ist genaue Beobachtung und eingreifende Korrektur (z.B. der Kopfhaltung) möglich.
c) Danach folgen Versuche in 2-3 m Tiefe, die später in Übungen übergehen, bei denen unter rationeller Luftabgabe 2-3 Maskenentleerungen während eines Abtauchens möglich sind.

9.5.1.2 20 Minuten Schnorcheln, dabei je 5 Minuten in Brustlage, Seitenlage, Rückenlage sowie mit einer Flosse, wobei insgesamt eine Strecke von 500 m zurückgelegt werden muß.

Ein Taucher soll ohne Unterbrechung eine größere Strecke so schwimmen können. Außerdem soll der Taucher lernen, auch mit unvollständiger Ausrüstung bestimmte Strecken in annehmbarem Tempo zu schwimmen.
Beim Schwimmen in Rückenlage bleibt die Maske auf dem Gesicht, aber es wird ohne Schnorchelatmung geschwommen.
Verstärkt ist bei dieser Übung auf wirkungsvollen Flossenschlag zu achten.

9.5.1.3 25 m Streckentauchen oder 20 m Streckentauchen mit Neoprenjacke und -hose.

Die vorgegebene Strecke ist so zu trainieren, daß sie nicht die äußerste Leistungsgrenze darstellt. Dazu sind folgende Voraussetzungen sicherzustellen:

a) Erlernung eines wirkungsvollen Tauchstils (Beinschlag, Arme in Vorhalte, Kopf tief, mittleres Tempo).
b) Voratmung von 3 bis 5 tiefen Atemzügen ist zulässig, keine maximale Einatmung vor dem Abtauchen.
c) Keine Tauchversuche bei Erschöpfung (dazu zählt auch Auskühlung).
d) Alle Versuche sind nur unter Beobachtung zulässig.

9.5.1.4 30 s Zeittauchen mit stetiger Ortsveränderung (ca. 10 m)

Auch die hier angegebene Zeit soll so trainiert werden, daß sie bei der Prüfung nicht die äußerste Leistungsgrenze darstellt. Die sonstigen Voraussetzungen entsprechen denen beim Streckentauchen.

9.5.1.5 Bergung und Transport

Als Schnorcheltaucher 50 m weit zu einem Gerätetaucher schwimmen, der in ca. 3 m Tiefe liegt, diesen bergen und dann 50 m an der Oberfläche transportieren. Abschleppgriffe sind nicht vorgeschrieben, entscheidend ist die erfolgreiche Durchführung.

9.5.1.6 3mal Tieftauchen auf ca. 3,5 m in einer Minute

Abtauch- bzw. Tieftauchübungen bieten Gelegenheit, die Ausbildung zu vervollkommnen durch die Gewöhnung an den Druckausgleich in Maske und Mittelohr (bereits ab 1 m Tiefe und nicht erst dann, wenn Schmerzen als Warnsignal eintreten) und durch die Gewöhnung an ein sauberes Abtauchen (Hüftknick-, Absink-, Abstoßmethoden).

9.5.1.7 Demonstration und Erläuterung der wichtigsten UW-Zeichen

Die Handzeichen sind bereits bei der Ausbildung im Schwimmbad eine gute Hilfe für Ausbilder und Schüler. Letztere sollten frühzeitig damit vertraut gemacht werden. Die Demonstration soll über und unter Wasser durchgeführt werden.

236

9.5.2 Ausbildung mit dem Leichttauchgerät (SCUBA)

Auch im Schwimmbad stellt der erste Tauchversuch für die meisten Schüler ein beeindruckendes Erlebnis dar. Berücksichtigen müssen wir verschiedene Typen von Anfängern. Einige zeigen Angst und Unsicherheit vor dem Abtauchen. Von dieser Gruppe müssen wir hier ausgehen. Als empfehlenswert haben sich folgende Schritte herausgestellt:

a) Ausführliche Erklärung aller Funktionen des SCUBA einschließlich der bei der Benutzung wirksam werdenden physikalischen Gesetze.

b) Prüfen des Luftvorrats in den Flaschen durch die Schüler selbst oder in deren Gegenwart. Prüfung des SCUBA auf Funktion. Anlegen der Geräte unter Kontrolle der Ausbilder (gerade beim Anfänger muß das Gerät gut sitzen, es gibt für ihn kaum etwas Unangenehmeres als ein ständig ins Genick rutschendes Gerät!), Funktionstest noch einmal vor dem Einsteigen ins Wasser.

c) Nach dem Einsteigen bleiben die Schüler an der Beckenkante. Man gibt ihnen dazu folgende Anweisung: Aus dem SCUBA atmend zunächst kurze Zeit an der Oberfläche schwimmen. Bei sicherem Gefühl dann durch kurzzeitig tiefes Ausatmen absinken lassen. Überhaupt sollten dem Schüler frühzeitig die Möglichkeiten und Vorteile der Auf- und Abtriebssteuerung durch die Atmung klargemacht werden: Allen Beteiligten wird dadurch die Ausbildung sehr erleichtert.

d) Gestartet werden sollte im flachen Teil des Schwimmbeckens, wo Druckausgleichsprobleme kaum auftreten werden. Taucht die Gruppe nach der meist kurzen Eingewöhnungsphase in den tiefen Teil des Beckens, dann soll der Ausbilder durch entsprechend vereinbarte Zeichen an den Druckausgleich erinnern. Während dieses Tauchgangs sollte einige Male aufgetaucht (Probleme abfragen, Übungen besprechen) und wieder abgetaucht werden: Auf- und Abtauchen sind meistens die einzig schwierigen Phasen für den Anfänger. In das erste Erlebnis des SCUBA-Tauchens sollten einfache Übungen eingebaut werden: Kurzzeitiges Herausnehmen des Mundstücks, Maske ausblasen, Sinken und Steigen durch Aus- und Einatmung.

9.5.2.1 10 min Schnorcheln mit dem SCUBA

Hierbei soll die Fähigkeit geübt werden, sich mit dem SCUBA ohne Probleme an der Wasseroberfläche aufhalten zu können. Nach entsprechendem Training sollte ein Schüler in 10 min eine Strecke von 300 m zurücklegen.

9.5.2.2 Sprünge vorwärts aus ca. 1/2 m Höhe mit komplettem SCUBA-ausrüstung

Bereits während der zweiten oder dritten Übungsstunde mit dem SCUBA sollten Sprünge geübt werden. Die unterschwellig vorhandene Angst davor muß rechtzeitig abgebaut werden. Grundsätzlich gilt der *Fußsprung* als der einfachste und zugleich sicherste Sprung. Gesprungen wird mit eingeführtem Automatenmundstück, geschlossenen Beinen, eine Hand an der Maske, eine Hand an der Flasche.
Geübt werden sollte auch die *Rolle rückwärts*.

9.5.2.3 Das SCUBA in 2,5 bis 3,5 m Tiefe am Grund ablegen, 10 m weg- und auftauchen. Nach kurzer Pause aus dieser Entfernung das Gerät antauchen und anlegen, anschließend auftauchen

Hier geht es um die schwierigste praktische Übung beim *Grundtauchschein*. Sie verlangt mehrere Fertigkeiten, deren Beherrschung auch für das spätere Frei-wasser-Tauchen wichtig ist. Trainiert werden sollte zunächst das *Ablegen des Gerätes*. Es darf (unter Badbedingungen) nach entsprechender Übung nicht länger dauern als 10 s. Die ersten Versuche sowie sich anschließende Aufstiege sind vom Ausbilder zu überwachen. Das *Anlegen* des Gerätes ist im Gegensatz zum Ablegen keine sicherheitsbedingte Übung. Eine Zeitvorgabe wäre daher nicht sinnvoll. Entscheidend sollte daher die überlegte und richtige Aus-führung sein. Der Ausbilder muß daher immer wieder auf das folgerichtige Vorgehen hinwirken: Wie liegt mein Gerät? Wie tauche ich es an? Welches sind die ersten Handgriffe? Wie bewältige ich die entscheidende Phase des Hineinschlüpfens in die Schultergurte? Weiter bedingt die Übung entspre-chendes Training im ABC-Tauchen. Insgesamt fordert sie den Taucher im Hinblick auf Koordinationsfähigkeit und taktisches Vorgehen.

9.5.2.4 Partnerübung: 50 m Streckentauchen, davon 25 m Atmung aus dem Zweitautomaten des Partners und 25 m unter angedeuteter Wechselatmung mit dem Partner

Bei der angedeuteten Wechselatmung hält sich der Übende mit der freien Hand an der Bänderung seines Partners fest. Er gibt dem Partner sein Mundstück in die Hand, ohne es loszulassen. Nachdem der Partner ein- bis zweimal aus dem eigenen Mundstück geatmet hat, nimmt der Übende sein Mundstück und atmet daraus ein- bis zweimal. Dieser Vorgang wird wiederholt. Auf ausdrücklichen Wunsch beider Partner kann auch Wechselatmung ausgeführt werden.

Wenn Lungenautomaten mit bestimmter Seitenpositionierung verwendet werden, ist diese Übung deutlich schwieriger als die Wechselatmung in einander zugewandter Position. Der Ausbilder achtet auf:
a) das gegenseitige Festhalten (Oberarm, Gurte),
b) das Einhalten einer Zeit von maximal 3 min,
c) den annähernd geraden Kurs.
Wichtig für das Gelingen dieser Übung ist die jeweils richtige Links-/Rechtsposition der Taucher.

9.5.2.5 Tarierübung

Mit kompletter Ausrüstung und Taucherweste/-jacket auf ca. 3 m Tiefe abtauchen. Dann mit Ausatemluft die Weste/das Jacket so weit aufblasen, daß ein Schwebezustand in etwa 2 m Tiefe erreicht wird.
In dieser Tiefe 3 min aus dem Gerät atmen.
Es dürfte klar sein, daß diese Übung besondere Einweisung durch den Ausbilder voraussetzt.
Nach Beginn der Befüllung sollte der Schüler seine Lunge höchstens halb gefüllt halten und zeitweise die Luft anhalten. Wenn er dann auf mittlerer Tiefe ist, kann er die weitere Steuerung des Auftriebs mit seiner Atmung vornehmen.

9.5.2.6 Tauchen ohne Maske, tauchen ohne Mundstück

Mit dem SCUBA auf ca. 3 m abtauchen, die Maske abnehmen, eine Minute ohne Maske tauchen, dann die Maske aufsetzen und ausblasen. Anschließend das Gerätemundstück herausnehmen und langsam, unter ablassen von Atemluft, aufsteigen.
Dieser Übung kommt Bedeutung zu im Hinblick auf die Schulung des Tauchers für sein späteres Verhalten im Freiwasser. Sowohl die Aufstiegsgeschwindigkeit wie vor allem die Abatmung müssen vom Ausbilder überwacht werden.

9.5.2.7 Beantwortung von UW-Pflichtzeichen

Mit dem SCUBA auf die Hälfte der Schwimmbadtiefe abtauchen und in dieser Tiefe 10 Minuten tauchen, dabei sind 5 UW-Pflichtzeichen korrekt zu beantworten.

9.5.3 Weitere Schwimmbad-Ausbildung

Sie soll weitere Techniken vermitteln, Leistungen steigern, zum Erwerb weiterer Leistungsabzeichen anregen und darauf vorbereiten.

9.5.3.1 Flossenkraulen als Konditionstraining

Zur Aufgabe des Ausbilders gehört es, den Schülern das Flossenkraulen als wirkungsvolles und gleichzeitig leicht durchzuführendes Konditionstraining nahezubringen. Motivationshinweise: Die Kondition als solche sowie ihre vielleicht einmal lebensrettende Wirkung später beim Tauchen im Freiwasser. Eine Strecke von 500 m sollte in 8 min geschwommen werden.

9.5.3.2 Tauchen ohne Tauchmaske

Diese Übung (ohne oder mit SCUBA) gehört in jedem Fall zum Ausbildungs-Programm. Es wird damit die Reaktions- und die Aktionsfähigkeit für den Fall des Maskenverlustes geschult.
Zu tauchen ist eine Strecke von mindestens 25 m. Den Übenden ist zu empfehlen, die Augen bis auf einen ganz kleinen Spalt zu schließen: Die Sehunschärfe wird so gemindert.

9.5.3.3 Orientierungsübung, mit oder ohne SCUBA: In 3 m Tiefe eine Rolle vorwärts, dann 25 m tauchen in Rückenlage

Zu den Aufgaben des Ausbilders gehört, die Bewegungs- und Orientierungsfähigkeit seiner Schüler zu verbessern.
Bei der Rolle dürfen Armbewegungen zur Unterstützung ausgeführt werden.
Beim Tauchen in Rückenlage gilt: Zur Orientierung ist es unumgänglich, daß der Taucher dabei den Kopf so hält, daß er das anzutauchende Ziel im Blickfeld hat. Die Übung gilt dann als gekonnt, wenn es nicht zu auffälligen Kursabweichungen kommt. Als nicht ausreichende Kurshaltung gilt: Verlassen einer 2,50 m breiten Bahn, Aufprall auf den Beckengrund, vorzeitiges Hochtauchen.

9.6 Nachwort zur Schwimmbadausbildung

Wie bereits beschrieben, endet diese Ausbildung nicht mit der Prüfung zum Sporttauchschein. Für weitere Ausbildungsstufen kann die Arbeit in der Schwimmhalle die Grundlage bilden. Dazu nachstehende Stichworte:

Geschicklichkeit

Tauchen mit verdunkelter Maske. Slalom-, Rückenlage-, Kreise-, Spiraltauchen.

Konzentration

Z. B. Kacheln zählen, „Kegel" aufstellen, Teile zusammenführen bzw. verschrauben.

Partnerübungen

ABC-Ausrüstungsteile wechseln. Partner schieben, ziehen, bergen, retten. Formationstauchen.

Stilistische Verbesserungen

Ständige Korrektur des Schwimm- und Tauchstils. Start und Wende.

Sportliches Schwimmen und Tauchen

Optimierung der Leistung, Wettkampf, Schwimmen mit Wettkampf Ausrüstung. Delphin-Stil. UW-Rugby.

Konditionsübungen

Flossenkraulen über 1000 m. Tauchen und Schwimmen nur mit Armzug. Schwimmen mit starkem Abtrieb, mit starkem Auftrieb. Sprint- und Intervalltraining. 100 m Kraulschwimmen (als Minimum) ohne Maske, Flossen und Schnorchel.

Befreiungsgriffe

Das Üben von Befreiungsgriffen kann ebenfalls in das Trainingsprogramm aufgenommen werden, auch wenn der Sport „Tauchen" die Notwendigkeit der Beherrschung dieser Griffe nicht kennt: Ihre Anwendung wird sich, wenn überhaupt, beschränken auf Situationen mit z.B. Badenden, die zur Erhaltung ihres Auftriebs auf ständige Schwimmbewegungen angewiesen sind.

Die Freigewässerausbildung umfaßt folgende Ausbildungsziele:

1. Der Ausbilder muß Leistung, gruppendienliches Verhalten sowie Selbst-disziplin der Taucher über und unter Wasser fördern und fordern. Gleich-zeitig soll jedoch die Freude am Tauchsport dem Interessierten nicht genommen werden.
2. Tauche nie allein! Dies gilt auch für Schnorcheltaucher. Der jeweils Abtauchende muß bis zum vollständigen Auftauchen von der Oberfläche beobachtet werden. Die Gefahr der Bewußtlosigkeit kurz vor oder beim Auftauchen ist um so größer, je länger der Tauchabstieg dauert.
3. Nach Mahlzeiten, nach Einnahme von Alkohol, Drogen und Arznei-mitteln darf nicht getaucht werden.
4. Als Dekompressionstabelle wird die Austauchtabelle DECO '92 Autor: Dr. Max Hahn verwendet (siehe Abschnitt 4).
5. Bei jedem Tauchgang über 20 m sollte eine Sicherheits-Dekopause von 3 min in 3 m eingehalten werden.
6. Oberstes Ziel beim Tauchen ist, das Risiko möglichst klein zu halten. Des-halb ist in trüben oder schwierigen Gewässern, wenn dort überhaupt getaucht werden soll, Festhalten am Tauchpartner, Handkontakt oder die Verwendung einer Buddy-Leine für alle Taucher zu empfehlen.
7. Das Streben nach Leistung darf kein Streben nach Tiefe sein, schon gar nicht in unseren Gewässern. 40 m sind genug. Tauchgänge mit Tiefen über 50 m zählen für keine Abzeichenstufe als Pflichttauchgänge (entspricht Mindestzahl von Tauchgängen zwischen zwei Abzeichenstufen)!
8. Ausbildungs- und Prüfungstauchgänge sollten im Naßtauchanzug mit Taucherweste oder Jacket erfolgen. Trockentauchanzüge sind wegen ihrer Tarierprobleme bei schnellem Aufstieg hier nicht zu empfehlen.
9. Als Hilfsmittel für Übungs- und Prüfungstauchgänge kann der Ausbilder oder Tauchlehrer eine Grundleine (senkrecht von einer Boje an der Wasseroberfläche zu einem Grundgewicht verlaufende Leine) verwenden. Diese Grundleine sollte mindestens 7 mm dick sein, aus nicht gedrehtem, sondern geflochtenem Tauwerk ohne Drall, aus einem Stück ohne Knoten, hellfarbig; optimal ist eine weiße Leine mit einem einge-flochtenen Kennfaden. Das Grundgewicht sollte maximal 3 kg Masse, die Boje mindestens 15 l Volumen haben.

10. In Gewässern mit Sportbootsverkehr wird das Mitführen einer Taucherboje mit der jeweils üblichen Taucherflagge empfohlen. Dies gilt auch für Schnorcheltaucher. In Ländern, in denen das Mitführen einer Taucherboje vorgeschrieben ist, sollten wir uns nicht über dieses Gebot hinwegsetzen. Die internationale Taucherflagge ist die Flagge A des Flaggenalphabetes (weiß-blau). In manchen Ländern wird auch noch die veraltete CMAS-Taucherflagge (rot mit diagonalem, weißem Balken) verwendet). Im freien Wasser und bei Gefährdung durch Boote sollte der Taucher möglichst an der eigenen Bojenleine direkt an der Boje auftauchen.

11. Tauchgänge bei Schiffsverkehr, in Schiffahrtsstraßen, im Bereich großer Schiffe und auf Fischgründen, wo mit Schleppnetzen gefischt wird, sind zu unterlassen.

12. Gebote und Verbote über das Verhalten am Tauchplatz und im Wasser sind korrekt zu beachten; Konfrontationen mit anderen Wassersportlern sind zu vermeiden.

13. Die Natur, in der wir uns bewegen, ist zu schonen und zu schützen. Dies gilt besonders für die Ufer und die Wasserpflanzengürtel im seichten Wasser sowie ihre Tierwelt. Taucher harpunieren nicht! Sie richten sich nach den 10 Goldenen Verhaltensregeln des VDST! (Siehe 7.3!)

10.1   Allgemeines

10.1.1   Kontrolle von Taucherpaß und Logbuch

Die Tauchlehrer und Gruppenführer sind gehalten, Taucherpaß und Logbuch vor dem Tauchgang zu kontrollieren.

Nach dem Tauchgang werden Ort, Dauer des Tauchgangs und Tiefe eingetragen und gegengezeichnet. Wenn ein Folgetauchgang bevorsteht, ist auch die Uhrzeit des Auftauchens und die Wiederholungsgruppe zu notieren.

Bei Prüfungstauchgängen sollte der Tauchlehrer die Abnahmekarte nicht nur kontrollieren, sondern vorerst einbehalten, damit nicht bestandene Prüfungen zur sinnvollen Information des nächsten Tauchlehrers zuverlässig mit einem Kreuz ohne Unterschrift versehen werden können.

10.1.2 Für Notfälle

Die Ausbilder in den Vereinen sollten eine Liste aufstellen mit den für die Übungsgewässer wichtigsten Adressen und Telefonnummern, die jeder Taucher bei seinem Taucherpaß haben sollte (nächstes Telefon für Notruf, nächster Bereitschaftsarzt, nächster Rettungshubschrauber, nächste Druckkammer).

10.1.3 Tauchgang

Der Ort, die Tiefe, die Dauer und der Zweck des Tauchgangs muß allen Tauchern bekannt sein.

10.1.4 Sicherheitsvorkehrungen

Plötzliche Nebelbildung, einsetzende Strömung, ablandiger Wind oder plötzlich einsetzende Winde haben Tauchgruppen schon zu stundenlangem Schnorcheln im bewegten Wasser gezwungen. Der Leiter einer Tauchgruppe sollte nie ohne Kompaß tauchen. Vor einem Tauchgang muß der Gruppenleiter alle erreichbaren Informationen einholen und die möglichen Gefahren abwägen.

10.1.5 Reservegerät

Ein gefülltes Reservegerät mit Lungenautomat sollte für jede Tauchgruppe bereitstehen. Wo sich dieses Gerät befindet, hängt von der Beschaffenheit des Ortes ab, an dem getaucht wird. Wird vom Boot aus getaucht, so wird es sich auf der Austauchstufe an einem Tampen hängend befinden.
Der Ausbilder sollte einen Zweitautomat mit sich führen.

10.1.6 Platzeinteilung

Jeder Taucher hat den Platz, der ihm innerhalb seiner Tauchgruppe zugewiesen wurde, einzuhalten und darf ihn ohne zwingenden Grund nicht verlassen. Damit hilft er dem Leiter der Tauchgruppe bei seiner verantwortungsvollen Aufgabe.
Eine Tauchgruppe besteht aus einem Gruppenleiter, Mittauchern und dem Schlußmann. Der Gruppenleiter taucht allen voran und bestimmt den Kurs; er taucht tiefer als alle anderen Teilnehmer der Gruppe und muß sich von Zeit zu Zeit nach hinten oben mit seinem Schlußmann abstimmen, der ihm das Zeichen gibt, daß die Gruppe vollständig und alles in Ordnung ist. Der Schlußmann muß die gesamte Gruppe unter sich und vor sich gut übersehen

können, d.h. die Gruppe muß unbedingt in Sichtweite zueinander tauchen. Ist dies nicht möglich, muß die Gruppe verkleinert oder geteilt werden. Eine Tauchgruppe muß mindestens aus zwei und soll höchstens aus fünf bis sechs Tauchern bestehen. Größere Tauchgruppen haben sich nicht bewährt. Die Größe der Tauchgruppe muß sich nach den Sichtverhältnissen, dem Ausbildungsstand und der Disziplin der Gruppe richten. Bei schlechter Sicht und bei Tauchgruppen bis vier Teilnehmern kann es sinnvoll sein, in Reihe dicht nebeneinander, ggf. mit Hand- oder Körperkontakt zu tauchen. Der Gruppenleiter übernimmt dann einen Mittelplatz, weil er von hier die Gruppe dirigieren kann; der Schlußmann wird Flügelmann. Die Mittaucher sollten nicht zurückhängen, damit sich der Gruppenführer nicht umdrehen muß, sondern nach seinen Mittauchern nur zur Seite schauen muß.

10.1.7 Wiederholungstauchgänge

Wiederholungstauchgänge sind entsprechend den Zeitzuschlägen der Tabelle 4-4 zu planen und durchzuführen. Jede Gruppe taucht mit Rücksicht auf das Mitglied mit der größten Stickstoffsättigung.

10.1.8 Bergseetauchen

Beim Tauchen in Bergseen sind die entsprechenden Dekompressionstabellen anzuwenden.

10.1.9 Gesundheitsstörungen

Die Frage, ob sich jeder gesund fühlt, muß gewohnheitsmäßig vor jedem Tauchgang gestellt werden, denn sie bedeutet für den Leiter der Gruppe eine gewisse Entlastung seiner Verantwortung, falls ein Unfall z.B. durch eine Erkältung oder einen Kater verursacht wird. Keinesfalls darf der Leiter einer Tauchgruppe einen Taucher, der sich nicht ganz wohl fühlt, zum Tauchgang überreden!

10.1.10 Mut zum Aufgeben

Ein guter Taucher bringt den Mut auf, einen Tauchgang abzubrechen oder gar nicht erst zu beginnen, wenn er sich nicht wohl fühlt oder die Umstände nicht eindeutig beherrschbar erscheinen.

10.1.11 Anlegen der Tauchausrüstung

Jeder Taucher muß seine Tauchausrüstung unter einfachen Bedingungen, d.h. an Land oder bei leichtem bis mittlerem Seegang auf dem Schiff, völlig selbständig anlegen können. Die Reihenfolge, in der die Ausrüstung angelegt wird, sollte immer die gleiche bleiben. Ein fehlender Gegenstand wird dann folgerichtig vermißt.

Die Reihenfolge, in der die Tauchausrüstung angelegt werden soll, ist nachstehend aufgeführt, nicht als Vorschrift, sondern als bewährtes Beispiel:

- Druckkontrolle des SCUBA.
- Füllen der Taucherwestenflasche. (Es ist zu kontrollieren, daß sich kein Wasser in der Westenflasche befindet; dazu ist sie vor dem Füllen mit dem Ventil nach unten zu leeren).
- Druckminderer anschrauben, Flaschenventil voll öffnen, Atemprobe.
- Neoprensachen ohne Handschuhe.
- Messer, Schnorchel unter die Messerscheide stecken.
- Anlegen der Taucherweste, Wasserablaß schließen.
- Flossen.
- Handschuh an der linken Hand.
- Uhr, Tiefenmesser, Kompaß an einer Hand. Die andere Hand bedient die Taucherweste, der Blick ist auf den Arm mit den Instrumenten gerichtet. Tarierschlauch der Weste und Schlauch des Lungenautomaten sollten sich auf entgegengesetzten Seiten befinden.
- Gerät anlegen. Man faßt mit der linken Hand durch den linken Schultergurt unter den Standfuß des Geräts und hebt dieses auf den Rücken. Dann fährt man durch den rechten Schultergurt und befestigt den Bauchgurt und/oder, falls vorhanden, den Schrittgurt.
- Bleigurt über allen anderen Bänderungen, ggf. Schrittgurt in die Schnellabwurfschnalle des Bleigurtes einhängen.
- Inflator anschließen, prüfen, ob alle Schläuche frei hängen: Lungenautomat, UW-Manometer, Westenschlauch, Bypass oder Inflator.
- Geschlossene Stellung der Reserveschaltung prüfen.
- Befestigen der UW-Lampe am Arm oder Handgelenk, so daß der Arm mit den Instrumenten leicht beleuchtet werden kann.
- Rechter Handschuh.
- Maske mit Speichel einreiben und ausspülen, aufsetzen, ggf. Schnorchel unter das Maskenband schieben.

10.1.12 Austarieren

Ein Taucher soll so wenig Blei wie möglich am Gürtel tragen.

Der Taucher soll in 3 m Wassertiefe mit „leerem" Tauchgerät im hydrostatischen Gleichgewicht sein. Dazu muß er allerdings bevorzugt ausgeatmet sein, nur kurz einatmen und rasch wieder ausatmen.

Der Ausbilder sollte seine Schüler eindringlich auf die Vorteile dieser Tarierung hinweisen. Sie ermöglicht leichtes und sicheres Schwimmen an der Oberfläche und bewegliches und kräftesparendes Tauchen in der Tiefe, weil die Taucherweste oder das Taucherjacket nur wenig aufgeblasen werden muß. Der Taucher muß in wechselnden Tiefen nicht so oft nachtarieren, und die Gefahr des Durchschießens ist geringer.

Vor dem Tauchgang kann der Ausbilder die richtige Tarierung überprüfen. Hierzu sollte der Schüler an der Wasseroberfläche mit leerer Taucherweste oder leerem Jacket ohne Schnorchelbenutzung durch den Mund atmen können.

10.1.13 Unterwasserlampe

Sie dient zum Beleuchten der UW-Landschaft und nicht zum Blenden der Tauchpartner! Wenn ein Handzeichen im Dunkeln gesehen werden soll, muß die Hand angestrahlt werden, nicht der Partner! Wo es dunkel ist, muß ausnahmslos jeder Taucher eine eingeschaltete Lampe tragen, damit er gesehen werden kann. Zur Not genügt ein Leuchtstab.

10.2 Freigewässertauchgänge

10.2.1 Erster Tauchgang

Der erste Freigewässertauchgang verlangt vom Schüler theoretisch nicht viel mehr, als er bereits in der Halle erbracht hat, gefühlsmäßig liegen aber Welten dazwischen. Kälte, Trübung des Wassers, Algen, Pflanzen, Schlamm, überraschend auftauchende Gegenstände erzeugen Beklemmungen, die es zu lösen gilt.

Der Tauchgang sollte zu zweit in einem Gewässer mit mindestens 3 m Sicht und unter sehr günstigen Umständen bis in maximal 10 m Tiefe führen. Der Sinn des Tauchgangs ist nicht, Fähigkeit zu kontrollieren, sondern ein Erfolgserlebnis zu vermitteln und alles zu unterlassen, was den Erfolg des Tauchgangs in Frage stellt.

Der Ausbilder vermittelt dem Schüler Selbstbewußtsein durch viel Ermutigung und möglichst wenig Kritik. Er soll vor und während des Tauchgangs betont ruhig sein.

Der Einstieg erfolgt von Land aus, das Abtauchen im brusttiefen Wasser mit kontinuierlichem Druckausgleich von der Oberfläche aus. Mit Grundsicht und Grundberührung unter Blick- und Handkontakt leitet der Ausbilder den Schüler bis in eine Tiefe von 3-4 m, wo sich die Tauchpartner hinknien, tarieren, ihre Ausrüstung kontrollieren, Zeichen austauschen, ggf. auch einmal unernste Dinge zur Auflockerung tun. Danach sollte der Tauchgang auf das Betrachten der Gegenstände, die dem Schüler unter Wasser begegnen, und die Beschäftigung mit ihnen abgestellt sein, und seien sie noch so einfach.

Nachdem der Ausbilder den Blick des Schülers in der vorgesehenen Tiefe auf den Tiefenmesser gelenkt hat, signalisiert er die Rückkehr und wird sich bemühen, mit dem vermutlich frierenden Schüler dort wieder aufzutauchen, wo er vor einer Viertelstunde ins Wasser gegangen ist. Da er nichts provoziert hat, was es zu bemängeln gäbe, kann er dem Schüler, aus dem er einen Taucher gemacht hat, lobend vor seinen Kameraden auf die Schulter klopfen.

10.2.2 Vorbesprechung (Briefing) vor dem Tauchgang

1. Kontrolle der Tauchausrüstung durch den Gruppenleiter.
2. Ort, Tiefe, Dauer und Zweck (Übung) des Tauchgangs.
3. Kurze Wiederholung der Unterwasserzeichen.
4. Anweisung über Verhalten bei Verlust von Tauchern: Gehen innerhalb einer Tauchgruppe ein oder mehrere Taucher verloren, muß die restliche Tauchgruppe geschlossen aufsteigen.
5. Angabe über den Ort des Reservegeräts.
6. Platzeinteilung innerhalb der Tauchgruppe.
7. Hinweis auf Zweitautomaten. Der Gruppenleiter muß vor dem Tauchgang darauf hinweisen, an wen sich ein in Luftmangel geratener Taucher wenden soll. Wenigstens ein Taucher einer Gruppe sollte einen Zweitautomaten tragen. Gewöhnlich wird dies der Gruppenleiter sein; dieser sollte unter Wasser gut erkennbar sein.

10.2.3 Atemtechnik

Wer mit wenig Blei tauchen will, muß die Atemweise eines Anfängers überwinden. Dieser atmet aufgrund seiner Anspannung tief ein, hält die Luft an, atmet unvollständig aus und gleich wieder ein. Das läßt den Taucher auftreiben.

Kurzes Einatmen und gleich darauf weitgehendes Ausatmen und längeres Verweilen in ausgeatmetem Zustand wirkt entspannend; das tiefe Ausatmen bewirkt Füllung der Lunge mit frischer Luft bei jedem folgendem Atemzug und der Taucher treibt nicht mehr auf. Diese Atmung entspricht im Prinzip der Atmung in Ruhe an Land.

10.2.4 Außer Atem

Gerät ein Taucher außer Atem, schränkt er seine Muskeltätigkeit weitgehend ein und atmet bewußt, wobei er auf vollständige Ausatmung achtet. Er veranlaßt die Gruppe zu verweilen oder sucht, wenn dies nicht möglich ist, Handkontakte zu seinen Tauchpartnern und läßt sich ein wenig mitziehen.

10.2.5 Panik

Durch Atemnot oder andere unvorhergesehene Ereignisse während des Tauchgangs sowie beim Schwimmen an der Wasseroberfläche kann bei jedem Taucher Panik auftreten.

Bei plötzlich auftretender Panik (z.B. durch Schreck) ist zu verhindern, daß der Taucher nach oben durchschießt, um ihn vor der Gefahr eines Lungenrisses zu bewahren.

Allmählich entstehende Panik kann der Ausbilder bei einem Taucher an wachsender Hektik und schneller Atmung erkennen und oftmals durch Höhersteigen, beruhigendes Einwirken und Handkontakt beheben, bevor sie zum Ausbruch kommt.

10.2.6 Krampf

Ein Krampf ist für den Taucher (im Gegensatz zum Schwimmer) kein Anlaß zur Sorge. Die Tauchgruppe kann verweilen, der Krampf kann unter Wasser behandelt werden; in den meisten Fällen braucht der Tauchgang nicht unterbrochen zu werden.

10.2.7 Tiefenrausch

Er kann in Ausnahmefällen bereits in 30 m Wassertiefe auftreten. Ab 60 m Tiefe muß jeder Taucher damit rechnen (siehe Abschnitt 3.5.4).

10.2.8 Verfangen

Es gibt Situationen, in denen man hängen bleiben kann. Ruhe bewahren! In den meisten Fällen übersieht der Tauchpartner die Situation besser als man selbst. Es ist sicherer, sich befreien zu lassen, als es selbst zu versuchen. Auf keinen Fall das Tauchgerät abwerfen und versuchen, ohne Gerät die Oberfläche zu erreichen.

10.2.9 Hoher Seegang

Wer leicht seekrank wird, sollte bei hohem Seegang nicht tauchen. Auch auf der Dekostufe kann man seekrank werden! Erfahrene Taucher haben hohen Respekt vor der Brandung an Felsküsten.
Wer keine ausreichende Taucherfahrung bei hohem Wellengang hat, sollte den Rat eines erfahrenen Tauchers einholen.

10.2.10 Tauchen und Fliegen

Wegen des geringeren Umgebungsdruckes beim Fliegen muß die Zeitspanne zwischen dem letzten Tauchgang und dem Start des Flugzeuges so bemessen sein, daß keine Dekompressionsschäden auftreten können (siehe Dekotabelle 4-4).
Diese Gefahr besteht auch bei Paßfahrten nach dem Tauchen.

10.2.11 Nachbesprechung nach dem Tauchgang

Genauso wichtig wie die Vorbesprechung (Briefing) vor dem Tauchgang ist das Gespräch nach dem Tauchgang. Der Ausbilder führt das Gespräch so, wie er den Tauchgang geführt hat: partnerschaftlich. Er äußert sich anerkennend, wo es möglich ist, und deutlich in der Kritik, wo es sein muß.

10.2.12 Bemerkungen

Tauchtraining sollte überwiegend ein Training mit ABC-Ausrüstung sein. Für einen Tauchurlaub braucht ein guter Taucher nicht unbedingt ein SCUBA. Wenn er ausreichend trainiert, bieten freie Abstiege auch auf größere Tiefen keine Schwierigkeiten.
Ein guter Schwimmer oder Schnorcheltaucher wird gewöhnlich schnell ein guter Gerätetaucher, denn er ist durchtrainiert, fühlt sich im Wasser zu Hause und kann seine Kräfte einschätzen und einteilen. Dadurch kann er unter Wasser auch in kritischen Situationen ruhig bleiben.

10.3 Übungen im Freigewässer

10.3.1 Übungsziel

Die Übungen im Freigewässer sollen weitere Techniken vermitteln, Leistungen steigern, zum Erwerb von Leistungsabzeichen anregen und darauf vorbereiten.
Der Taucher soll dazu hingeführt werden, daß er unter unkomplizierten Bedingungen sicher in einer Gruppe mittauchen kann.

10.3.2 Voraussetzungen/Empfehlungen

1. Gültige ärztliche Tauchtauglichkeitsbescheinigung.
2. Mindestalter 14 Jahre.
3. Schriftliche Einverständniserklärung eines Erziehungsberechtigten bei Minderjährigen.
4. Gültiger Taucherpaß (für VDST-Mitglieder) zum Nachweis der Qualifikation, der Tauchtauglichkeit und der Tauchsportversicherung. Falls keine Mitgliedschaft in einem Verein besteht, muß mindestens die Tauchtauglichkeit bescheinigt sein.
5. Logbuch zur Kontrolle der Tauchgänge insgesamt und ihrer Daten.
6. Der Taucher sollte ohne ABC-Ausrüstung sicher schwimmen und mindestens 3 m tief tauchen können.
7. Der Taucher soll die internationale UW-Zeichensprache beherrschen.

Letztlich maßgebend sind die gültigen Richtlinien des VDST.

10.3.3 Allgemeine Übungen

10.3.3.1 Ausrüstungsüberprüfung vor dem Tauchgang

Jeder Taucher sollte nicht nur seine eigene Ausrüstung vor dem Tauchgang überprüfen, sondern auch die seiner Tauchpartner, diese aber unauffällig. Der Gruppenleiter ist zur Überprüfung der Ausrüstung seiner Gruppe verpflichtet.

10.3.3.2 Fußsprung / Rolle rückwärts

Fußsprung und Rolle rückwärts werden gewählt, um auf eine möglichst sichere und schnelle Art und Weise den Tauchgang zu beginnen. Nur sie entsprechen den Sicherheitsanforderungen. In unbekannte Gewässer mit der Möglichkeit von Hindernissen darf nicht gesprungen werden. Der Fußsprung und die Rolle rückwärts erfolgen mit eingeführtem Lungenautomatenmundstück und richtig geplanter Westen- oder Jacketfüllung. Normalerweise wird die Weste oder das Jacket zur Hälfte gefüllt sein, damit die Taucher auftreiben und sich an der Oberfläche sammeln können. Unter günstigen Umständen kann eine eingespielte Gruppe auch mit entleerter Weste springen und sich z.B. beim Sprung vom Boot ohne vorheriges Auftauchen an der Ankerleine in der vereinbarten Tiefe von 3 m treffen.

Fußsprung

Er ist der Standardsprung. Beim Sprung sind die Beine gestreckt und fest geschlossen zu halten. Die Fußspitzen zeigen nach oben. Eine Hand hält die Maske, die andere Hand faßt in die Bänderung und zieht das Gerät nach unten. Beim Sprung vom Boot ist zu springen, wenn sich das Boot hebt. Der größere Schwung bringt den Taucher in sichere Entfernung vom Boot.

Rolle rückwärts aus dem Sitzen

Dieses Abrollen ist aus kleinen Booten zu empfehlen. Auch hier sind Maske und Gerät fest an sich zu ziehen. Ebenso wird auch die Rolle rückwärts mit fest geschlossenen Beinen ausgeführt, schon deshalb, um den Nachbarn nicht zu behindern. Meistens geht es im Schlauchboot ziemlich eng zu. Das Anziehen im Sitzen und die Rolle rückwärts aus dem Sitzen bieten die höchste Gewähr, nicht über Bord zu fallen. Wird die Reihenfolge des Anlegens der Tauchausrüstung auch hier befolgt, kann es nicht vorkommen, daß ein Taucher mit Gerät ohne Flossen ins Wasser fällt und hilflos der Strömung ausgeliefert ist. In kleinen, kippligen Booten ist es sinnvoll, wenn jeweils zwei Taucher auf Kommando gleichzeitig nach verschiedenen Seiten rückwärts herausrollen.

10.3.3.3 Schnorcheln mit Gerät

Ein Taucher soll an der Oberfläche nicht aus dem Lungenautomaten atmen. Er schnorchelt möglichst kräftesparend: Gestreckte Beine, nur wenig aufgeblasene Weste, gleichmäßiger Flossenschlag sollen bewirken, daß die vorgegebene Geschwindigkeit, nämlich die der anderen Taucher, mit dem geringstmöglichen Kraftaufwand gehalten wird.

Eine Gruppe schnorchelt in derselben Formation, wie sie taucht; die Mitglieder entfernen sich maximal 3 m voneinander. Der Gruppenleiter hebt in regelmäßigen Abständen kurz die Maske aus dem Wasser und orientiert sich an Landmarken. Er wird seine Gruppe besser im Auge haben, wenn er auf dem Rücken schwimmt. Zum Schwimmen auf dem Rücken wird die Weste stramm aufgeblasen, so daß sie flach auf dem Wasser liegt. Der Schnorchel wird nicht benötigt, die Maske kann unters Kinn geschoben werden, die Hände können aus dem Wasser gehoben werden - angenehm bei kalten Fingern. Man schwimmt kräftesparend und schneller als ein Schnorchler, wenn man möglichst gestreckt im Wasser liegt, ohne den Westenkragen unter Wasser zu drücken. Die ungewohnte Schwimmlage muß geübt werden, damit man auch bei Wellengang einen geraden Kurs schwimmen kann, ohne sich ständig umzusehen.

10.3.3.4 Abtauchen

Der erste Druckausgleich kann schon an der Oberfläche vorgenommen werden. Häufige Druckausgleiche auf den ersten Metern schonen die Trommelfelle. Die beste Methode abzutauchen ist, nach Entleeren der Weste auszuatmen und sich - Füße voran - absinken zu lassen. So kann man die Partner am besten im Auge behalten, außerdem gelingt der Druckausgleich bei überstrecktem Kopf am besten. Eventuell muß man mit ein paar Armbewegungen auf den ersten Metern nachhelfen, kurz einatmen, wenn der Wasserdruck den Brustkorb zusammenzudrücken beginnt und sofort wieder ausatmen. In 3 m Tiefe kann man dann tarieren. Über Kopf taucht man nur ab, wenn es schnell gehen soll oder wenn man zu bereits abgetauchten Partnern aufschließen will.

10.3.3.5 Abfragen der Unterwasserzeichen

Die richtige Wiedergabe der Unterwasserzeichen über Wasser ist nicht ausreichend; sie müssen unter Wasser sitzen! Deshalb ist bei den Übungstauchgängen richtiges Zeichengeben und richtiges Reagieren auf gegebene Zeichen zu üben.

10.3.3.6 Maske ausblasen

Dies sollte für den in der Halle ausgebildeten Taucher kein Problem sein. Bei Tauchern mit labilem Kreislauf, z.B. Jugendlichen, kann das Abnehmen der Maske in kaltem Wasser einen Kälteschock hervorrufen. Gerade deshalb ist das Bewegen im Wasser ohne Maske zu üben, weil jedem Taucher irgendwann einmal die Maske vom Kopf gerissen werden kann.

10.3.3.7 Aus- und Anziehen je einer Flosse

Es kommt häufig vor, daß sich das Fersenband einer Flosse löst oder der Taucher aus dem Fersenteil durch eine falsche Bewegung herausschlüpft. Es gehört in das ständige Übungsprogramm, eine Flosse unter Wasser aus- und anzuziehen.

10.3.3.8 Griff zum Taucherwesten- bzw. Jacketmundstück

Ob der Tarierschlauch hinter dem Kopf des Tauchers schwimmt, oder, durch den Bypass/Inflator beschwert, vor der Brust hängt, der Taucher muß ihn blind, mit einem Griff finden, wie überhaupt alles Hantieren an der eigenen Ausrüstung ohne Hinsehen erfolgen soll.

10.3.3.9 Schnelles Auffinden von Messer und Schnorchel

Das Messer sollte an der Innenseite des Unterschenkels angebracht sein, damit man es mit der rechten Hand leicht finden und lösen kann. Der Schnorchel muß bei jedem Tauchgang mitgeführt werden. Beim Schwimmen bei Wellengang oder zur Wiederbelebung im tiefen Wasser ist er unverzichtbar. Er muß so untergebracht sein, daß man ihn auch nach dem Abwurf von Gerät und Blei noch wiederfindet. Ob er unter die Messerscheide geschoben wird, in den Schrittlatz gesteckt, am Maskenband befestigt oder nur unter das Maskenband geschoben wird - Hauptsache, er geht nicht verloren.

10.3.3.10 Griff zur Schnalle des Bleigürtels

Er gehört zum Check während des Tauchgangs. Solange die Taucherweste funktioniert, wird der Taucher seinen Bleigürtel in der Tiefe nicht abwerfen, damit er seinen Aufstieg in der Nähe der Oberfläche abbremsen kann und die Fähigkeit, in 3 m Tiefe schwebend zu dekomprimieren, nicht verliert. An der Oberfläche ist der Bleigürtel im Notfall zuallererst abzuwerfen.

10.3.3.11 Keine Atmung aus der Taucherweste/dem Taucherjacket

Das Atmen über den Auftriebskörper ist wegen der Gefahr der Pendelatmung nicht zulässig. Bei einem eventuellen Geräteversagen wird der Taucher sich seines Zweitautomaten bedienen oder den Zweitautomaten des Gruppenleiters benutzen, oder er wird unter Wechselatmung mit einem Tauchpartner aufsteigen.

10.3.3.12 Tarieren mit der Taucherweste/dem Taucherjacket

Der Inflator macht das Tauchen einfacher und sicherer. Dennoch soll der Taucher bei jedem Tauchgang hin und wieder über das Mundstück mit Ausatemluft tarieren, um nicht aus der Übung zu kommen. In jeder Tiefe soll sich der Taucher so tarieren, daß er schwebt und annähernd waagerecht im Wasser liegt. Er spart auf diese Weise Kraft, wirbelt am Grund keinen Schlamm auf und kann jederzeit einen mühelosen Aufstieg einleiten. Ein richtig tarierter Taucher braucht weniger Luft und kann kontrolliert atmen. Die Luft in der Westenflasche wird nur im Notfall zum Tarieren benutzt.

Auch der Besitzer einer Weste ohne Inflator tariert sich auf keinen Fall mit der Westenflasche aus, sondern nur über das Mundstück mit Ausatemluft.

10.3.3.13 Tarieren mit der Lunge

Sie ist die Feintarierung zum Tarieren mit der Taucherweste. Wenn man zuviel Abtrieb hat, wird man bevorzugt eingeatmet bleiben und nur kurz aus – und gleich wieder einatmen. Wenn man zuviel Auftrieb hat, wird man bevorzugt ausgeatmet bleiben.

10.3.3.14 Aufstieg

Bei allen Aufstiegen darf der Taucher auf keinen Fall die Luft anhalten, sondern soll locker und kontinuierlich weiteratmen. Er soll sich daran gewöhnen, neben der Kontrolle der Instrumente und Partner auch den Blick nach oben zu richten und sich dabei um die eigene Körperachse zu drehen, um Hindernisse über sich zu erkennen.

Bei allen Aufstiegen bis zur Wasseroberfläche verhindert dies, zumindest in klaren Gewässern, überfahren zu werden.

Alle Aufstiegsübungen sollen vor dem eigentlichen Tauchgang in stickstoffungesättigtem Zustand und keinesfalls bei Wiederholungstauchgängen durchgeführt werden.

10.3.3.15 Aufstieg mit der Taucherweste oder dem Jacket

Hierbei ist darauf zu achten, daß mit abnehmender Tiefe durch den geringeren Umgebungsdruck die Luft sich im Auftriebskörper ausdehnt. Dadurch wird der Auftrieb größer und die Aufstiegsgeschwindigkeit nimmt zu. Um das zu verhindern, muß entsprechend Luft aus dem Auftriebskörper abgelassen werden, und zwar durch das Mundstück, weil man hier feiner dosieren kann.

Durch Ablassen einer deutlichen Luftmenge wird der Aufstieg gestoppt. Es empfiehlt sich, vorwiegend ausgeatmet aufzusteigen. Damit hat man die Möglichkeit, auf vorwiegend eingeatmet überzugehen, wenn man versehentlich von der expandierenden Westenluft zuviel abgelassen hat. Falls man absackt, kann man auch mit dem Mund nachtarieren.

10.3.3.16   Nachteile der Taucherweste bzw. des Jackets!

Besonders bei Strömung zeigt sich, daß sie die Dauergeschwindigkeit des Tauchers erheblich verringern. Der Auftriebskörper und die Flasche hängen vor den Verschlüssen von Bänderung und Bleigurt; außerdem behindern sie beim Durchtauchen von Engpässen. Diese Nachteile muß der Taucher kennen und sich danach richten; es bleibt unbestritten, daß die Vorteile der Taucherweste oder des Jackets bei weitem überwiegen. Wer einmal einen Kameraden oder einen schweren Gegenstand ohne Auftriebshilfe aus der Tiefe geborgen hat, weiß, was er an seiner Weste oder seinem Jacket hat. Er wird sich im Notfall seiner Auftriebshilfe bedienen und sich nicht so verausgaben, daß er selber gerettet werden muß!

10.3.3.17   Notaufstieg – unkontrollierter Aufstieg

Bei der Übung eines freien Aufstieges ohne Geräteatmung sind Lungenüberdruckunfälle trotz korrekten Abatmens bekannt geworden. Deshalb wird der freie Austieg aus größerer Tiefe nicht mehr gelehrt! Ausnahme: Verlangsamter freier Aufstieg aus geringer Tiefe mit kontrollierter Luftabgabe aus Mund und Weste bzw. Jacket.
Es ist sicherer, bei einem Geräteausfall mit einem Zweitautomaten oder unter Wechselatmung mit dem Tauchpartner kontrolliert aufzusteigen als unkontrolliert ohne Atmung nach oben zu schießen.
Ein Taucher, der in 30 m Tiefe den Auftriebskörper füllt und sich dem Auftrieb überläßt, durchbricht nach ca. 15 Sekunden die Wasseroberfläche! Dabei muß er ein Mehrfaches seines Lungenvolumens ausatmen. Das Überdruckventil seiner Taucherweste öffnet sich mit einem Knall. Er ist von einer Luftglocke umgeben, die ihn am Sehen behindert. Dazu kann ihm die Maske vom Gesicht gerissen werden! Eine ähnliche Situation kann eintreten, wenn ein Taucher einen (schweren) Bleigürtel in der Tiefe verliert oder seinen Auftriebskörper durch eine ungeschickte Bewegung öffnet. Findet er den Schnellstop nicht gleich, ist der rasende Aufstieg kaum noch zu bremsen.
Auch wenn diese Situation nicht vorkommen soll, muß der Taucher sie sich doch vergegenwärtigen, um sie im Entstehen unter Kontrolle zu bringen, oder damit er, wenn er durchschießt, wenigstens ans Abatmen denkt.

256

10.3.3.18 Durchschießen bis zur Wasseroberfläche

Aus Tiefen über 20 m darf nicht ohne Stop in 3 m aufgetaucht werden, von Tauchgängen, die über die Nullzeit hinausgehen, ganz zu schweigen. Wenn einmal Austauchpausen und Austauchstufen nicht eingehalten werden konnten, muß innerhalb von 30 Sekunden (wenn keine Dekompressionskrankheitserscheinungen auftreten), allerspätestens jedoch nach 3 min wieder auf die halbe Tauchtiefe getaucht werden. Dort ist 5 bis 10 min zu verweilen, dann ist der Aufstieg mit sicherheitshalber zeitlich verdoppelten Dekopausen zu wiederholen (nachgeholte Dekompression). Bei den geringsten Anzeichen der Dekompressionskrankheit ist eine sofortige Rekompression in der nächsten Dekokammer einzuleiten.
Keinesfalls ist der Versuch der nassen Rekompression zu unternehmen!

10.3.3.19 Aufstieg unter angedeuteter Wechselatmung

Bei der angedeuteten Wechselatmung hält sich der Übende mit der freien Hand an der Bänderung seines Partners fest. Der Partner übernimmt die Tarierung. Beide Taucher befüllen ihre Westen bzw. Jackets, bis sie abheben. Sie lassen sich mit nur korrigierendem Flossenschlag hochtragen. Der Partner entleert die Auftriebskörper nacheinander, damit sich der Auftrieb nicht beschleunigt. Während des Aufstiegs gibt der Übende dem Partner sein Mundstück in die Hand, ohne es loszulassen. Nachdem der Partner ein- bis zweimal aus dem eigenen Mundstück geatmet hat, nimmt der Übende sein Mundstück und atmet daraus ein- bis zweimal. Dieser Vorgang wird wiederholt. Auf ausdrücklichen Wunsch beider Partner kann auch Wechselatmung ausgeführt werden.

10.3.3.20 Ablegen des Gerätes

Dieses kann in der Tiefe oder an der Oberfläche im Notfall angebracht sein. Schon mancher Taucher ist ertrunken, weil er sich nicht von seinem Bleigürtel und seinem Gerät trennen konnte. Deshalb ist das Ablegen an der Oberfläche und in geringer Tiefe zu üben. Dabei kann der Inflator, so nützlich er ist, zur tödlichen Falle werden, wenn vergessen wird, ihn zuallererst zu entkuppeln! Die Schultergurte sind weit zu öffnen, da sie auf dem Neopren schlecht rutschen und sich an den Armaturen auf den Armen verfangen können.
Beim Aufstieg: Kopf überstrecken, abatmen, sich drehen, die Oberfläche beobachten.

10.3.4 Nachwort

Jeder Taucher kann in eine Situation kommen, in der er eine Gruppe führen, in der er retten, bergen oder wiederbeleben muß. Um darauf vorbereitet zu sein, sollte er den Erwerb des Deutschen Tauch sportabzeichens (DTSA) Bronze vorsehen. Es ist ferner zu bedenken, daß in vielen Ländern für das selbständige Tauchen ein CMAS Tauchschein vorgeschrieben ist. Die Deutschen Tauchsportabzeichen werden auf Antrag auf die weltweit anerkannten CMAS-Tauchscheine umgeschrieben.

10.4 Ausbildung im Freigewässer zum DTSA-Bronze (VDST/CMAS Taucher★)

10.4.1 Ausbildungsziel

Bei der Ausbildung zu den Deutschen Tauchsportabzeichen ist als Steigerung in den DTSA-Stufen eine zunehmend breiter gestreute Taucherfahrung anzustreben und dies durch ein entsprechend aufgebautes Übungssystem zu fördern.
Das bedeutet eine Abkehr vom Prüfungscharakter und ein Hinwenden zum Übungscharakter.
Es bedeutet aber auch ein Öffnen der Einstiegstufe für einen größeren Kreis von Tauchanfängern, um sie mit möglichst niedriger Eingangsvoraussetzung im CMAS/VDST-Tauchscheinsystem zu sicheren Tauchern auszubilden.
Alle Übungen, bei denen der Taucher oder Tauchlehrer sich auch nur andeutungsweise selbst in eine potentielle Gefahr begibt, gehören nicht in eine Tauchscheinordnung. Es muß sichergestellt werden, daß durch die jeweilige Vorschrift kein Zwischenfall als vorhersehbar oder gar als durch die Prüfungsvorschrift provoziert bezeichnet werden kann.
Die Abkehr von strengen Übungsbedingungen bedeutet mehr Entscheidungsfreiheit für den Tauchlehrer.
Die Förderung des Umweltbewußtseins muß einen hohen Stellenwert in der Ausbildung erhalten.
Häufig ist es Bewerbern und sogar Tauchlehrern im Augenblick der Übung nicht bewußt, worauf es bei ihrer Durchführung ankommt (Grobfehler, Feinfehler). Durch die Einführung von Übungsbegründungen erhält der Bewerber eine Liste von Kriterien, nach denen er sich vorbereiten kann und nach der der Tauchlehrer seine Bewertung vornimmt, um den Ausbildungsstand im Hinblick auf den speziellen Übungsinhalt und das Umweltbewußtsein beurteilen zu können.

Wenn die Übungen zum DTSA-Bronze erfolgreich abgeschlossen werden, kann der Taucher gefahrlos als Mitglied einer Tauchgruppe unter der Leitung eines erfahrenen Tauchers mittauchen.

10.4.2 Voraussetzungen/Empfehlungen/Sonderregelungen

a) Der Bewerber muß mindestens 14 Jahre alt sein. Bei Minderjährigen ist eine Einverständniserklärung eines Erziehungsberechtigten erforderlich.

b) Der Bewerber muß eine nach den Richtlinien des VDST gültige ärztliche Tauchtauglichkeitsbescheinigung vor Beginn der praktischen Prüfungen vorlegen. Diese darf bei Bewerbern bis 40 Jahre nicht älter als zwei Jahre, bei Bewerbern über 40 Jahre nicht älter als ein Jahr sein.

c) Bei der Vorlage des Grundtauchscheins entfallen die Schnorchelprüfungen, wenn vom Beginn der Grundschein-Prüfung bis zum Abschluß der Taucher★ - Prüfung nicht mehr als 15 Monate vergangen sind.

d) Es dürfen für die Prüfung höchstens drei Tauchgänge an einem Tag gemacht werden.

e) Der Prüfer bestimmt anhand der örtlichen Gegebenheiten die maximale Tauchtiefe im Rahmen von 6–15 m Tiefe.

f) Jeder Prüfungstauchgang dauert mindestens 15 Minuten.

g) Der VDST empfiehlt die Teilnahme an einem Herz-Lungen-Wiederbelebungskurs (HLW-Kurs) bei einer anerkannten Rettungsorganisation.

Letztlich maßgebend sind die gültigen Richtlinien des VDST.

10.4.3   Prüfungsinhalte

10.4.3.1   Schnorchelübungen

Die Schnorchelübungen entsprechen denen der Punkte 9.5.1.1 bis 9.5.1.6 und 9.5.2.2

10.4.3.2   Tarierübung mit dem Inflator in unterschiedlichen Tiefen

Während eines Tauchgangs auf 6 - 15 Meter Tiefe soll der Bewerber zeigen, daß er die technischen Hilfsmitteln beherrscht und sich in drei unterschiedlichen Tiefen austarieren kann.

Der Aufenthalt auf den Tiefenstufen hat so genau wie möglich zu erfolgen, und zwar so, daß die Brust des Tauchers sich auf der vorgegebenen Tiefe befindet. Dies ist auch bei Wellengang anzustreben.

Weiterhin soll er mindestens fünf Unterwasserpflichtzeichen deutlich geben können bzw. darauf reagieren können.

10.4.3.3 Auftauchen aus maximal 10 m Tiefe, 1 min Stop in 3 m

Auch bei dieser Übung muß der Taucher zeigen, daß er mit technischen Hilfsmitteln tarieren kann. Beim Aufstieg ist darauf zu achten, daß mit abnehmender Tiefe durch den geringeren Umgebungsdruck die Luft sich im Auftriebskörper ausdehnt. Dadurch wird der Auftrieb größer und die Aufstiegsgeschwindigkeit nimmt zu. Um das zu verhindern, muß entsprechend Luft abgelassen werden. Kurz vor der für den Stop geplanten Tiefe wird Luft durch den Schnellstop abgelassen, Arme, Beine und Flossen werden abgewinkelt. Damit wird der Aufstieg ruckartig abgebremst. Wenn nötig, wird sofort nachtariert.

Da die entsprechende Übung einen Aufstieg aus maximal 10 m Tiefe auf 3 m vorschreibt, empfiehlt es sich, vorwiegend ausgeatmet aufzusteigen. Damit hat man die Möglichkeit, auf vorwiegend eingeatmet überzugehen, wenn man versehentlich von der expandierenden Luft im Auftriebskörper zuviel abgelassen hat. Falls man absackt, kann man auch mit dem Mund nachtarieren.

Auch ein zu schnell werdender Aufstieg läßt sich durch gleichzeitigen Einsatz aller Bremshilfen zuverlässig abstoppen. Alle Aufstiegsübungen sollen in stickstoffungesättigtem Zustand und keinesfalls bei Wiederholungstauchgängen durchgeführt werden. Die angestrebte Aufstiegsgeschwindigkeit ist nicht nur mit Tiefenmesser und Uhr zu kontrollieren, sondern besser durch gleichzeitiges Beobachten der Grundleine, der Schwebeteilchen im Wasser im Lichtstrahl der Lampe und der kleinen Luftbläschen.

10.4.3.4 Aufstieg mit angedeuteter Wechselatmung

Die angedeutete Wechselatmung wird wie unter 10.3.3.19 beschrieben durchgeführt. Nach einem Tauchgang auf 6–15 m muß der Bewerber zeigen, daß er jederzeit bereit ist, für die Dauer von jeweils zwei Atemzügen seines Partners ca. 10mal während des Aufstiegs sein Mundstück aus dem Mund zu nehmen; er muß ohne sein Mundstück deutlich Luft aus dem Mund ablassen und ohne Hektik das Mundstück wieder in seinen Mund nehmen und daraus atmen. Eine sorgfältige Vorbesprechung sichert den Erfolg der Übung. Der Partner übernimmt die Tarierung. Beide Taucher füllen ihre Auftriebskörper bis der Auftrieb einsetzt, sie lassen sich hochtragen und arbeiten möglichst wenig mit den Flossen, um nicht außer Atem zu kommen. Der tarierende Partner hält sich mit der freien Hand an der Schulter des anderen fest und beobachtet dort Tiefenmesser und Uhr. Nach etwa der Hälfte des Aufstiegs entleert er den Auftriebskörper des Übenden und steuert die Aufstiegsgeschwindigkeit nur noch mit seinem eigenen Auftriebskörper. Bei einem so kontrollierten Aufstieg ohne viel Flossenschlagen wird keine Atemnot aufkommen.

Zum Abschluß dieser Übung muß 10 Minuten an der Oberfläche geschnorchelt werden, so, wie es in der Taucherpraxis oft genug vorkommt.

10.4.3.5 Tauchgang mit simulierten „Notsituationen"

Vor diesem Tauchgang rüstet sich der Bewerber korrekt aus, d. h. er zeigt, daß er an alle notwendigen Gegenstände gedacht hat, daß der Sitz und die Lage der Gegenstände stimmt, daß alle Verschlüsse zu sind und daß alle Geräte funktionieren.

Während des Tauchgangs „angelt" er sich sein Mundstück, das er vorher aus dem Mund genommen und losgelassen hat, von hinter seinem Rücken zurück und benutzt es weiter. Er beweist damit, daß er in einer Notsituation unter Anhalten der Luft die Ruhe bewahrt und durch geschickte Bewegungen sein Mundstück wiederfindet. Weiterhin flutet er in 5 m Tiefe seine Maske, bläst sie anschließend wieder aus und zeigt damit, daß er trotz stark behinderter Sicht und Kälteschreck seine Ruhe bewahrt und die Maske ganz ausbläst.

Nach dem Tauchgang versorgt er seine Ausrüstung, er dreht die Ventile zu, er entlastet den Atemregler, er legt die Preßlufttauchgeräte hin und schützt seine Instrumente.

10.4.3.6 Tauchgang mit Atmung aus dem Zweitautomat des Partners

Während des Tauchgangs nimmt der Bewerber im Abstand von 5 m zu seinem Partner sein Mundstück aus dem Mund, taucht zum Partner und atmet während des Tauchgangs 5 Minuten aus dessen Zweitautomaten. Er zeigt damit, daß er bei Luftnot die Ruhe bewahrt und nicht zur Oberfläche, sondern zum Partner taucht. Weiterhin ist zu sehen, daß er bereit ist, zeitweise seine eigenen Wünsche zurückzustellen und seine Bewegungen an die Bewegungen eines Partners anzupassen, ohne daß es zu Behinderungen kommt.

10.4.3.7 Bergen und Retten eines Gerätetauchers

Bei dieser Prüfung ist nach einem Tauchgang auf 6-15 m ein Taucher mit SCUBA zur Oberfläche zu bringen und an der Wasseroberfläche bis ans Ufer zu transportieren. Dort muß der Bewerber die Ein Helfer-Methode demonstrieren, danach die Schocklagerung des Partners und die stabile Seitenlage. Er soll die Maßnahmen, die er unter Wasser ergriffen hat, beschreiben und weitere Rettungsaktionen aufzählen. Der Zweck dieser sehr wichtigen Übung ist, daß der Bewerber zeigen soll, daß er die wichtigsten und richtigen Maßnahmen unter Wasser zur Bergung eines verunfallten Gerätetauchers durchführen kann. Er muß weiterhin zeigen, daß er die unterschiedlichen Diagnoseverfahren und das Zahlenverhältnis von Herzkompressionen zu Beatmungen kennt und auch anwenden kann. Als Helfer muß er die richtige Lagerung eines Verunfallten durchführen und aufrechterhalten können. Zum Abschluß muß er zeigen, daß er weiß, wo das nächste Telefon ist, wie die Nummer des Notrufs ist, wie er den Unfallort richtig beschreibt und wie er beschreibt, was passiert ist.

Während der Bergeübung ist es äußerst wichtig, daß wie folgt vorgegangen wird: Antauchen des Partners, mit einer Hand von vorne unter dem Arm des Partners das Geräteventil oder die Bänderung fassen und mit der anderen Hand den Kopf nach hinten drücken. Während des Aufstiegs ist der Kopf deutlich überstreckt zu halten und darauf zu achten, daß der Partner ausatmet. An der Oberfläche bläst man die Weste des Bewußtlosen auf und beginnt mit dem Abschleppen.

Im Ernstfall ist es besser, den Bleigürtel eines Verunfallten abzuwerfen, weil dadurch ein gleichbleibender, geringerer Auftrieb entsteht, als wenn man die Westenflasche des Bewußtlosen aufdreht.

Im Ernstfall wirft man weiterhin zumindest den Bleigürtel des zu Rettenden ab und je nach Entfernung zum Ufer und der Zweckmäßigkeit auch dessen Gerät, den eigenen Bleigürtel und das eigene Drucklufttauchgerät! (Dies gilt nicht für Übungen). Das Abschleppen erfolgt so, daß eine Verständigung mit dem zu Rettenden möglich ist, also am besten in Rückenlage, wobei der Retter den zu Rettenden am Kopf hält. Es ist nützlich, den zu Rettenden von Ballast zu befreien, weil er dann flach im Wasser liegt und den Beinschlag des Retters nicht behindert. Falls mehrere Taucher zur Stelle sind, soll einer sich von seinem Blei und Gerät trennen, zum Boot oder Ufer vorausschwimmen und Hilfe vorbereiten. Atemspende soll so früh wie möglich erfolgen, z. B. im Boot oder am Ufer im flachen Wasser. Die Beatmung erfolgt Mund-zu-Nase oder Mund-zu-Mund.

Die Retter haben ihre Kraft einzuteilen, damit sie die Beatmung so lange durchführen können, bis ärztliche Hilfe eintrifft. Beatmung im tiefen Wasser ist während des Schwimmens sinnvoll, wenn das Ufer weit entfernt ist, und möglich, wenn Retter und zu Rettender Taucherwesten tragen. Der Retter zieht den zu Rettenden am Kopf; beide schwimmen in Rückenlage mit aufgeblasener Weste. Bleigurt und Geräte sind im Ernstfall abzuwerfen, die Maske des zu Rettenden wird abgenommen, die Beatmung erfolgt durch den Schnorchel. Das Mundstück des entwässerten Schnorchels wird dem zu

Rettenden eingeführt. Mit dem kleinen Finger einer Hand wird das Kinn angehoben und damit der Kopf deutlich überstreckt, mit Ring- und Mittelfinger der Mund abgedichtet und mit Zeigefinger und Daumen die Nase zugehalten. Ein gerader Schnorchel mit Klarinettenmundstück, das verdreht werden kann, hat sich gut bewährt. Die erfolgreiche Beatmung spürt man deutlich, weil die warme Ausatemluft wieder aus dem Schnorchel bläst. Eine Herzkompression wird durchgeführt, wenn kein Puls am Hals tastbar ist und wenn die Pupillen maximal geweitet sind und sich bei Lichteinfall nicht verengen. Pupillenverengung zeigt richtige Herzkompression an. Bei Pupillenreflex Herzkompression einstellen, Beatmung fortsetzen.

10.4.4 Nachwort

1. Da viele Sporttaucher, die die Bronzeprüfung abgelegt haben, zur Zeit keine weiteren Prüfungen ablegen, aber selbständig tauchen, muß in der Ausbildung mehr vermittelt werden, als in der Prüfung gefordert wird. Damit soll auch sichergestellt sein, daß die Prüfungstauchgänge nur noch eine Bestätigung des Leistungsstandes sind.
2. Nach der Ausbildung und dem Bestehen der Bronzeprüfung ist der Taucher oftmals noch nicht fertig, da ihm vielfach Tauchgänge und Erfahrungen fehlen. Es wäre schön, wenn mehr Taucher sich der Mühe weiterer Prüfungen unterziehen würden, um als Übungsleiter oder Tauchlehrer für unseren Sport weiterzugeben, was ihnen einmal vermittelt wurde.

10.5 Ausbildung im Freigewässer zum DTSA-Silber (VDST/CMAS Taucher★★)

10.5.1 Ausbildungsziel

Der Taucher soll nachweisen, daß er Tauchunternehmungen selbst planen und mit anderen DTSA-Silber-Tauchern gefahrlos durchführen kann.

10.5.2 Voraussetzungen/Empfehlungen/Sonderregelungen

a) Der Bewerber muß mindestens 16 Jahre alt sein. Bei Minderjährigen ist eine Einverständniserklärung eines Erziehungsberechtigten erforderlich.

b) Der Bewerber muß eine nach den Richtlinien des VDST gültige ärztliche Tauchtauglichkeitsbescheinigung vor Beginn der praktischen Prüfungen vorlegen. Diese darf bei Bewerbern bis 40 Jahre nicht älter als zwei Jahre, bei Bewerbern über 40 Jahre nicht älter als ein Jahr sein.

c) Der Bewerber muß den Tauchschein T★/DTSA-Bronze haben und mindestens 30 Tauchgänge seit dem Logbucheintrag „★ beendet", davon mindestens 10 Tauchgänge mit mindestens 25 m Tiefe. Tauchgänge über 50 m Tiefe werden nicht berücksichtigt. Ersatzweise muß der Bewerber eine gleichwertige, vom VDST anerkannte Qualifikation nachweisen.

d) Der Bewerber muß ein Spezialbrevet „Orientierung beim Tauchen" haben.

e) Die Geräteübungen sollten bei vorhergehenden Tauchgängen mit einem Tauchlehrer erlernt oder geübt worden sein.

f) Der Prüfer bestimmt anhand der örtlichen Gegebenheiten die maximale Tauchtiefe im Rahmen von 12–25 m Tiefe.

g) Jeder Prüfungstauchgang dauert mindestens 15 Minuten.

h) Nachweis über die Teilnahme an an einem Herz-Lungen-Wiederbelebungskurs (HLW-Kurs) bei einer anerkannten Rettungsorganisation. Die Teilnahme darf nicht länger als ein Jahr zurückliegen.

Letztlich maßgebend sind die gültigen Richtlinien des VDST.

10.5.3 Übungsinhalte

10.5.3.1 Schnorchelübungen

a) 45 Sekunden Zeittauchen mit stetiger Ortsveränderung (ca. 10 m).

b) 30 m Streckentauchen oder 25 m Streckentauchen mit Neoprenjacke und -hose.

c) Einmal 7,50 m Tieftauchen im Freigewässer.

Alle Tieftauch- und Antauchübungen sind so zu organisieren, daß der Taucher keinen Augenblick allein gelassen wird. Die Übungen werden zweckmäßigerweise neben einer Grundleine gemacht, die auch dazu dient, die Wassertiefe zu ermitteln. Sie sollten nur bei einigermaßen klarem Wasser und nicht bei Strömung durchgeführt werden, damit dem Taucher, wenn er einen Unfall erleidet, sofort geholfen werden kann. Die vorgeschriebene Tiefe ist auf keinen Fall zu überschreiten. Der Tauchlehrer organisiert die Übung je nach den Umständen; z.B. überwachen der Tauchlehrer und mindestens zwei weitere erfahrene Gerätetaucher die Übung: Einer begleitet den Prüfling von der Oberfläche aus, ein zweiter wartet an der Leine in halber Tiefe, der Tauchlehrer wartet am Grund. Der Taucher trägt einen Tauchanzug, Blei, ABC-Ausrüstung, muß aber keine Weste tragen. Er darf nicht überbleit sein und muß deutlichen Auftrieb haben. Er ist daraufhinzuweisen, daß er mit ständigem Druckausgleich besonnen abtaucht. Die Übung kann erst beginnen, wenn der in der Tiefe wartende Sicherungstaucher und der Tauchlehrer durch ein Zugzeichen an der Leine signalisiert haben, daß sie bereit sind. Der Prüfling taucht ab, wenn er sein Zugsignal gegeben hat. Beim Mißlingen der Übung werden die in der Tiefe wartenden Taucher durch mehrmaliges Zugsignal nach oben gerufen.

Der Tauchlehrer kann auch mit jeweils einem Prüfling gemeinsam schnorchelnd auf den 7,50 m tiefen Grund tauchen.

d) 40 Minuten Zeitschnorcheln, dabei je 10 Minuten in Brustlage, Seitenlage, Rückenlage und mit einer Flosse, wobei insgesamt eine Strecke von mindestens 1000 m zurückgelegt werden muß.

e) Als Schnorcheltaucher 150 m weit zu einem Gerätetaucher schwimmen, der in ca. 5,00 m Wassertiefe liegt, diesen bergen und dann je 50 m mit unterschiedlichen Rettungsgriffen insgesamt 150 m an der Oberfläche transportieren.

f) Sprung mit vollzähliger Gerätetaucherausrütung (ohne DTG) aus ca. 0,50 m Höhe ins tiefe Wasser, anschließend anlegen des DTG an der Wasseroberfläche, so, daß alle Ausrüstungsteile vorschriftsmäßig sitzen.

10.5.3.2 Tarierübung und UW-Zusatzzeichen

In mehrfach wechselnden Tiefen soll der Bewerber immer 1–2 m Abstand vom Boden einhalten, ohne dabei den Grund aufzuwirbeln. Damit soll er zeigen, daß er das Feintarieren mit Atemluft im Lungenvolumen beherrscht und daß er einen die Unterwasserwelt schonenden Flossenschlag hat.

Außerdem erhält er unter Wasser eine Tafel, auf die drei der offiziellen Zusatzzeichen im Wortlaut geschrieben sind. Diese muß er deutlich als Zeichen geben. Damit zeigt er, daß er die Zusatzzeichen kennt und daß er sich auf bestimmte Anforderungen konzentrieren kann.

10.5.3.3 Aufstieg ohne Flossenbenutzung

Gefordert ist bei diesem Tauchgang ein geschwindigkeitskontrolliertes Aufsteigen ohne Flossenbenutzung bis 6 m Tiefe, aber mit einem deutlichen Stop bei 9 m Tiefe. Dabei ist das Nachtarieren nur mit dem Mund zulässig. Der Taucher darf nicht wieder absinken. Er muß beweisen, daß er das Tarieren während des Aufstiegs beherrscht. Seine Aufstiegsgeschwindigkeit darf nie mehr als 10 Meter pro Minute betragen. Weitere Empfehlungen sind unter 10.4.3.3 zu finden.

10.5.3.4 Aufstieg unter angedeuteter Wechselatmung

Der Aufstieg beginnt in der vom Prüfer bestimmten maximalen Tiefe mit der angedeuteten Wechselatmung wie unter 10.3.3.19 beschrieben.
Sie ist in unseren Gewässern oft in völliger Dunkelheit im Schein der Taucherlampen, von Schlammwolken umgeben, durchzuführen.
Hier ist eine besonders sorgfältige Vorbesprechung notwendig, wenn zwei Prüflinge miteinander die angedeutete Wechselatmung machen sollen. Der tarierende Partner hat hier zusätzlich noch seinen Tiefenmesser zu beleuchten, der Übende seinen Partner, und beide dürfen sich nicht blenden.
Trotz der Streßsituation sollten die Taucher nicht mit Flossenkraft aufsteigen, sondern sich von der Weste oder dem Jacket hochtragen lassen, um nicht außer Atem zu geraten.
In 3 m Wassertiefe ist ein Stop von drei Minuten einzulegen.
Die angedeutete Wechselatmung ist bis zum Erreichen der Oberfläche durchzuführen. Dabei kann der Bewerber beweisen, daß er jederzeit bereit ist, auch unter erschwerten Bedingungen seinen Atemregler aus dem Mund zu nehmen, die Luft für die Dauer von jeweils drei Atemzügen des Partners anzuhalten und ohne Hektik das Mundstück wieder in den Mund zu nehmen, um daraus zu atmen.
Den Abschluß dieses Tauchgangs bildet 15 Minuten Schnorcheln an der Oberfläche mit vollständiger Ausrüstung, aber in beliebiger Schwimmlage.

10.5.3.5 Kompaßtauchen

Vor dem Kompaßtauchgang rüstet sich der Bewerber korrekt aus und über-wacht die korrekte Ausrüstung seines Partners. Er führt sämtliche notwendige Funktionstests bei sich und beim Partner durch und zeigt, daß er an alle notwendigen Gegenstände, deren Sitz und deren Funktion gedacht hat, aber auch, daß er sich mit den ihm unbekannten Geräten des Partners vertraut machen kann.

Während des Tauchgangs öffnet er den Verschluß seines Bleigurtes ganz und schließt ihn wieder, um zu zeigen, daß er, trotz der Behinderung durch seine Handschuhe, über ein gewisses Maß an Feinkoordination und Geschicklich-keit verfügt.

Nach zehn Minuten taucht die Gruppe auf und der Bewerber peilt einen Punkt in ca. 100 m Entfernung mit dem Kompaß an. Anschließend taucht er in 3–5 m Tiefe den Punkt an. Er darf maximal 10 m abweichen und zeigt damit, daß er die Handhabung des Kompasses beherrscht und daß das Einhalten einer bestimm-ten Tiefe auch bei einer Ortsveränderung ihm keine Probleme bereitet. Wichtig ist weiterhin, daß er der Gruppe nicht wegschwimmt und ausreichend oft den Blickkontakt zu seinen Tauchpartnern herstellt.

Jeder Taucher muß sich unter Wasser zurechtfinden und fähig sein, einen groben Kompaßkurs einzuhalten. Der Gruppenleiter muß seine Tauchgruppe z.B. aus dem Gefahrenbereich der Schiffahrt wieder an Land führen, damit die Dekostufen dort im flachen Wasser gefahrlos eingehalten werden können und nicht im freien Wasser, den Wellen und der Strömung ausgesetzt. Dies um so mehr, als die Schutzzone um die Taucherflagge in den einzelnen Ländern verschieden ist und manche Bootsfahrer die Bedeutung der Flagge nicht kennen.

Ein Kompaß, dessen Rose von oben betrachtet wird, ist einfacher zu verste-hen und bequemer abzulesen, während ein Kompaß, dessen Marschzahlen, gegenläufig aufgetragen und von der Seite abzulesen sind, ein genaueres Kurshalten ermöglicht.

Kompaß und Tiefenmesser werden gewöhnlich am linken Arm getragen. Der Tiefenmesser darf den Kompaß nicht beeinflussen. Der Kompaß muß dabei vorn am Handgelenk sitzen, damit er genau in der Körperachse gehalten werden kann.

Der sichere Umgang mit dem (eigenen) Kompaß ist die Voraussetzung für eine sichere Gruppenführung. Eine sehr präzise Vorbesprechung ist die Vor-aussetzung für einen exakten Kompaßtauchgang.

Der Kompaß wird so gehalten, daß er genau in Blickrichtung liegt. Zur Ein-haltung des Kompaßkurses gehört eine optimal gestreckte Lage im Wasser und eine gewisse Mindestgeschwindigkeit. Dann muß der Taucher seinen Kompaß nicht ständig beobachten, sondern kann seine Aufmerksamkeit auch auf seine Gruppe und auf den Tiefenmesser richten. Die Tiefenabweichung bei 6 m Tauchtiefe soll ± 1,5 m nicht überschreiten. Versehentliche Kursabweichungen sind zu korrigieren.

Die erhöhte Geschwindigkeit ist mit der Gruppe zu vereinbaren. Wenn die Mittaucher neben den Gruppenführer aufschließen, braucht er sich nicht nach hinten zu wenden, und wenn der Schlußmann nicht zu hoch taucht, kann er durch einen kurzen Blick durch die gespreizten Beine gesehen werden.

Der Kompaß darf nicht allein zur Orientierung herangezogen werden. Sonnenstand, Strömung, Bodengrund, auf dem Hinweg aufgewirbelter Schlamm oder passierte markante Punkte können gute Orientierungshilfen sein. Helligkeit und Bewuchs geben Hinweise auf die Tiefe. Je besser ein Taucher ein Gewässer kennt, desto souveräner orientiert er sich ohne Kompaß.

10.5.3.6   Eignungsnachweis als Gruppenleiter

Der Bewerber organisiert diesen Tauchgang und läßt während des Tauchgangs einen Partner 5 Minuten lang aus seinem Zweit-Lungenautomaten atmen. Er beweist seine Eignung als Gruppenleiter durch eine ausführliche Vor- und Nachbesprechung und durch das Zusammenhalten der Gruppe während des Tauchgangs, aber auch dadurch, daß er zum Ausgangspunkt mit mindestens 40 bar Restdruck bei jedem Gruppenmitglied zurückkehrt.

Zum Führen einer Gruppe gehört eine vollständige Vorbesprechung, der Check und das Briefing vor dem Abtauchen sowie die Nachbesprechung nach dem Tauchgang. Der Taucher muß seine Gruppe so führen, daß die besprochene Formation exakt eingehalten wird. Die Beurteilung des Tauchers richtet sich nach der Disziplin seiner Gruppe.

Das Führen von Gruppen: Führen heißt Verantwortung übernehmen und tragen. Verantwortung ist unteilbar, nur Aufgaben sind übertragbar mit einer gewissen Unterverantwortung. Beim Tauchen muß mit Autorität, aber verständnisvoll, geführt werden. Entscheidungen sind zu treffen und durchzusetzen.

Der Gruppenführer hat drei Verantwortungsbereiche:

1. Mensch (Gesundheit, Verfassung, Leistungsniveau),
2. Ausrüstung (Vollständigkeit, Einsatzfähigkeit),
3. Durchführung (Planen, Absprechen, Durchführen).

Dabei helfen ihm folgende Grundsätze:

Vertrauen ist gut, Kontrolle ist besser!

Tadel ist gut, Lob ist besser!

10.5.3.7 Bergen eines Tauchers

Das Bergen eines „bewußtlosen" Gerätetauchers aus 12 m Tiefe erfolgt wie unter 10.4.3.6 beschrieben, jedoch muß bei dem Transport von 50 m an der Wasseroberfläche eine Atemspende über den Schnorchel angedeutet werden. Eine Demonstration der Wiederbelebung nach der Ein-Helfer-Methode wird entweder nur angedeutet oder am Phantom durchgeführt. Nach der Demonstration der Schocklage und der stabilen Seitenlage müssen die wichtigen Daten des „Unfalltauchganges" für den Notarzt aufgeschrieben werden (Tauchgangsprotokoll). Durch diese Tätigkeiten zeigt der Bewerber, daß er die wichtigen Maßnahmen unter Wasser zur Bergung eines verunfallten Gerätetauchers beherrscht und anwenden kann und daß er, bei entsprechender Diagnose, schnell die richtigen Wiederbelebungsmaßnahmen einleitet und die Handgriffe zur Atemspende im Wasser und zur Wiederbelebung an Land beherrscht. Er demonstriert aber auch, daß er als Helfer die Lagerung eines Verunfallten durchführen und aufrechterhalten kann und daß er weiß, welche Daten des Tauchgangs für den „Verunfallten" hinsichtlich der Behandlungsmaßnahmen wichtig sind.

Die Bergung sollte mit nicht zu hoher Geschwindigkeit erfolgen und mit einem kurzen Stop in 3 m Tiefe. Dies gelingt, wenn man die Weste des Bewußtlosen während des Aufstieges der Druckentlastung entsprechend entleert und vorzugsweise mit der eigenen Weste tariert. Wenn der Bewußtlose schwerer ist als der Retter, ist es leichter, dessen Kopf überstreckt zu halten. Es kann vorkommen, daß der Kopf des Bewußtlosen nach vorne fällt, wenn man die Hand zum Tarieren benutzt. Diese Momente sind kurz zu halten.

Die Kontrolle der Luftabgabe des Bewußtlosen bei schlechten Sichtverhältnissen ist schwierig, aber notwendig. Deshalb muß das Gesicht des Bewußtlosen beobachtet werden. Wichtig ist die deutliche Überstreckung des Kopfes während des gesamten Aufstieges und eine deutliche Verlangsamung der Aufstiegsgeschwindigkeit auf den letzten Metern vor dem 3 m-Stop.

10.5.4 Anregungen und Anmerkungen für den geübten Taucher

10.5.4.1 Tauchen bei Kälte

Es erfordert den kompletten Kälteschutz aller Taucher mit dichtschließender, am besten angesetzter Kopfhaube sowie reichlichem Luftvorrat. Ein frierender Taucher reagiert schlecht, kann nicht zupacken, verbraucht wesentlich mehr Luft. Ein unterkühlter Taucher gefährdet alle. Bei Kältezittern eines Tauchers tritt die ganze Gruppe den Rückweg an. Zum Aufwärmen nach dem Tauchgang: Warme Getränke, keinen Alkohol.

10.5.4.2 Tauchen bei Strömung

Strömungstauchgänge sind sorgfältig zu planen! Erhöhter Luftverbrauch ist einzukalkulieren, die Rückkehr zum Ausgangsort (Schnorcheln, Fußmarsch) ist zu berücksichtigen. Die Taucher sollen sich nicht zu weit treiben lassen und nicht gegen unerwartete, starke Strömung ankämpfen. Vorsicht vor Netzen und anderen Hindernissen im Wasser ist angebracht.
Bei Strömungsgeschwindigkeiten, die größer sind als die Dauergeschwindigkeit der Gruppe, sollten keine Tauchgänge durchgeführt werden.
Sporttaucher sollten gegen die Strömung tauchen, sich am Grund halten und Strömungsschatten von Geländeunebenheiten ausnutzen.
Haben die Oberflächen- und die Grundströmung unterschiedliche Richtungen, so ist grundsätzlich gegen die Richtung der Oberflächenströmung zu tauchen. Hierdurch soll erreicht werden, daß die Tauchgruppe auch bei einer Dekompressionsphase im freien Wasser von der Oberflächenströmung wieder zum Ausgangsort getragen wird.

10.5.4.3 Tauchen vom Boot

Der Bootsführer sorgt für ordnungsgemäße Bootausrüstung und Beladung, sowie die erforderliche Vorbereitung zur Ausfahrt (siehe Abschnitt 8).

Vorbereitung

Bei kleinen Sportbooten muß bei starkem Wind, Strömung oder rauher See neben dem Tauchanzug auch die ABC-Ausrüstung sowie die Taucherweste getragen werden.
Wind, Strömung und Wellen sind richtig einzuschätzen, ggf. ist die Ausfahrt bzw. der Tauchgang erst gar nicht durchführen.

Tauchen vom geankerten Boot

Der verantwortliche Bootführer sowie evtl. eingeteilte Rettungstaucher bleiben an Bord. Eine Taucherflagge ist zu setzen, die Oberflächenströmung festzustellen und eine Strömungsleine auszulegen.

Nur erfahrene Taucher nehmen maximal einen Neuling mit. Die Gruppe sammelt sich an der Ankerleine und taucht dort ab. Die erste Gruppe überprüft den Sitz des Ankers. Sie achtet auch auf die Richtung der Grundströmung!

Tauchen vom nicht geankerten Boot

Es handelt sich hierbei um angenehme, aber nicht risikolose Tauchgänge mit der Strömung. Die Tauchgruppe muß unbedingt eine Taucherboje benutzen. Der Bootsführer verfolgt die Taucherboje in deutlichem Abstand. – **Vorsicht Bootspropeller!** – Auftauchen nur gemeinsam direkt an der Taucherboje. Der Bootsführer darf erst heranfahren, wenn die ganze Tauchgruppe aufgetaucht ist.

10.5.5 Nachwort

Nach Bestehen der relativ schwierigen DTSA-Silber-Übungen hat der Taucher im Ansatz schon den Beweis erbracht, daß er auch die DTSA-Gold-Prüfung bestehen könnte.

Gleichzeitig ist ihm die Möglichkeit eröffnet, sich aktiv an der Tauchausbildung zu beteiligen, da er eine der Voraussetzungen zum Übungsleiter F erfüllt.

10.6 Ausbildung im Freigewässer zum DTSA Gold (VDST/CMAS Taucher ★★★)

10.6.1 Ausbildungsziel

Der Taucher soll nachweisen, daß er Tauchunternehmungen mit unerfahrenen Tauchern planen, Gruppenführungen übernehmen und unerfahrene Taucher sicher begleiten kann.

10.6.2 Voraussetzungen

a) Der Bewerber muß mindestens 17 Jahre alt sein. Bei Minderjährigen ist eine Einverständniserklärung eines Erziehungsberechtigten erforderlich.

b) Der Bewerber muß vor Beginn der praktischen Übungen eine nach den Richtlinien des VDST gültige ärztliche Tauchtauglichkeitsbescheinigung vorlegen. Diese darf bei Bewerbern bis 40 Jahre nicht älter als zwei Jahre, bei Bewerbern über ein Jahr nicht älter als ein Jahr sein.

c) Der Bewerber muß den Tauchschein T ∗∗ /DTSA-Silber vorweisen und mindestens 40 Tauchgänge seit dem Logbucheintrag „ ∗∗ beendet", davon mindestens 10 mit 40 m Tiefe. Tauchgänge über 50 m werden nicht berücksichtigt.
Ersatzweise muß der Bewerber eine gleichwertige, vom VDST anerkannte Qualifikation vorlegen.

d) Der Bewerber muß das Spezialbrevet „Unfallmanagement" vorweisen.

e) Der Bewerber muß mindestens ein weiteres anerkanntes Spezialbrevet der Stufe 2 vorweisen. Zu den Spezialbrevets der Stufe 2 zählen u. a.: Trockentauchen, Wracktauchen, Strömungstauchen.

f) Der Prüfer bestimmt anhand der örtlichen Gegebenheiten die maximale Tauchtiefe im Rahmen von 20 - 40 Meter Tiefe, beim Nachttauchgang im Rahmen von 6 –15 Meter Tiefe.

g) Jeder Prüfungstauchgang dauert mindestens 15 Minuten.

Letztlich maßgebend sind die gültigen Richtlinien des VDST.

10.6.3 Übungsinhalte

10.6.3.1 Schnorchelübungen

a) 60 Sekunden Zeittauchen mit stetiger Ortsveränderung (ca. 10 m).

b) 45 Meter Streckentauchen oder 40 Meter Streckentauchen mit Neoprenjacke und -hose.

c) 1mal 10 Meter Tieftauchen im Freigewässer.

d) 60 Minuten Zeitschnorcheln, davon je 15 Minuten in Brustlage, Seitenlage, Rückenlage und mit einer Flosse, wobei insgesamt eine Strecke von mindestens 1500 Meter zurückgelegt werden muß.

e) Als Schnorcheltaucher 150 Meter weit zu einem Gerätetaucher schwimmen, der in ca. 7,5 Meter Tiefe liegt, diesen bergen und dann 150 Meter an der Oberfläche transportieren. Dabei während 50 Meter den „Verunfallten" beatmen.

f) Eine Leine an einem in 3 –5 Meter Tiefe liegenden Gegenstand mit einem Palstek befestigen.

10.6.3.2 Tarierübung mit Hilfeleistung

In mehrfach wechselnden Tiefen soll der Bewerber als Gruppenführer dafür sorgen, daß alle Taucher immer 1–2 Meter Abstand zum Boden einhalten und möglichst dabei kein Sediment aufwirbeln. Dabei soll ersichtlich werden, daß er durch sein Verhalten die Gruppe zum Nachahmen anleitet und bereits bei der Vorbesprechung auf die Wichtigkeit der Feintarierung mit Atemluft sowie auf einen schonenden Flossenschlag hinweist. Außerdem muß er einem Gruppenmitglied, dem während des Tauchgangs ein Flossenband „reißt", Hilfe leisten, indem er das Flossenband einfädelt. Die Schwierigkeit für den Bewerber besteht darin, mit angemessener Zeichensprache die Situation zu erklären, die Ruhe zu bewahren, trotz der Hilfeleistung die Gruppe zusammenzuhalten, die Tiefe beizubehalten und die Aufgabe zu lösen, ohne Sediment aufzuwirbeln.

10.6.3.3 Geschwindigkeitskontrolliertes Aufsteigen ohne Flossenbenutzung

Bei diesem Tauchgang ein geschwindigkeitskontrolliertes Aufsteigen ohne Flossenbenutzung von 20 Meter Tiefe bis 3 Meter Tiefe mit einem deutlichen Stop in 9 Meter, 1 Minute Stop in 6 Meter und 3 Minuten in 3 Meter Tiefe durchzuführen. Nachtarieren ist nur mit dem Mund zulässig. Absinken während des Aufstiegs um mehr als 3 Meter ist unzulässig. Der Bewerber soll zeigen, daß er das Tarieren während des Aufstiegs einschließlich nötiger Stops perfekt beherrscht, daß seine Aufstiegsgeschwindigkeit nie mehr als 10 Meter pro Minute beträgt und daß er nicht wieder absinkt.

10.6.3.4 Tauchen mit Zweit-Lungenautomat

Als Gruppenführer nimmt der Bewerber in 20 Meter Tiefe einen Taucher an seinen Zweit-Lungenautomaten und bringt so die Gruppe sicher zum Dekostop 1 Minute in 6 Meter und 3 Minuten in 3 Meter Tiefe. Er läßt zu Beginn des Stops in 3 Meter eine Markierung zur Oberfläche aufsteigen. Bei der Bewältigung dieser Aufgabe zeigt der Bewerber, daß er trotz eines „Zwischenfalls" in der Lage ist, die Gruppe weiter zu führen und daß er eine Zusatzaufgabe lösen kann, ohne die Sicherheit zu vernachlässigen. Im Anschluß an diese Übung wird 20 Minuten an der Oberfläche in beliebiger Lage geschwommen, um zu zeigen, daß ein Mindestmaß an Ausdauer vorhanden ist.

10.6.3.5 Gruppenführung mit Zusatzaufgaben

Der Bewerber überprüft vor dem Tauchgang die korrekte Ausrüstung der gesamten Gruppe und führt Funktionstests bei sich selbst und der Gruppe durch. Er zeigt, daß er an alle notwendigen Gegenstände für den Tauchgang und deren Funktion gedacht hat und daß er sich mit den ihm unbekannten Geräten der Partner vertraut gemacht hat. Zu Beginn des Tauchganges verankert er eine Tauchboje zum Markieren des Tauchgebiets in 20 Meter Tiefe. Am Ende des Tauchgangs löst er die Bodenverankerung und wickelt die Leine unter Wasser auf. Diese Aufgabe dient dazu, zu zeigen daß der Umgang mit einer Boje beherrscht wird und dabei die Gruppenführung nicht vernachlässigt wird, daß eine sichere Verankerung gemacht und auch wieder gelöst werden kann. Außerdem zeigt der Bewerber, daß er mit einer Leine umgehen kann, ohne sich und andere zu gefährden. Gegen Ende des Tauchganges ist durch Orientierung unter Wasser auch unter Ausnutzung aller Hilfsmittel das Anker/Bojenseil möglichst ohne aufzutauchen wiederzufinden oder gemeinsam zur Oberfläche aufzusteigen. Dann muß der Bewerber einen neuen Kurs zur Boje peilen, die Gruppe taucht wieder ab und setzt die Übung in 6 Meter Tiefe fort. Der Bewerber zeigt bei dieser Übung, daß er zum Orientieren und zum „Wiederfinden" nicht nur die Handhabung des Kompasses (wie 10.5.3.5) beherrscht, sondern daß er dazu auch den Tiefenmesser und die Uhr sowie den Sonnenstand und markante Unterwasserpunkte nutzt.

10.6.3.6 Gruppenleitung bei einem Nachttauchgang

Hierbei ist der Eignungsnachweis als Gruppenleiter eines Nachttauchganges von mindestens 15 Minuten Dauer auf 6–15 Meter Tiefe (Bestimmung durch den Prüfer) zu führen. Dabei zeigt der Taucher, daß er einen Tauchgang unter erschwerten Bedingungen organisieren kann. Dazu gehört die sorgfältige Vorbesprechung vor dem Tauchgang, das Verteilen von Aufgaben an die Gruppenmitglieder, das Zusammenhalten der Gruppe während des Tauchgangs, die Rückkehr zum Ausgangspunkt mit mindestens 40 bar Restdruck bei jedem Gruppenmitglied und eine ausführliche Besprechung nach dem Tauchgang.

Nachttauchgänge sind Beobachtungstauchgänge und keine Tief- oder Langstreckentauchgänge. Sie werden nur an bekannten, strömungsfreien oder strömungsgeschützten Tauchgründen und am besten bei Vollmond durchgeführt.

Die Gruppen sollen aus erfahrenen Tauchern bestehen. In einer Gruppe (max. 3 Personen) darf nur ein Neuling mittauchen. Jeder führt eine Lampe und jede Gruppe zusätzlich eine Reservelampe oder einen Leuchtstab mit. Lichtsignale müssen vor dem Tauchgang abgesprochen werden.

Nachttauchgang vom Ufer

Die Einstiegsstelle ist mit einem Lichtsignal zu kennzeichnen. Fremde Lichtquellen sollten nicht genutzt werden, da sie nicht beeinflußbar sind.

Nachttauchgang vom Boot

Der Bootführer bleibt an Bord. Helles, weißes Rundumlicht setzen sowie einen Leuchtstab oder eine Unterwasserlampe ins Wasser hängen.

10.6.3.7 Bergen eines Tauchers

Vor dem Tauchgang ist ein Notfallplan für den Tauchplatz zu erstellen. Während des Tauchganges bestimmt der Tauchlehrer einen aus der Gruppe, der die Rolle eines „Verunfallten" übernimmt. Dieser ist aus 15 Meter Tiefe zu bergen. Das Bergen dieses „bewußtlosen Verunfallten" erfolgt wie unter 10.5.3.7 beschrieben, jedoch bei dem Transport von 100 m an der Wasseroberfläche muß eine Atemspende über den Schnorchel angedeutet werden. Eine Demonstration der Wiederbelebung nach der Zwei-Helfer-Methode wird entweder nur angedeutet oder am Phantom durchgeführt. Nach der Demonstration der Schocklage und der stabilen Seitenlage müssen weitere Rettungsaktionen organisiert und die wichtigen Daten des „Unfalltauchganges" für den Notarzt aufgeschrieben werden (Tauchgangsprotokoll). Durch diese Tätigkeiten zeigt der Bewerber, daß er unter Einbeziehen der ganzen Gruppe die optimalen Maßnahmen unter Wasser zur Bergung eines verunfallten Gerätetauchers erkennen und durchführen kann, daß er unter Einbeziehung der ganzen Gruppe einen optimalen Rücktransport durchführt und daß er, bei entsprechender Diagnose, schnell die richtigen Wiederbelebungsmaßnahmen einleitet und die Handgriffe zur Atemspende im Wasser und zur Wiederbelebung an Land beherrscht. Er demonstriert aber auch, daß er als Helfer die Lagerung eines Verunfallten durchführen und aufrechterhalten kann und daß er weiß, welche Daten des Tauchgangs für den „Verunfallten" hinsichtlich der Behandlungsmaßnahmen wichtig sind.
Wie schon beschrieben, sollte die Bergung mit nicht zu hoher Geschwindigkeit erfolgen und mit einem kurzen Stop in 3 m Tiefe. Weitere Einzelheiten unter 10.5.3.7.

Wichtig ist auch, daß der Bewerber bereits vor dem Erscheinen am Tauchplatz einen Notfallplan erstellt hat und daß dieser Plan für mehrere Personen jederzeit zugängig ist.

10.6.4 Anregungen und Anmerkungen für den geübten Taucher

10.6.4.1 Tauchen in Wracks

Die Faszination, die von einem Wrack ausgeht, verstärkt die Gefahr, Zeit und Tiefe zu vergessen oder an Wrackteilen, in Kabeln oder Leinen hängen zu bleiben. Ob man in ein Wrack hineintauchen kann, muß jeweils vor Ort entschieden werden, nachdem man sich, evtl. in mehreren Tauchgängen, eine gute Vorstellung von dem untergegangenen Schiff gemacht hat. Alle Wracks sind verschieden. Je nach den Umständen kann bei weiterem Eindringen in ein Wrack eine außen festgeknotete Führungsleine sinnvoll sein, die den Rückweg sichert. Alle Taucher müssen eine Lampe haben und sich optimal tariert weitgehend ohne Flossenschläge bewegen bzw. sich mit den Händen vorwärts ziehen. Jeder Flossenschlag wirbelt Schlamm auf. Schnell ist das Wasser getrübt und das Tageslicht, das den Rückweg weist, nicht mehr erkennbar.

Die Westenflasche ist etwas fester zuzudrehen.

Keine Nachttauchgänge in Wracks!

10.6.4.2 Tauchen in Meeresgrotten

Hier gilt sinngemäß dasselbe wie für das Tauchen in Wracks. Es genügt nicht, sich auf die Umsicht und Erfahrung des Gruppenleiters zu verlassen. Die Situation erfordert ein eingespieltes Team mit selbstverständlicher Disziplin. Die Grenze des Sporttauchens in Meeresgrotten ist dann erreicht, wenn der Eingang nicht mehr klar erkennbar ist.
Keine Nachttauchgänge in Meeresgrotten!

10.6.4.3 Höhlentauchen

Höhlentauchen gehört zur Höhlenforschung. Höhlenforscherpraxis, Kenntnisse der Höhlenentstehung und -entwässerung sind unbedingte Voraussetzung. Lange Anmarschwege, Kälte, längeres Tragen des Tauchanzuges führen zu Konditionsmängeln.
Höhlentauchen überschreitet die Grenzen des Sporttauchens!

10.6.4.4 Tauchen in Bergseen

Die Umstellung auf Höhenluft und der Anmarsch mit Gepäck belasten die Kondition und erhöhen die Empfindlichkeit für Tiefenrausch. Deshalb ist mindestens ein Tag zum Akklimatisieren zu empfehlen; außerdem tritt eine gewisse erwünschte Stickstoffentsättigung ein. Wegen des geringeren Luftdrucks sind alle Druckdifferenzen beim Ab- und Auftauchen, und damit auch alle Probleme, die das Tarieren und Barotraumen betreffen größer als auf Meereshöhe. Wegen des größeren Druckabfalls beim Auftauchen und wegen der Kälte sollten möglichst nur Nullzeittauchgänge und vor allem keine Wiederholungstauchgänge gemacht werden.

Je nach der Höhenlage des Bergsees ist die entsprechende Bergsee-Dekompressionstabelle zu verwenden (siehe Abschnitt 4).

In den Bergsee-Dekompressionstabellen sind die tatsächlichen Wassertiefen angegeben.

Durch den geringeren Luftdruck zeigen Tiefenmesser eine falsche Tiefe an. Bei geschlossenen Systemen entspricht diese Fehlanzeige der Druckdifferenz Luftdruck Meereshöhe minus Luftdruck Bergsee, gemessen in Meter Wassertiefe; der Anzeigewert ist somit immer kleiner als die tatsächliche Wassertiefe. Bei offenen Systemen entspricht diese Fehlanzeige der tatsächlichen Wassertiefe dividiert durch den Luftdruck in Bergseehöhe in bar; der Anzeigewert ist somit immer größer als die tatsächliche Wassertiefe.

Tiefenmesser mit Nullpunktverstellung korrigieren diese Fehlanzeigen, ansonsten müssen die Tauch- bzw. Dekotiefen ausgelotet werden.

10.6.4.5 Eistauchen

Eistauchgänge sind Extremtauchgänge und bedürfen besonderer Voraussetzungen sowie besonderer Ausrüstung, Vorbereitung und Durchführung.

Voraussetzungen

— Nur sehr erfahrene Taucher, nur 2 Taucher im Wasser,
— Nur bekannte Gewässer, bei festem Eis,
— Nur bei hellem Tageslicht,
— Liste mit notwendigen Telefonnummern und Adressen erstellen,
— Gelegenheit zum Aufwärmen schaffen.

Ausrüstung

— Komplette Tauchausrüstung, Lungenautomat mit Frostschutzkappe, guter Kälteschutz,

- Führungsleine (mindestens 100 m, davon maximal 50 m unter Wasser), Buddy-Leine (max. 1 m), Verbindungsleine, Äxte, Sägen, Bretter, Sand, Winkeleisen oder Stahlpflöcke.

Vorbereitung

- Einstiegloch 1,5 m x 1,5 m, maximal 50 m vom Ufer entfernt, mindestens 3 m Wassertiefe, damit kein Schlamm vom Boden aufgewirbelt wird,
- Standsicherheit des Leinenführers durch Streuen von Sand und Auslegen von Brettern um das Einstiegloch herbeiführen,
- 1 bis 2 Sicherungslöcher in Ufernähe, in ca. 1 m Wassertiefe,
- Eisschollen unter das Eis schieben,
- Eventuell vorhandenen Schnee in sternförmigen Bahnen vom Einstiegloch wegräumen, diese dann mit Wasser begießen (Gießkanne mitnehmen),
- Eventuell Leinen als Orientierungshilfe von Loch zu Loch, Befestigung durch Winkeleisen bzw. Stahlpflöcke,
- Leinenzeichen absprechen (einmal Zurückziehen; zweimal Nachlassen),
- Einsatzbereite Rettungstaucher am Einstiegloch.

Durchführung

- Führungstaucher und Leinenführer mit Führungsleine fest verbunden,
- Mittaucher über Buddy-Leine mit Führungstaucher fest verbunden,
- Keine Tauchgänge an Bootsstegen, Pfählen, Bojen usw., Gefahr des Verhedderns,
- Während des Tauchens kontrolliert atmen,
- Nicht gleichzeitig atmen und Inflator betätigen,
- Weste benutzen, Westenflasche nicht,
- Keine Dekotauchgänge,
- Bei Frieren oder geringsten Anzeichen von Gefahr Tauchgang abbrechen,
- Nach dem Tauchgang mit den Eisschollen die Löcher wieder verschließen und mit Brettern, Reisig o. ä. sichern.

10.6.4.6 Tätigkeiten unter Wasser

Ein Sporttaucher hat unter Wasser Anstrengungen und Risiken zu vermeiden. Er sollte sich hüten, Unterwasserarbeiten zu übernehmen, da er hierfür nicht ausgebildet ist. Die Dekotabellen gelten nicht für schwere Arbeiten. Die Sporttauch-Versicherung deckt das Arbeitstauchen nicht ab.

278

Auch Gefälligkeitstauchgänge können zu Arbeitstauchgängen werden, wenn z. B. bei angestrengtem, zielgerichtetem Arbeiten im Wasser der Luftverbrauch stark ansteigt oder die Gefahr von Verletzungen bzw. Verstrickungen besteht.

Im Rahmen von Gefälligkeiten kann es notwendig werden, daß Gegenstände im Wasser gesucht und geborgen werden müssen.

Suchen

Bei der einfachsten Form des Suchens befestigt man ein schweres Grundgewicht an einem Seil und taucht um diesen Mittelpunkt in immer größer werdenden Kreisen. Dabei sollte die Leine schwimmend oder mit kleinen Schwimmern versehen sein, damit sie vom Boden freikommt.

Für ein systematisches Absuchen größerer Flächen braucht man eine Anzahl von Bojen mit schweren Grundgewichten. Man markiert mit diesen Planquadrate und sucht in Gruppen entlang von Grundleinen.

Der gefundene Gegenstand sollte mit einer Boje markiert werden.

Bergen

Für das Bergen eines Gegenstandes mit Hilfe eines Auftriebskörpers (z.B. Taucherweste, Eimer, Hebeboje u.s.w.) sind vor dem Einsatz geeignete Leinen und Knoten auszuwählen. Ferner muß die Größe des Auftriebskörpers sowie die erforderliche Luftmenge für den zu bergenden Gegenstand berücksichtigt werden.

Um den Gegenstand sicher zu bergen, ist

— das Tauwerk an geeigneter Stelle zu befestigen,

— auf das Ausdehnen der Luft im Auftriebskörper zu achten,

— zu verhindern, daß unten offene Auftriebskörper an der Wasseroberfläche umschlagen.

Wenn die Situation unübersichtlich wird, muß der Taucher den Mut haben aufzugeben.

10.6.4.7 Organisation eines Tauchgangs einer größeren Gruppe vom Kutter

Ausrüstung des Kutters (über 9,80 m Länge)

Der Kapitän sorgt für ordnungsgemäße Ausrüstung: Positionslaternen, 2 Anker mit Geschirr, 2 unabhängige Lenzeinrichtungen, 4 Festmacherleinen, 4 Rettungsringe, 2 Feuerlöscher, 2 Handlampen, 2 Bootshaken, Signalhorn, Verbandskasten, Werkzeug, 1 Feststoffschwimmweste pro Person, Kompaß, Leuchtpistole und 10 Rotfackeln, unsinkbares Rettungsboot, Fernglas, Seekarte, Seenotrettungssender, Echolot, ggf. Deccapeiler oder andere elektronische Navigationshilfen.

Ausrüstung für den Tauchgang

Motorisiertes Beiboot, 50 m Stömungsleine mit Boje, Dekoleine mit Gewichtsstück, Tauchgerät zum Dekomprimieren und als Reserve, Taucherflagge, Leiter, Eßwaren, warme Getränke.

Vor der Abfahrt

Teilnehmerliste, Taucherpapiere einsammeln und kontrollieren, Adressen und Telefonnummern überprüfen: Notruf, Arzt, Krankenhaus, Dekokammer, Marine, Erste-Hilfe-Koffer kontrollieren, Checkliste vorbereiten.

Während der Fahrt

Alle Taucher auf einem sicheren Platz, Ausrüstung sicher verstauen, bei Wellengang Westen anlegen. Wachen einteilen, Gruppen einteilen: je 3-4 Taucher mit Gruppenleiter. Hauptverantwortlicher in letzter Gruppe, stellv. Verantwortlicher in erster Gruppe. Gruppenleiterbesprechung: Allgemeine Verhaltensregeln, Mann-über-Bord-Manöver, Ablauf des Tauchgangs besprechen.

Am Tauchplatz

Ankern; dann Strömung und Tiefe kontrollieren, Maschine läuft im Leerlauf, Taucherflagge setzen, Strömungsleine mit Boje abhängen, Beiboot startklar machen, Reservegerät klarmachen, Dekogerät abhängen. Kurzes Briefing vor dem Tauchgang, ggf. indisponierte Taucher vom Tauchgang zurückhalten. Maximaltiefe, Richtung, Dauer des Tauchgangs festlegen, letzte Gruppe bleibt an Bord und bedient das Beiboot.

Tauchgang

Liste der Gruppen mit Zeitangaben führen. Gruppen gehen nacheinander nach Aufruf über Bord. Check der Taucher vor dem Tauchen. Letzte Gruppe geht erst ins Wasser, wenn die erste Gruppe zurück und Wache und Beiboot übergeben ist.

Nach dem Tauchgang

Listen abhaken mit Zeitangabe, besondere Vorkommnisse erfragen und notieren, Geräte mit Sicherheitseinrichtungen einziehen bzw. verstauen. Letzte Gruppe bleibt tauchfertig, bis Anker geborgen ist. Boot startklar machen. Erst Gang einlegen, wenn alle Taucher an Bord sind. Taucherflagge einziehen.

11   **Literaturverzeichnis**

Tauchen allgemein
- Department of the Navy (Hrsg.): U.S. Navy Diving Manual, Washington D.C., 1973
- Schulz, Erhard: Tauchen und Schnorcheln – Training, Technik, Taktik. Rowohlt Taschenbuch Verlag, Reinbek 1978
- Kenyon, L., De Haas, W.: Führer durch die Unterwasserwelt. Albert Müller Verlag, Rüschlikon-Zürich · Stuttgart · Wien 1966
- Thessen, O.: Dansk Sportsdykker Forbund. C.A. Backhausen ApS, Frederiksberg 1986

Tauchmedizin
- Ehm, O.F.: Tauchen – noch sicherer! Albert Müller Verlag, Zürich-Stuttgart-Wien 1974
- Schmid, T.: Gefahr erkannt – Gefahr gebannt. Verlag, S. Naglschmid, Stuttgart 1986
- 1985 National Conference on Standards and Guidelines for Cardiopulmonary. Resuscitation and Emergency Cardiac Care JAMA, 1986, Vol. 255, No 21, 2841-3044
- Sofortmaßnahmen zur Lebensrettung Erwachsener. Notfallmedizin 13, 1987, 250-262
- P. Safar, N. Bircher: Wiederbelebung, Thieme Verlag Stuttgart 1990

Dekompression
- Bühlmann, A.A.: Dekompression – Dekompressionskrankheit. Springer-Verlag, Heidelberg 1983

Tauchzeitschriften
- Sporttaucher: Verlag M. Schmidt-Römhild, Lübeck
- Tauchen: Jahrverlag, Hamburg
- Ausbildungsordner Tauchsportverband Luxemburg
- Ausbildungsordner Tauchsportverband Österreich
- Ausbildungsordner Schweizer Unterwassersport-Verband
- DIVEMASTER: MTi-Press, Stuttgart

Tauchtechnik
- Haux, G.: Band I. Springer-Verlag, Berlin · Heidelberg · New York 1969
- Europäische Norm, Europäisches Komitee für Normung Rue de Stassart 36, B-1050 Brüssel

Überleben auf See
II. Marinemedizinisch-Wissenschaftliches Symposium Kiel
- Schiffahrtsmedizinisches Instiut der Marine, Hrsg.: Neue Wege des Tieftauchens und der Tiefseeforschung. 1968

Tauchen und Umwelt

1. Ökologie bestimmter Lebensräume

- Tardent, P. (1982): Meeresbiologie, Thieme Verlag, Stuttgart.
- Schuhmacher, H. (1988): Korallenriffe: Ihre Verbreitung, Tierwelt und Öko-logie, 3. Auflage. BLV Verlagsgesellschaft, München, Wien, Zürich.
- Schmidt, E. (1978): Ökosystem See. 3. Aufl. Verlag Quelle & Meyer, Heidel-berg.
- Xylander, W. & F. Naglschmid (1985): Gewässerbeobachtung – Gewässer-schutz, Verlag S. Naglschmid, Stuttgart.

2. Das richtige Verhalten unter Wasser

- Fricke, H. (1981): Narben im Paradies. Tauchen Z: 72–79.
- Verband Deutscher Sporttaucher (1986): Die 10 Goldenen Regeln. Verbands-broschüre.
- Xylander, W. (1989): Serie „Tauchen und Umwelt". Sporttaucher 2/89–11/89.
- Xylander, W. (1990): 24. „Tauchen und Umwelt". In: Lehrmaterial für die Übungsleiterausbildung, VDST (Hrsg.), 61 S. und 20 Lehrfolien.

3. Bestimmungsliteratur

- Bühler, W. (1974): Amphibien und Reptilien. Reihe: Kennst Du mich? Bd. 4. 3. Aufl. Verlag Sauerländer, Aarau, Stuttgart.
- Camphell, A.: Der Kosmos-Strandführer, Verlag Kosmos Frankh, Stuttgart.
- Engelhardt, W.: Was lebt in Tümpel, Bach und Weiher, Verlag Kosmos Frankh, Stuttgart.
- Müller, H.: Fische Europas, dtv.

4. Gewässeruntersuchung, Aktiver Umweltschutz und Bioindikatoren

- Barndt, G., B. Bohn & E. Köhler (1988/89): Biologische und chemische Gütebestimmung von Fließgewässern. Schriftenreihe der Vereinigung Deut-scher Gewässerschutz e.V. (VDG), Bd. 53.
- Müller, K., R. Harlacher & A. Melzer (1987): Gewässerbelastung bestimmen – Eine Anleitung zur Bestimmung des Belastungszustandes mit Hilfe von häufig vertretenen Wasserpflanzen in stehenden Gewässern. Verlag Stephanie Naglschmid, Stuttgart.
- Xylander, W. (1989/90): Serie: Tauchen und Umwelt. Sporttaucher 12/89–8/90.

284

287